建筑工程测量实训手册

主　审：黄从荣

主　编：贾政勇　蔡林茂　罗尚书

副主编：黄立新　何冬梅　严　超

编　委：虎　伟　余晓东　刘宪先　谢　汉

湘潭大學出版社

XIANGTAN UNIVERSITY PRESS

前　言

中职建筑工程施工专业，测量放线是一项必须掌握的基本技能。在建筑工程测量课程教学过程中，中职使用的教材有多种版本，且大多存在理论较深、内容较多的问题，不适应校企合作订单培养教学模式。教学内容与培养新时期建筑产业工人的目标联系不紧密，需要根据岗位需求重新编写相关教材。学校在与中信国安集团合作举办建安班的教学工程中，为降低理论难度，加强动手操作能力，让学员易于学习和掌握，特编写《建筑工程测量实训手册》。本手册是根据最新修编的建筑工程测量教学大纲及建筑工程测量教学实训大纲内容，结合《建筑工程测量》一书编写的。

建筑工程测量实训是印证理论知识和培养学生动手能力的教学环节；实验报告与课堂作业是加深理解和培养学生计算技巧与处理成果能力的教学环节。建筑工程测量实训是测量理论教学、实际操作及计算技巧等综合训练，培养能力和实践性理念的教学环节。测量实训的主要内容有：施工放样及精密仪器见习。通过测量综合实训可将各项内容进一步系统化，以培养学生运用所学知识分析和解决实际问题的能力，还可以训练学生基本的工程能力。

本手册编写以成果为导向，结合建筑工程测量典型任务，以测量三项基本工作为要点展开，以任务为驱动，按项目进行实训教学。但由于水平有限，在编写过程中存在着一定的问题，恳请各位同行指正。

编　者

2022年5月

目　录

第一章　实训操作注意事项

第一节　测量实训规定

一、测量实训规定

（1）测量工作的基本要求是每一位从事工程建设的人员，都必须掌握必要的测量知识和技能。坚持“质量第一”的观点，严肃认真的工作态度，保持测量成果的真实、客观和原始性，测量工作要与施工进度相协调，要爱护测量仪器与工具。

（2）在测量实训之前，应复习教材中的有关内容，认真仔细地预习实训指导书，明确目的与要求、熟悉实训步骤、注意有关事项，并准备好所需文具用品，以保证按时完成实训任务。

（3）实训分成小组（3 ~ 5 人 / 组）进行，组长负责组织协调工作，办理所用仪器工具的借领和归还手续。

（4）实训应在规定的时间进行，不得无故缺席或迟到早退；应在指定的场地进行，不得擅自改变地点或离开现场。

（5）必须严格遵守本书列出的“测量仪器工具的借领与使用规则”和“测量记录与计算规则”。

（6）服从教师的指导，每人都必须认真、仔细地操作，培养独立工作能力和严谨的科学态度，同时要发扬互相协作精神。每项实训都应取得合格的成果并提交书写工整规范的实训报告，经指导教师审阅签字后，方可交还测量仪器和工具，结束实训。

（7）实训过程中，应遵守纪律，爱护现场的花草、树木，爱护周围的各种公共设施，任意踩踏或损坏者应予赔偿。

二、测量仪器工具的借领与使用规则

（一）测量仪器工具的借领

（1）在教师指定的地点办理借领手续，以小组为单位领取仪器工具。

（2）借领时应该当场清点检查。实物与清单是否相符，仪器工具及其附件是否齐全，

背带及提手是否牢固，脚架是否完好等。如有缺损，当场补领或更换。

（3）离开借领地点之前，必须锁好仪器箱并捆扎好各种工具；搬运仪器工具时，必须轻取轻放，避免剧烈震动。

（4）借出仪器工具之后，不得与其他小组擅自调换或转借。

（5）实训结束，应及时收装仪器工具，送还借领处检查验收，消除借领手续。如有遗失或损坏，应写出书面报告说明情况，并按有关规定给予赔偿。

（二）测量仪器使用注意事项

（1）携带仪器时，应注意检查仪器箱盖是否关紧锁好，拉手、背带是否牢固。

（2）打开仪器箱之后，要看清并记住仪器在箱中的安放位置，避免以后装箱困难。

（3）提取仪器之前，应注意先松开制动螺旋，再用双手握住支架或基座轻轻取出仪器，放在三脚架上，保持一手握住仪器，一手去拧连接螺旋，最后旋紧连接螺旋使仪器与脚架连接牢固。

（4）装好仪器之后，注意随即关闭仪器箱盖，防止灰尘和湿气进入箱内。仪器箱上严禁坐人。

（5）人不离仪器，必须有人看护，切勿将仪器靠在墙边或树上，以防跌损。

（6）在野外使用仪器时，应该撑伞，严防日晒雨淋。

（7）若发现透镜表面有灰尘或其他污物，应先用软毛刷轻轻拂去，再用镜头纸擦拭，严禁用手帕、粗布或其他纸张擦拭，以免损坏镜头。观测结束后应及时套好物镜盖。

（8）各制动螺旋勿扭过紧，微动螺旋和脚螺旋不要旋到顶端。使用各种螺旋都应均匀用力，以免损伤螺纹。

（9）转动仪器时，应先松开制动螺旋，再平衡转动。使用微动螺旋时，应先旋紧制动螺旋。动作要准确、轻捷，用力要均匀。

（10）使用仪器时，对仪器性能尚未了解的部件，未经指导教师许可，不得擅自操作。

（11）仪器装箱时，要放松各制动螺旋，装入箱后先试关一次，在确认安放稳妥后，再拧紧各制动螺旋，以免仪器在箱内晃动、受损，最后关箱上锁。

（12）测距仪、电子经纬仪、电子水准仪、全站仪、GPS 等电子测量仪器，在野外更换电池时，应先关闭仪器的电源；装箱之前，也必须先关闭电源，才能装箱。

（13）仪器搬站时，对于长距离或难行地段，应将仪器装箱，再行搬站。在短距离和平坦地段，先检查连接螺旋，再收拢脚架，一手握基座或支架，一手握脚架，竖直地搬移。严禁横杠仪器进行搬移。罗盘仪搬站时，应将磁针固定，使用时再将磁针放松。装有自动归零补偿器的经纬仪搬站时，应先旋转补偿器关闭螺旋将补偿器托起才能搬站，观测时应记住及时打开。

（三）测量工具使用注意事项

（1）水准尺、标杆禁止横向受力，以防弯曲变形。作业时，水准尺、标杆应由专人认真扶直，不准贴靠树上、墙上或电线杆上，不能磨损尺面分划和漆皮。塔尺的使用，还应注意接口处的正确连接，用后及时收尺。

（2）测图板的使用，应注意保护板面，不得乱写乱扎，不能施以重压。

（3）皮尺要严防潮湿，万一潮湿，应晾干后再收入尺盒内。

（4）钢尺的使用，应防止扭曲、打结和折断，防止行人踩踏或车辆碾压，尽量避免尺身着水。携尺前进时，应将尺身提起，不得沿地面拖行，以防损坏分划。用完钢尺，应擦净、涂油，以防生锈。

（5）小件工具如垂球、测钎、尺垫等的使用，应用完即收，防止遗失。

（6）测距仪或全站仪使用的反光镜，若发现反光镜表面有灰尘或其他污物，应先用软毛刷轻轻拂去，再用镜头纸擦拭。严禁用手帕、粗布或其他纸张擦拭，以免损坏镜面。

三、测量记录与计算规则

（1）所有观测成果均要使用硬性（H 或 2H）铅笔记录，同时熟悉表上各项内容及填写、计算方法。

（2）记录观测数据之前，应将表头的仪器型号、日期、天气、测站、观测者及记录者姓名等无一遗漏地填写齐全。

（3）观测者读数后，记录者应随即在测量手簿上的相应栏内填写，并复诵回报，以防听错、记错。不得另纸记录事后誊写。

（4）记录时要求字体端正清晰，不得潦草、涂改、就字改字，更不准伪造测量数据。按规定，字体的大小不超过格高 2/3，字脚靠近底线，留出空隙作改正错误用。

（5）数据要全，数位对齐，表示精度或占位的 0 不能省略。（如水准尺读数 2.300，不能写成 2.3；角度读数 132° 08′ 06″不能写成 132° 8′ 6″）

（6）水平角观测，秒值读记错误应重新观测，度、分读记错误可在现场更正，但同一方向盘左、盘右不得同时更改相关数字。竖直角观测中分的读数，在各测回中不得连环更改。

（7）距离测量和水准测量中，厘米及以下数值不得更改，米和分米的读记错误，在同一距离、同一高差的往、返测或两次测量的相关数字不得连环更改。

（8）更正错误，均应将错误数字、文字整齐划去，在上方另记正确数字和文字。划改的数字和超限划去的成果，均应注明原因和重测结果的所在页数。

（9）数据运算取位应按四舍五入，五前单进双舍（或称奇进偶不进）的取数规则进行计算。如数据 2.223 5 和 2.224 5 取位均为 2.224。

（10）实训结束后每人按规定交实训报告一份。

第二节　配套练习

一、单项选择题（每题1分，共50分）

1.（　）处处与铅垂线垂直。

A. 水平面　B. 参考椭球面　C. 铅垂面　D. 大地水准面

2. 地球的长半径约为（　）千米。

A.6 371　B.6 400　C.6 378　D.6 356

3. 在测量直角坐标系中，纵轴为（　）。

A. X轴，向东为正　B. Y轴，向东为正

C. X轴，向北为正　D. Y轴，向北为正

4. 对高程测量，用水平面代替水准面的限度是（　）。

A. 在以10 km为半径的范围内可以代替　B. 在以20 km为半径的范围内可以代替

C. 不论多大距离都可代替　D. 不能代替

5. 在以（　）km为半径的范围内，可以用水平面代替水准面进行距离测量。

A.5　B.10　C.15　D.20

6. 在测量平面直角坐标系中，X轴表示什么方向？（　）。

A. 东西　B. 左右　C. 南北　D. 前后

7. 测定点的平面坐标的主要工作是（　）。

A. 测量距离　B. 测量方位角

C. 测量水平距离和水平角　D. 测量竖直角

8. 确定地面点的空间位置，就是确定该点的平面坐标和（　）。

A. 高程　B. 方位角　C. 已知坐标　D. 未知点坐标

9. 高斯投影属于（　）。

A. 等面积投影　B. 等距离投影　C. 等角投影　D. 等长度投影

10. 在测量直角坐标系中，横轴为（　）。

A. X轴，向东为正　B. X轴，向北为正　C. Y轴，向东为正　D. Y轴，向北为正

11. 在测量坐标系中，Y轴向（　）为正。

A. 北　B. 南　C. 西　D. 东

12. 1985年国家高程系统的水准原点高程是（　）m。

A.72.289　B.72.389　C.72.260　D.72.269

13.（　）的基准面是大地水准面。

A. 竖直角　B. 高程　C. 水平距离　D. 水平角

14. 建筑工程施工测量的基本工作是（　）。

A. 测图　B. 测设　C. 用图　D. 识图

15. 大地水准面处处与铅垂线（　）交。

A. 正　B. 平行　C. 重合　D. 斜

16. A 、B 两点，H_A 为 115.032 m，H_B 为 114.729 m，则 H_{AB} 为（　）m。

A.–0.303　B.0.303　C.29.761　D.–29.761

17. 建筑施工图中标注的某部位标高，一般都是指（　）。

A. 绝对高程　B. 相对高程　C. 高差　D. 基准面高度

18. 水在静止时的表面叫（　）。

A. 静水面　B. 水准面　C. 大地水准面　D. 水平面

19.（　）的投影是大地水准面。

A. 竖直角　B. 高斯平面坐标

C. 水平距离　D. 水平角

20. 我国目前采用的高程基准是（　）。

A. 高斯平面直角坐标　B.1980 年国家大地坐标系

C. 黄海高程系统　D.1985 年国家高程基准

21. 地面上有一点 A，任意取一个水准面，则点 A 到该水准面的铅垂距离为（　）。

A. 绝对高程　B. 海拔　C. 高差　D. 相对高程

22. 地面某点的经度为 85° 32′，该点应在三度带的第几带？（　）。

A.28　B.29　C.27　D.30

23. 下列坐标系为地心坐标的是（ ）

A.1954 年北京坐标系　B.1980 年国家大地坐标系

C.2000 年国家大地坐标系　D.WGS–84 坐标系

24. 测量工作的共同原则程序上要求（ ）

A. 从整体到局部　B. 先控制后碎部

C. 由高精度到低精度　D. 先测角后量距

25. 坐标反算是根据直线的起、终点平面坐标，计算直线的（ ）

A. 斜距与水平角　B. 水平距离与方位角

C. 斜距与方位角　D. 水平距离与水平角

26. 通常认为，代表整个地球的形状是（ ）所包围的形体。

A. 水准面　B. 参考椭球面　C. 大地水准面　D. 似大地水准面

27. 地面上某一点到大地水准面的铅垂距离是该点的（ ）。

A. 绝对高程　B. 相对高程　C. 正常高　D. 大地高

28. 在未与国家水准网联测的独立的小区域进行测量时，会用到（ ）。

A. 绝对高程　　B. 相对高程　　C. 海拔高程　　D. 绝对高度

29. 两地面点的绝对高程之差称为（ ）。

A. 高度　　B. 高差　　C. 高程　　D. 真高

30. 测量上使用的平面直角坐标系的坐标轴是（ ）。

A. 南北方向的坐标轴为 Y 轴，向北为正；东西方向的为 X 轴，向东为正

B. 南北方向的坐标轴为 Y 轴，向南为正；东西方向的为 X 轴，向西为正

C. 南北方向的坐标轴为 X 轴，向北为正；东西方向的为 Y 轴，向东为正

D. 南北方向的坐标轴为 X 轴，向南为正；东西方向的为 Y 轴，向西为正

31. 由测量平面直角坐标系的规定可知（ ）。

A. 象限与数学平面直角坐标象限编号及顺序方向一致

B.X 轴为纵坐标轴，Y 轴为横坐标轴

C. 方位角由纵坐标轴逆时针量测 0° ~ 360°

D. 直线的方向是以横坐标轴的东方向为起始方向

32. 高斯投影能保持图上任意的（ ）与实地相应的数据相等，在小范围内保持图上形状与实地相似。

A. 长度　　B. 角度　　C. 高度　　D. 面积

33. 高斯投影是一个等（ ）横切椭圆柱投影，又称为横轴墨卡托投影。

A. 长度　　B. 高度　　C. 角度　　D. 面积

34. 测量工作的基本原则是“从整体到局部、（ ）、由高级到低级”。

A. 先控制后碎部　　B. 先测图后控制

C. 控制与碎部并行　　D. 测图与控制并行

35. 测量上确定点的位置是通过测定三个定位元素来实现的，（ ）不在其中。

A. 距离　　B. 方位角　　C. 角度　　D. 高差

36. 测量上确定点的高程是通过（ ）工作来实现。

A. 边长测量　　B. 距离测量　　C. 角度测量　　D. 高差测量

37. 工程施工阶段，需要在实地进行（ ）工作。

A. 工程踏勘　　B. 施工设计　　C. 施工放样　　D. 竣工测量

38. 工程实施各阶段中，不需要进行实地测量工作的有（ ）阶段。

A. 勘测　　B. 设计　　C. 施工　　D. 竣工

39. 在测量的三项基本工作中，确定地面点的平面位置除了观测水平距离以外，通常还需要观测（ ）。

A. 水平角　　B. 垂直角　　C. 高差　　D. 天顶距

40. 测量工作中所采用的平面直角坐标系，其象限从（ ）开始按顺时针方向编号，依次为Ⅰ、Ⅱ、Ⅲ、Ⅳ象限。

A. X 轴南端　　B. X 轴北端　　C. Y 轴南端　　D. Y 轴北端

41. 目前，我国采用的高程基准是（ ）。

A. 高斯平面直角坐标系　　B.1956 年黄海高程系

C.2000 国家大地坐标系　　D.1985 国家高程基准

42. 某建筑物首层地面标高为 ±0.000 m，其绝对高程为 46.000 m；室外散水标高为 −0.550 m，则其绝对高程为（ ）m。

A.−0.550　　B.45.450　　C.46.550　　D.46.000

43. 绝对高程指的是地面点到（ ）的铅垂距离。

A. 假定水准面　　B. 水平面

C. 大地水准面　　D. 地球椭球面

44. 测量平面直角坐标系与数学直角坐标系有 2 点不同：① 测量坐标系以过原点的子午线为 X 轴，② 测量坐标系以 X 轴正向为始边（ ）。

A. 逆时针定方位角与象限　　B. 逆时针定象限角与象限

C. 顺时针定方位角与象限　　D. 顺时针定象限角与象限

45. 目前，我国采用的统一测量高程基准和坐标系统分别是（ ）。

A.1956 年黄海高程基准、1980 西安坐标系

B.1956 年黄海高程基准、1954 年北京坐标系

C.1985 国家高程基准、2000 国家大地坐标系

D.1985 国家高程基准、WGS−84 大地坐标系

46. 测量学中，称（ ）为测量工作的基准线。

A. 铅垂线　　B. 大地线　　C. 中央子午线　　D. 赤道线

47. 若 A 点的高程为 88.172 m，B 点的高程为 136.366 m，设假定水准面高程为 100 m，并设为 ±0.00 标高，则 A、B 点的标高为（ ）。

A.11.828 m，−36.366 m　　B.−88.172 m，136.366 m

C.−11.828 m，36.366 m　　D.188.172 m，−36.366 m

48. 以下不属于测量基本工作的基本范畴是（ ）。

A. 高程测量　　B. 距离测量　　C. 导线测量　　D. 角度测量

49. 下列关于水准面的描述，正确的是（ ）。

A. 水准面是平面，有无数个　　B. 水准面是曲面，有无数个

C. 水准面是曲面，只有一个　　D. 水准面是平面，只有一个

50. 按 1956 年黄海高程系中，某水准点的高程为 105.368 m，换算到 1985 年国家高程基准其高程应为（ ）。

A.105.368 m　　B.105.397 m　　C.33.108 m　　D.105.339 m

二、多项选择题（每题 3 分，共 30 分）

1. 测量工作基本要求（ ）。

A. 质量第一的观点 B. 严肃认真的工作态度

C. 保持测量成果真实、客观和原始性 D. 爱护测量仪器和工具

E. 与施工进度相协调

2. 下列表述正确的是（ ）。

A. 施工测量的“从整体到局部，先控制后碎步”是为了减少误差积累

B.“由高精度到低精度”是为了保证测量成果真实、客观

C.“重检查，重复核”是为了防止错误的发生

D. 测量工作必须按照“先内业后外业”的程序

3. 测量基本工作（ ）。

A. 角度测量 B. 坐标测量

C. 距离测量 D. 高程测量

E. 面积测量

4. 下列关于测量记录计算的基本要求中，属于正确说法的是（ ）。

A. 计算有序 B.4 舍 6 入、奇进偶舍

C. 步步校核 D. 预估结果

E. 各项测量数据记录错误均可以修改

5. 关于大地水准面的特性，下列说法正确的是（ ）。

A. 大地水准面有无数个 B. 大地水准面是不规则的曲面

C. 大地水准面是唯一的 D. 大地水准面是封闭的

E. 任意一点的铅垂线总是垂直于该点大地水准面

6. 测量工作的基本原则有（ ）。

A. 从整体到局部 B. 先测角后量距

C. 先控制后碎部 D. 由高级到低级

E. 先外业后内业或先内业后外业的双向工作程序

7. 下列关于测量的基本工作的说法，正确的有（ ）。

A. 测量基本工作有水平角测量、水平距离测量、高差测量

B. 水平角测量和水平距离测量，目的是确定点的平面位置

C. 确定点的高程位置，应进行高差测量

D. 进行直线定向，需测量水平角

E. 高差测量只能采用水准仪完成

8. 在测量的基础工作中，确定地面点坐标的主要工作是（ ）。

A. 测量水平距离 B. 测量方位角

C. 测量竖直角 D. 测量高差

E. 测量水平角

9. 1954 年北京坐标系的缺陷有（ ）。

A. 大地原点距我国甚远

B. 参考椭球面与大地水准面存在明显差距

C. 未进行整网平差

D. 不能与 1980 西安坐标系进行坐标换算

E. 不能提供平面直角坐标

10. 下列关于建筑工程测量的说法中，属于正确说法的是（ ）。

A. 工程勘测阶段，不需要进行测量工作

B. 工程设计阶段，需要在地形图上进行总体规划及技术设计

C. 工程施工阶段，需要进行施工放样

D. 施工结束后，测量工作也随之结束

E. 施工范围小，建筑工程施工放样可以不做控制测量

三、判断题（正确涂 A，错误涂 B，每题 2 分，共 20 分）

1. 大地水准面所包围的地球形体，称为地球椭球体。（ ）
2. 测量工作的实质就是测量（或测设）点位的工作。（ ）
3. 测量中坐标轴方向和象限顺序与数学中的坐标轴方向和象限顺序正好相同。（ ）
4. 两点高差的大小与基准面的选择有关。（ ）
5. 建筑图纸上二楼楼面标高为 3.600 m，指的是绝对高程。（ ）
6. 在小范围进行测量工作时，可用地理坐标表示点的位置。（ ）
7. 地球表面有无数个水准面，通过平均海水面的水准面，称为大地水准面。（ ）
8. 在测量学中，把点到任意水准面的铅垂距离称为绝对高程，也称为海拔。（ ）
9. 水准面、大地水准面是一个处处与铅垂线相垂直的曲面。（ ）
10. 在以 10 km 为半径的范围内，可以用水平面代替水准面进行距离测量。（ ）

第二章　水准测量

第一节　水准测量的理论知识回顾

[实训指导]

一、目的与要求

（1）理解水准测量基本原理。

（2）熟悉连续水准测量方法。

（3）掌握水准测量记录及计算的方法。

二、计划与设备

（1）实训安排 2 学时，实训小组由 3 ~ 5 人组成。

（2）实训设备为每组 DS_3 型水准仪 1 台，记录板 1 块，记录表格 1 份，铅笔数支，测伞 1 把。

（3）实训场地安排不同高度的两个点，分别立两根水准尺，供全班共用，便于检核实训成果。各组在练习仪器安置、整平、瞄准、精平、读数的基础上，每人都要按步骤独自完整地做一遍。

（4）实训结束时，每人上交一份实训报告。

三、实验方法与步骤

（1）水准仪的主要用途是测高差。

（2）水准仪按精度分为 $DS_{0.5}$、DS_1、DS_3、DS_{10}、DS_{20}，共 5 个等级。

（3）水准仪按构造分为微倾式水准仪、自动整平水准仪、精密水准仪、数字水准仪等，如图 2–1 所示。DS_3 型微倾式水准仪是工程测量中常用的水准仪。

（4）“D” 和 “S” 是 “大地测量” 和 “水准仪” 的汉语拼音的第一个字母，下标 0.5、1、3、10、20 表示该类仪器的精度，即每千米往返测高差中数的中误差，以 mm 为单位。

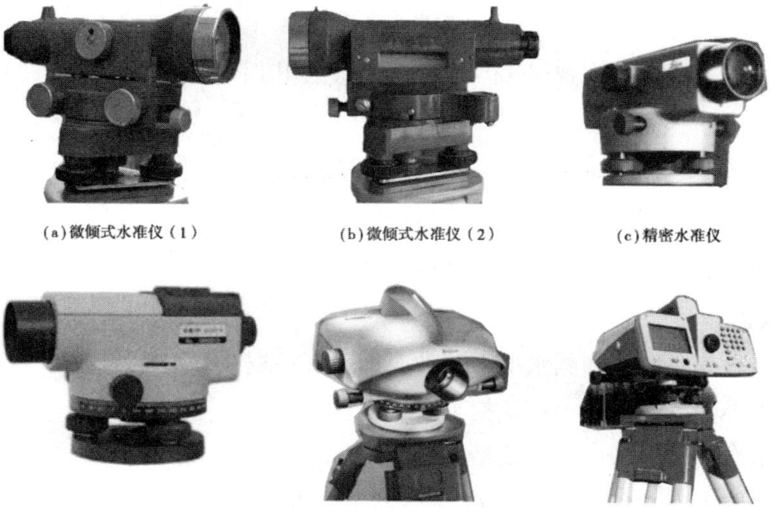

(a)微倾式水准仪（1）　(b)微倾式水准仪（2）　(c)精密水准仪

(d)自动整平水准仪　(e)数字水准仪（1）　(f)数字水准仪（2）

图 2-1　水准仪

（一）DS 微倾式水准仪的构造

DS 微倾式水准仪由望远镜、水准器、基座和附件组成，常见的水准仪类型如图 2–2 所示。

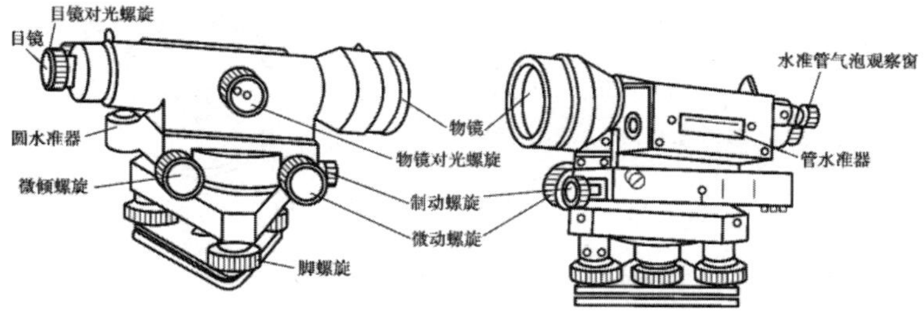

图 2-2　DS_3 微倾式水准仪

1. 望远镜

望远镜用于瞄准水准尺并读数，其放大倍率一般为 25 ~ 30 倍。望远镜由物镜、目镜、十字丝分划板、调焦透镜、物镜及目镜对光螺旋组成，如图 2–3 所示。

（1）物镜、目镜——使目标成像位于十字丝分划板上并一起放大。

（2）十字丝分划板——用于瞄准目标和读数。其结构如图 2–4 所示。

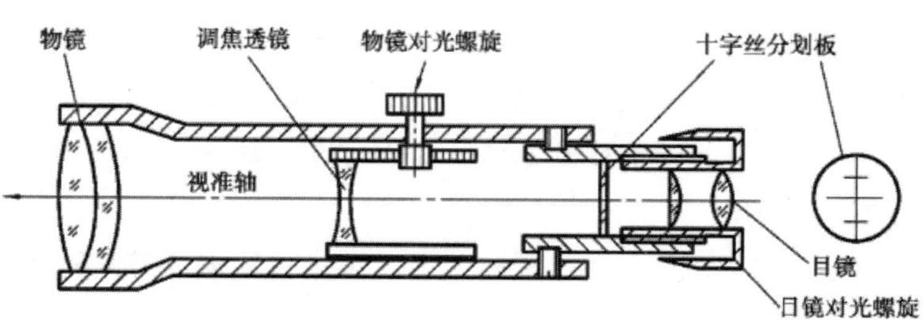

图 2-3　望远镜的构造

十字丝分划板上刻有：
- 十字丝（互相垂直的细长线）
  - 横丝：用于测高差
  - 竖丝：用于判断是否瞄准目标
- 视距丝（上下两条短丝）：用于测距离

图 2-4　十字丝分划板结构

（3）调焦透镜与物镜对光螺旋——使目标清晰。

（4）目镜对光螺旋——使十字丝清晰。

十字丝的交点与物镜光心的连线为视准轴。视线即视准轴的延长线。

2. 水准器

水准器分为管水准器和圆水准器两种，用来衡量视线是否水平。

（1）圆水准器气泡居中→视线粗平。

（2）管水准器气泡居中→视线精平。

过管水准器零点 O 的纵向切线 LL 为管水准器轴，如图 2–5 所示；过圆水准器零点 O 与球心的连线 $L'L'$ 为圆水准器轴，如图 2–6 所示。

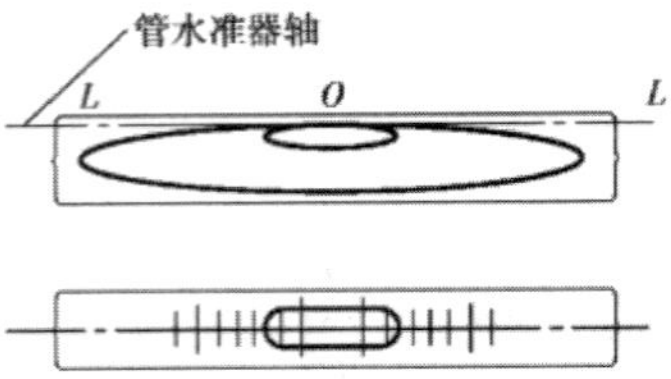

图 2-5　管水准器

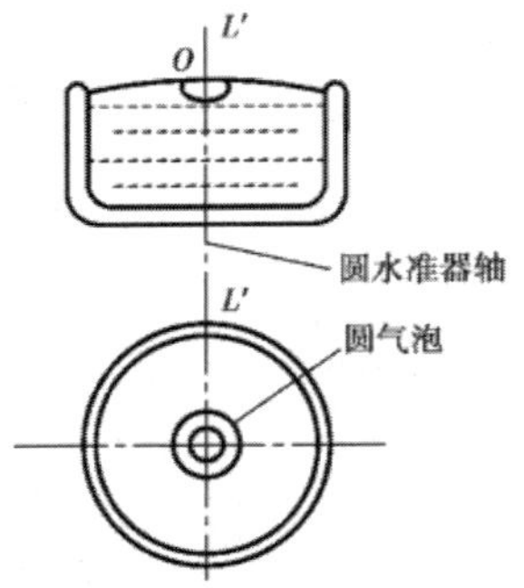

图 2-6　圆水准器

（3）判断视线是否水平，借助于水准管气泡是否居中来衡量。当水准管气泡居中即表示水准管轴水平，即表示视线水平。前提条件：视准轴与水准管轴平行。

阅读理解：

管水准器和圆水准器

（1）管水准器是由一充有轻质液体的玻璃管加热后封闭冷却形成气泡而制成。管内壁圆弧中点称为水准管的零点。从水准管零点向两侧刻有数条间隔 2 mm 的分划线，相邻两分划线间圆弧所对的圆心角称为水准管分划值。DS_3 微倾式水准仪的水准管分划值通常为 20"/2 mm。为了提高水准管气泡居中精度，微倾式水准仪安装了一组符合棱镜系统，将气泡两端的影像反映到观察窗口，两半影像符合时则气泡严格居中。

（2）圆水准器外形如圆盒状，玻璃内壁顶面为球面，球面顶点称为圆水准器零点。气泡中心偏离零点 2 mm 所对的圆心角称为圆水准器分划值。DS_3 微倾式水准仪的圆水准器分划值通常为（8′～10′）/2 mm。

水准器的分划值越小，灵敏度越高。管水准器灵敏度比圆水准器灵敏度高。

3. 基座

基座呈三角形，由基座、脚螺旋（3个）和连接板组成。基座支承仪器的上部并与脚架连接。

4. 附件

（1）制动螺旋、微动螺旋——使望远镜在水平方向大动和微动。先制动后微动。

（2）微倾螺旋——使望远镜在竖直面内微倾。

5. 水准尺和尺垫

水准尺和尺垫是与水准仪配套使用的工具。

（1）水准尺为双面尺或单面尺，如图2-7（a）所示。

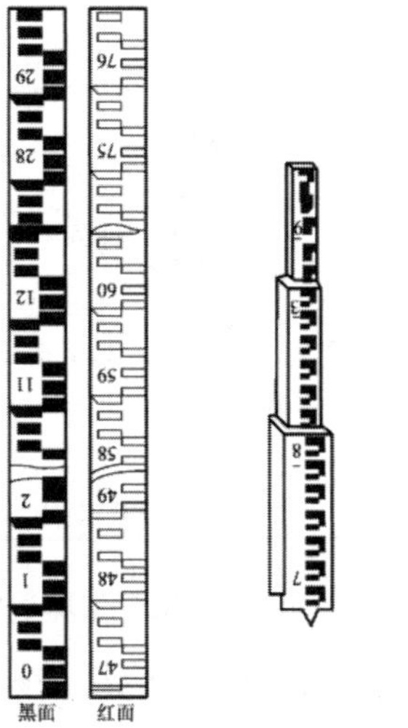

（a）双面尺　　（b）塔尺

图2-7　水准尺

① 双面尺：整尺长3 m，红、黑双面注记。黑面是主尺，黑面尺底从零起算；红面是辅尺。尺底分别以4 687 mm（A尺）或4 787 mm（B尺）起算。等级水准测量时，A尺、B尺配成水准尺对使用。

② 塔尺：全长3 ~ 5 m，可以伸缩，稳定性差，只适用于精度较低的水准测量。如图2-7（b）所示。

（2）尺垫由三角形或圆形铸铁制成，下端有3个支脚，顶面为半球状，如图2-8所示。使用时，将支脚踩入土中，水准尺立于半球顶上，防止尺子下沉。

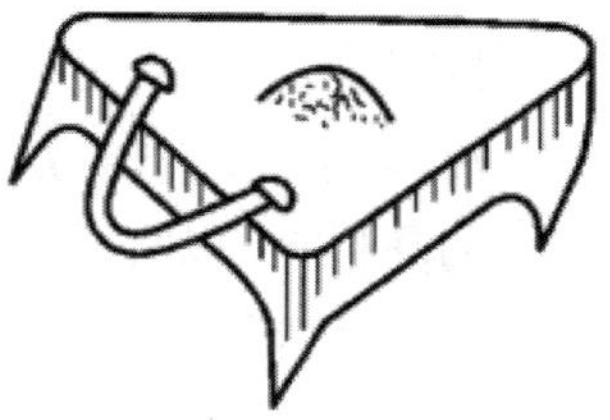

图2-8　尺垫

（二）理论技能回顾

水准测量的基本原理是利用水准仪提供的水平视线，观测两端地面点上垂直竖立的水准尺，以测定两点间的高差，进而求得待定点高程的方法。

如图 2-9 所示，若要测定 A 、B 两点间的高差，则须在 A 、B 两点上分别垂直竖立水准标尺，在 A 、B 两点中间安置水准仪，用仪器的水平视线分别在 A 、B 两点的标尺上读得标尺分划数 a 和 b ，则 A 、B 两点间的高差为

$$h_{AB}=a-b \tag{2.1}$$

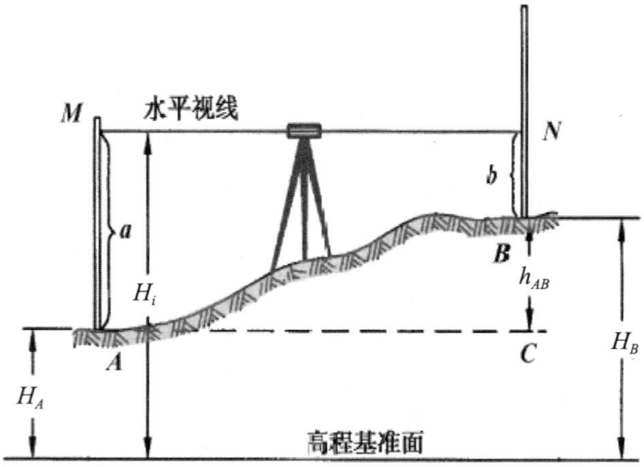

图 2-9　水准测量基本原理

若水准测量是沿 A 到 B 的方向前进，则 A 点称为后视点，其竖立的标尺称为后视标尺，读数值 a 称为后视读数；B 点称为前视点，竖立的标尺称为前视标尺，读数值 b 称为前视读数。

因此，公式（2.1）若用文字表述，即为：两点间的高差等于后视读数减去前视读数。

高差有正（＋）负（－）之分。当 B 点比 A 点高时，前视读数 b 比后视读数 a 要小。

高差为正；当 B 点比 A 点低时，前视读数 b 比后视读数 a 要大，高差为负。

因此，水准测量的高差 h 必须冠以"＋"号或"–"号。

另外，高差具有方向性。h_{AB} 表示 B 点相对于 A 点的高程；而 h_{BA} 则为 A 点相对于 B 点的高差，它与 h_{AB} 的绝对值大小相等，符号相反即

$$h_{BA}=-h_{AB} \tag{2.2}$$

显然，如果 A 点的高程为已知，则 B 点的高程为

$$H_B=H_A+h_{AB}=H_A-h_{BA} \tag{2.3}$$

有时，需要测定较小范围内多个点的高程，可以将仪器置于该范围中央，当视线水平时，分别读取周围各立尺点标尺读数，就可以得到各立尺点的高程。如图 2-10 所示，A 点标尺读数为 a ，则 O 、A 两点间的高差为

$$h_{OA}=i-a \tag{2.4}$$

式中，i——仪器高，即望远镜光轴中心至地面 O 点的高度，可直接用小钢尺量取。根据 O 点的高程，就可得到 A 点的高程。

同样，在 B、C、D、E 等点竖立标尺，读取标尺读数 b、c、d、e，按式（2.4）求得各个高差，进而可以计算出 B、C、D、E 各点的高程。

用这种方法安置一次仪器，可测得周围一系列立尺点的高程。对于范围较小、精度要求不高的水准测量（如场地平整）来说，是一种简单易行的方法。但是，由于视准轴与管水准轴不平行的误差以及由于地球弯曲带来的球差不能消除，这种简易方法得到的各立尺点高程的精度较低，通常不能用于控制测量中。

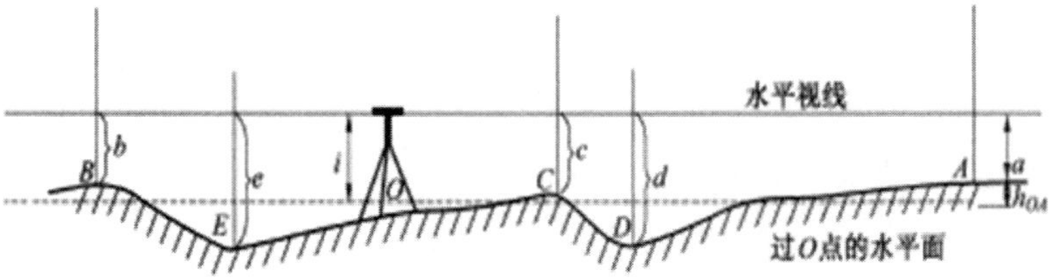

图 2-10 测量视图

四、连续水准测量

在实际工作中，当 A 、B 两点相距较远或者高差较大，安置一次仪器不可能测得两点间的高差时，必须在两点间加设若干个临时的立尺点，并安置若干次仪器。这些临时的立尺点作为传递高程的过渡点，称为转点；安置仪器的地方称为测站。如图 2-11 所示，通过各测站连续测定相邻标尺点间的高差，最后取其代数和即可求得 A 、B 两点间的高差。

$$h_{AB}=h_1+h_2+\cdots+h_n=\sum_{i=1}^{n}h_i \tag{2.5}$$

或

$$h_{AB}=\sum_{i=1}^{n}a_i-\sum_{i=1}^{n}b_i \tag{2.6}$$

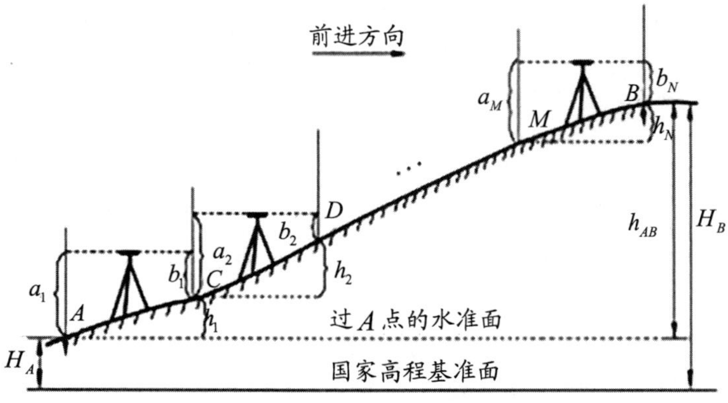

图 2-11 水准测量视图

由此可知，水准测量的结果有以下规律：起点至终点的高差等于各测站高差之总和或所有后视读数之总和减去所有前视读数之总和。在实际作业中，常用式（2.5）计算 A 、B 两点间的高差，而用式（2.6）检核有无计算错误。

若已知 A 点的高程 H_A ，则 B 点的高程 H_B 为

$$H_B = H_A + h_{AB} = H_A + \sum_{i=1}^{n} h_i \tag{2.7}$$

在图 2–11 所示的水准测量中，待定点 B 的高程是由已知高程的 A 点，经过 C ，D ，…，M 等转点传递过来的。转点只起传递高程的作用，不需要测出其高程，因此不需要有固定的点位，只需在地面上合适的位置放上尺垫，踩实并垂直竖立标尺即可。观测完毕拿走尺垫继续往前观测。

实训报告一 水准测量的巩固练习

日期：__________天气：__________班级：__________小　　组：__________
观测：__________记录：__________成绩：__________指导教师：__________

一、识图填空

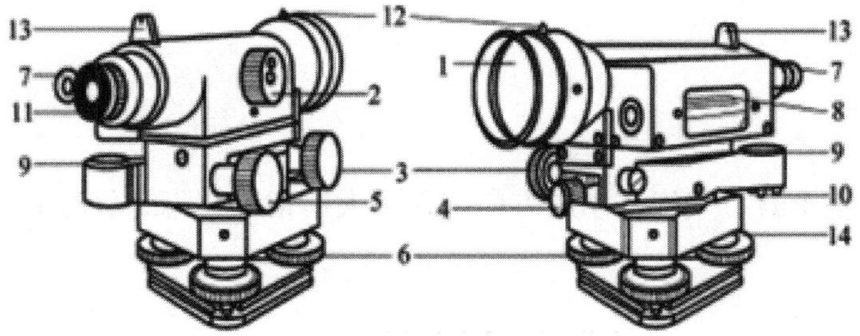

图 2-12 DS_3 型水准仪

完成下列 DS_3 型水准仪各部名称的填写。

1（　　）、2（　　）、3（　　）、4（　　）、5（　　）、6（　　）、7（　　）、8（　　）、9（　　）、10（　　）、11（　　）、12（　　）、13（　　）、14（　　）。

二、完成下列填空

1．安置仪器后，转动（　　）使圆水准气泡居中，转动（　　）看清十字丝，通过（　　）概略地瞄准水准尺，转动（　　）精确照准水准尺，转动（　　）消除视差，转动（　　）使符合水准气泡居中，最后读数。

2．消除视差的步骤是转动（　　）使（　　）清晰，再转动（　　）使（　　）清晰。

三、实训记录计算

1．记录水准尺上读数

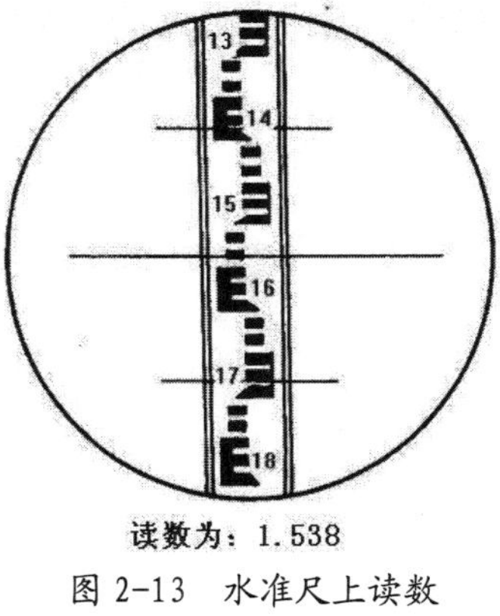

读数为：1.538

图 2-13 水准尺上读数

A 尺的读数为（　　）m；B 尺的读数为（　　）m。

2．计算（假设 A 点的高程 H_A=14.123 m）

（1）A 点比 B 点（高、低）（　　）。

（2）AB 两点的高差 h_{AB} =（　　）m，求 B 点的高程 H_B =（　　）m。

（3）水准仪的视线高 H_i =（　　）m，求 B 点的高程 H_B =（　　）m。

四、验证以下实训情况

（1）试问水准仪安置的高度对测算地面两点间高差或各点高程有无影响？

（2）试问粗略整平时，气泡移动的方向与左手大拇指旋转脚螺旋时的方向是否一致？

（3）试问精确整平时，微倾螺旋的转动方向与左侧半气泡影像的移动方向是否一致？

（4）试问在同一水平视线下，某点水准尺的读数越大则该点高程就越低，反之亦然？

五、思考提升

地面点位高低与读数大小、高差正负三者之间的关系？水准尺前、后、左、右倾斜对读数有什么影响？

第二节 水准仪的使用

一、目的与要求

（1）了解 DS_3 型水准仪各部件的名称及作用。

（2）练习水准仪的安置、粗平、瞄准、精平与读数。

（3）测量地面两点间的高差。

二、计划与设备

（1）实训安排 2 学时，实训小组由 3 ～ 5 人组成。

（2）实训设备为每组 DS_3 型水准仪 1 台，记录板 1 块，记录表格 1 份，铅笔数支，测伞 1 把。

（3）实训场地安排不同高度的两个点，分别立两根水准尺，供全班共用，便于检核实训成果。各组在练习仪器安置、整平、瞄准、精平、读数的基础上，每人都要按步骤独自完整地做一遍，练习观测两根水准尺，分别编号为 A、B，记录在实训报告中。

（4）实训结束时，每人上交一份实训报告。

三、方法与步骤

（一）安置仪器

在测站点的选择时，应选在两根水准尺中间确保前后视距相等，视线通视，避免各组观测时相互干扰。各组可共用一对水准尺，更有利于教师逐组指导和学生测量结果相互校核。松开脚架固定螺丝，将脚架升至肩高，再拧紧固定螺丝；将三脚架张开，使其高度在胸口附近，架头大致水平，并将脚尖踩入土中，力求踩实，然后用连接螺旋将仪器连接在三脚架上。

（二）认识仪器

了解仪器各部件的名称及其作用并熟悉其使用方法。同时熟悉水准尺的分划注记，精确读数。

（三）粗略整平

先对向转动两只脚螺旋，使圆水准器气泡向中间移动，使气泡、圆水准器的圆圈及另一脚螺旋大致呈一直线，再转动另一脚螺旋，使气泡移至居中位置。

（四）瞄准

目镜对光：转动目镜调焦螺旋，使十字丝清晰。

初步瞄准：转动仪器，用准星和照门（缺口）瞄准水准尺，拧紧制动螺旋（手感螺旋有阻力）。

物镜对光：转动物镜对光螺旋，使水准尺影响清晰。

精确瞄准：转动微动螺旋，使十字丝与水准尺中心对齐。

消除视差：反复调节目镜和物镜对光螺旋直至视差消除。

（五）精平、读数

先观察管水准器中气泡的位置，如气泡在前端则微倾螺旋向前转动，如气泡在后端则微倾螺旋向后转动，使管水准器中的气泡基本居中，然后用眼睛在水准管气泡窗观察，缓缓转动微倾螺旋使符合水准管气泡两端的半影像吻合，视线即处于精平状态。

（六）读数

精确整平后，立即利用水准仪中丝在水准尺上读数；先估读毫米，然后直接读出米、分米、厘米，即读出四位有效数字。读数后再检查一下符合水准管气泡两端的半影像是否吻合。若气泡不吻合，则应重新精平，重新读数。

（七）测量地面两点的高差

按上述 DS_3 型水准仪的使用方法，读出后视尺 A 的读数，再读出前视尺 B 的读数，根据高差的计算公式计算 A、B 两点的高差。

四、注意事项

（1）将水准仪脚螺旋调到可上可下的中间位置，三脚架头应在大致水平，仪器安放到三脚架头上，必须旋紧连接螺旋，使连接牢固。

（2）转动脚螺旋可使水准仪粗略整平。转动脚螺旋时要用“气泡移动的方向与左手拇指的旋转方向一致”的原则进行。

（3）瞄准目标必须消除视差；水准尺必须扶竖直；掌握标尺刻划规律；读数应由刻划顺序读取（不管上下，只管由小到大）。

（4）在水准尺上读数时，符合水准器中气泡必须居中。精确整平时，微倾螺旋的转动方向与左侧半气泡影像的移动方向一致。

（5）水准测量实施中，读完后视读数后，当望远镜转到另一个方向继续观测时，符合水准器气泡就会有微小的偏移，相互错开（精平是带有方向性的）。因此，每次瞄准水准尺时，在读数前必须重新再次转动微倾螺旋，使气泡影像吻合后才能读数，后视与前视读数之间切忌转动脚螺旋。

五、技能考核

表 2-1　水准仪的使用评价表

序号	分项项目	操作内容	分值	得分	分项总分
1	仪器架设	脚架架设高度与操作人身高适宜	4		15
2		开箱双手取出仪器	4		
3		仪器取出后关闭仪器箱	4		
4		脚架架头与仪器连接螺旋应拧紧	3		
5	整平气泡	旋转圆水准气泡至任意两个脚螺旋之间	3		15
6		两手同时向内或向外旋转脚螺旋使气泡与第三个脚螺旋在同一连线上	4		
7		旋转第三个脚螺旋使气泡居中	4		
8		仪器旋转 180°后气泡居中	4		
9	对中	对中十字丝清晰	3		15
10		点面标志清晰	3		
11		偏差＜3 mm	4		
12		偏差＞3 mm	5		
13	照准目标	目标影像清晰	4		15
14		十字丝清晰	4		
15		十字丝竖丝瞄准目标底部	3		
16		消除视差	4		
17	读数	度盘读数模式正确	4		15
18		读数未精确到″	3		
19		估读读数正确	4		
20		读数单位正确	4		
21	操作时间	根据具体任务，定时间。	0～15		15
22	安全与操作规程	是否佩戴安全帽等	10		10
总　分					100

实训报告二　水准仪的使用记录表

日期：__________天气：__________班级：__________小　组：__________

观测：__________记录：__________成绩：__________指导教师：__________

一、数据记录表

表 2-2　普通水准测量观测手簿（高差法）

测站	点号	水准尺读数 /m		高差 /m	高程	备注
		后视	前视			
计算检核	$\sum$					
	$\sum a-\sum b=$			$\sum h=$	$H_{终}-H_{起}=$	

表 2-3　普通水准测量观测手簿（高差法）

测站	点号	水准尺读数 /m		高差 /m	高程	备注
		后视	前视			
计算检核	$\sum$					
	$\sum a-\sum b=$			$\sum h=$	$H_{终}-H_{起}=$	

表 2-4 普通水准测量观测手簿（视线高法）

测站	点号	后视读数 /m	视线高 /m	前视读数 /m	高程	备注
计算检核		$\sum a$		$\sum b$		
		$\sum a-\sum b=$			$H_{终}-H_{起}=$	

表 2-5　普通水准测量观测手簿（视线高法）

测站	点号	后视读数 /m	视线高 /m	前视读数 /m	高程	备注
计算检核		$\sum a$		$\sum b$		
		$\sum a-\sum b=$			$H_{终}-H_{起}=$	

表 2-6　水准测量成果计算表（按测距）

点号	路线长度 /m	实测高差 /m	改正数 /mm	改正后高差 /m	高程 /m	备注
Σ						

辅助计算：　　$fh=$　　$fh_{允}=$

每千米改正数：　　$\sum v=$

注：1. 距离取位至 0.1 m，测段高差、改正数及点之高程取位至 1 mm。

2. 采用路线长度进行高差闭合差的分配。

3. 计算 $fh_{允}=\pm 20\sqrt{L}$ /mm。L 取 km，按实测值计。

表 2-7　水准测量成果计算表（按测站数）

点号	测站数	实测高差 /m	改正数 /mm	改正后高差 /m	高程 /m	备注
Σ						

辅助计算：　$fh =$

$fh_{允} =$

每站改正数：　$\sum v =$

注：1. 测段高差、改正数及点之高程取位至 1 mm。

2. 采用路线测站数进行高差闭合差的分配。

3，计算 $fh_{允} = \pm 12\sqrt{n}$ /mm。L 取 km，按实测值计。

二、考核技术要求和评价标准

表 2-8 水准测量评分细节

考核项目	考核内容	分值	评价标准	扣分(-)	扣分原因
一、仪器操作及观测过程得分(35分)	安置脚架	3	架设脚架时,脚踢脚架,扣1分;脚架高低与考生身高不协调,扣1分;脚架张开角度不合适,扣1分。扣完3分为止。(此项评分只针对第一次安置仪器,变换高度后不评判)		
	安置仪器	3	未双手取出仪器,扣1分;仪器上架不得松手,直至拧紧连接螺旋后手才能松开,否则扣1分;仪器与三脚架连接好后,仪器箱未及时盖好,扣1分。扣完3分为止		
	仪器整平	4	水准气泡未完全在标准圆圈内,扣3分;整平后,水准仪基座明显偏离三脚架架头中心,扣1分。(查最后一次照准时整平情况)。观测过程中重复整平仪器一次扣2分,扣完4分为止		
	精确照准	2	十字丝竖丝未照准水准尺正中间,扣2分(查最后一次照准情况)		
	读数	8	读错1次,扣4分(查第二次仪高观测的后/前视读数)		
	观测顺序	4	未按照"后—前—前—后"的顺序观测,扣4分		
	仪高变化	4	仪器高度改变未≥10 cm,扣4分		
	不规范操作	2	单眼观测、骑马式观测、脚架碰动、手扶脚架、坐仪器箱等,出现一次扣1分,扣完2分为止		
	仪器装箱	3	卸仪器前,未先打开仪器箱,扣1分;卸仪器时,未采取保护措施,扣1分;仪器装箱后,未关箱、上扣,扣1分。仪器装箱方式错误、粗暴(硬搬、硬塞等),直接扣3分		
	收脚架	2	脚架收拢,松开各螺旋,将伸长的脚架还原,再拧紧各螺旋,扣好带子。未按规范操作一处扣1分,扣完2分为止		
	其他		仪器摔倒落地一次性扣20分;三脚架摔倒落地一次性扣10分。此项目扣分后上述小项继续扣分,35分扣完为止。无实质性操作过程(仪器直接上架后就装箱,中间过程不会),扣35分		
小计		35	得分小计(35-总扣分)		
二、记录、计算、成果精度(25分)	数据记录	6	未使用铅笔记录,扣2分;记录不工整、规范,划改不规范,出现涂改、就字改字、使用橡皮擦等情况,一次扣1分,扣完6分为止		
	记录规范性	5	后视读数、前视读数、高差、高差较差、平均高差记录、计算的占位"0"缺失,每处扣1分;高差、高差较差、平均高差,未标注"+"或"-"号,每处扣1分。扣完5分为止		
	数据计算	8	高差、高差较差、平均高差、高程,计算错误每处扣1分;平均高差计算取整不正确扣1分,扣完6分为止		
	高差较差精度	6	高差较差$\|\Delta h\|$≤6 mm,否则扣6分		
	其他		不会操作、观测或第一次仪高观测伪造数据,直接扣此项25分		
小计		25	得分小计(25-总扣分)		

（续表）

考核项目	考核内容	分值	评价标准		扣分（-）	扣分原因
三、时间得分（10分）		10	总共用时（精确到秒）		分　秒	
			如考生为获得时间分，恶意赶时间、不顾操作规范性、无实质性操作过程（仪器直接上架后就装箱，中间过程不会）、精度严重超标、第1次仪高观测时伪造数据，考评员有权判此项为0分，并写明原因	完成时间≤45分钟不扣分；在45～60分钟完成的，每1分钟时段扣1分；完成时间超过60分钟，该四等水准测量项比赛成绩零分		
小　计		10	时间得分小计			
本项目总得分						

第三节　路线水准测量法

一、目的与要求

（1）掌握路线水准测量的观测、记录和检核的方法。

（2）掌握水准测量的闭合差调整及推求待定点高程的方法。

二、计划与设备

（1）实训安排 2 ～ 3 学时，实训小组由 3 ～ 5 人组成。

（2）实训设备为每组 DS_3 型水准仪 1 台，水准尺 2 根，记录板 1 块，记录表格 1 份，铅笔数支，测伞 1 把，尺垫 2 个。

（3）实训场地选定一条闭合（或附合）水准路线，其长度以安置 6 ～ 10 个测站为宜，中间设待定点 *B*、*C*。从已知水准点 *A* 出发，水准测量至 *B*、*C* 点，然后再测至 *A* 点（或另一个水准点）。根据已知点高程（或假定高程）及各测站的观测高差，计算水准路线的高差闭合差，并检查是否超限。如外业精度符合要求，对闭合差进行调整，求出待定点 *B*、*C* 的高程。各测站的操作可以轮流进行，其余同学必须确认操作及读数结果，各自记录、计算在实训报告中，每人上交一份实训报告。

三、方法与步骤

（1）背离已知点方向为前进方向，在 *A*、*B*、*C* 点间设若干转点。第 1 测站安置水准仪在 *A* 点与转点 1（拼音缩写 ZD1、英文缩写 TP1）之间，前、后距离大约相等，其视距不超过 100 m，粗略整平水准仪。

（2）操作程序是后视 *A* 点上的水准尺，精平，用中丝读取后尺读数，记入实训报告三的表 1 中。前视转点 1 上的水准尺，精平并读数，记入表 1 中。然后立即计算该站的高差。

（3）迁至第 2 测站，继续上述操作程序，直到最后回到 *A* 点（或另一个已知水准点）。

（4）根据已知点高程及各测站高差，计算水准路线的高差闭合差，并检查高差闭合差是否超限，其限差公式为：平地 $f_{h容}=\pm 40\sqrt{L}$ /mm 或山地 $f_{h容}=\pm 12\sqrt{n}$ /mm。式中：n 为测站数；L 为水准路线的长度，以 km 为单位。

若高差闭合差在容许范围内，则对高差闭合差进行调整，计算各待定点的高程。

四、注意事项

（1）在每次读数之前，要消除视差，并使符合水准气泡严格居中。

（2）在已知点和待定点上不能放置尺垫，但在松软的转点必须用尺垫，在仪器迁站时，前视点的尺垫不能移动。

（3）弄清每一个测站的前视点、后视点、前视读数、后视读数、转点、中间点的概念，不要混淆。

（4）在路线水准测量过程中必须十分小心地测量转点的后视读数和前视读数并认真记录计算，一旦有错将影响后面的所有测量，造成后面结果全部错误。

（5）分清测量路线、测段、测站的概念。

（6）每个测段、每个测站的记录和计算与路线水准测量的成果计算不要混淆。要搞清各自的计算步骤和计算公式。

（7）注意检查高差闭合差是否超限，如超限应重测。

（8）搞清已知水准点只有后视读数；转点既有后视读数，又有前视读数；中间点只有前视读数。

（9）各测站的视线高度不一样。

实训报告三　路线水准测量

日期：__________天气：__________班级：__________小　　组：__________

观测：__________记录：__________成绩：__________指导教师：__________

一、水准测量记录及高差计算

已知水准点 H_A =428.654 m。实训数据记入表 2-9，并进行高差计算，确保高差总和无误。

表 2-9 路线水准测量记录

测段	测站	点号		后视读数 /m	前视读数 /m	测站高差 /m	测段高差 /m	备注
第一测段	Ⅰ	后	*A*					已知水准点
		前	TP1					转点
	Ⅱ	后	TP1					转点
		前	TP2					转点
	Ⅲ	后	TP2					转点
		前	*B*					待定点、转点
第二测段	Ⅳ	后	*B*					待定点、转点
		前	TP3					转点
	Ⅴ	后	TP3					转点
		前	TP4					转点
	Ⅵ	后	TP4					转点
		前	*C*					待定点、转点
第三测段	Ⅶ	后	*C*					待定点、转点
		前	TP5					转点
	Ⅷ	后	TP5					转点
		前	TP6					转点
	Ⅸ	后	TP6					转点
		前	*A*					已知水准点
Σ								

二、待定点高程计算

根据表 2-9 的数据进行计算，填入表 2-10，求待定点高程。

表 2-10 待定点高程计算

点号	测站数	高差 /m			高程 /m	备注
		观测值	改正数	改正后的高差		
A					H_A =528.013	已知
B						
C						
A						
辅助计算						

三、考核技术要求和评价标准

表 2-11 水准测量评分细节

考核项目	考核内容	分值	评价标准	扣分(−)	扣分原因
一、仪器操作及观测过程得分（35分）	安置脚架	3	架设脚架时，脚踢脚架，扣 1 分；脚架高低与考生身高不协调，扣 1 分；脚架张开角度不合适，扣 1 分。扣完 3 分为止。（此项评分只针对第一次安置仪器，变换高度后不评判）		
	安置仪器	3	未双手取出仪器，扣 1 分；仪器上架不得松手，直至拧紧连接螺旋后手才能松开，否则扣 1 分；仪器与三脚架连接好后，仪器箱未及时盖好，扣 1 分。扣完 3 分为止		
	仪器整平	4	水准气泡未完全在标准圆圈内，扣 3 分；整平后，水准仪基座明显偏离三脚架架头中心，扣 1 分。（查最后一次照准时整平情况）。观测过程中重复整平仪器一次扣 2 分，扣完 4 分为止		
	精确照准	2	十字丝竖丝未照准水准尺正中间，扣 2 分 （查最后一次照准情况）		
	读数	8	读错 1 次扣 4 分（查第二次仪高观测的后 / 前视读数）		
	观测顺序	4	未按照“后—前—前—后”顺序观测， 扣 4 分		
	仪高变化	4	仪器高度改变未≥ 10 cm， 扣 4 分		
	不规范操作	2	单眼观测、骑马式观测、脚架碰动、手扶脚架、坐仪器箱等，出现一次扣 1 分，扣完 2 分为止		
	仪器装箱	3	卸仪器前，未先打开仪器箱，扣 1 分；卸仪器时，未采取保护措施扣 1 分；仪器装箱后，未关箱、上扣，扣 1 分。仪器装箱方式错误、粗暴（硬搬、硬塞等），直接扣 3 分		

（续表）

考核项目	考核内容	分值	评价标准	扣分（-）	扣分原因
	收脚架	2	脚架收拢，松开各螺旋，将伸长的脚架还原，再拧紧各螺旋，扣好带子。未按规范操作一处扣1分，扣完2分为止		
	其他		仪器摔倒落地一次性扣20分；三脚架摔倒落地一次性扣10分。此项目扣分后上述小项继续扣分，35分扣完为止。无实质性操作过程（仪器直接上架后就装箱，中间过程不会），扣35分		
小　计		35	得分小计（35- 总扣分）		
二、记录、计算、成果精度（25分）	数据记录	6	未使用铅笔记录，扣2分；记录不工整、规范，划改不规范，出现涂改、就字改字、使用橡皮擦等情况，一次扣1分，扣完6分为止		
	记录规范性	5	后视读数、前视读数、高差、高差较差、平均高差记录、计算的占位“0”缺失，每处扣1分；高差、高差较差、平均高差，未标注“+”或“-”号，每处扣1分。扣完5分为止		
	数据计算	8	高差、高差较差、平均高差、高程，计算错误每处扣1分；平均高差计算取整不正确扣1分，扣完6分为止		
	高差较差精度	6	高差较差 $\lvert \Delta h \rvert \leqslant 6$ mm，否则扣6分		
	其他		不会操作、观测或第一次仪高观测伪造数据，直接扣此项25分		
小　计		25	得分小计（25- 总扣分）		
三、时间得分（10分）		10	总共用时（精确到秒）	分　秒	
			如考生为获得时间分，恶意赶时间、不顾操作规范性、无实质性操作过程（仪器直接上架后就装箱，中间过程不会）、精度严重超标、第1次仪高观测时伪造数据，考评员有权判此项为0分，并写明原因	$T \leqslant 35'$得10分；$35' < T \leqslant 40'20''$得9分；$40'20'' < T \leqslant 45'40''$得8分；以后每多一分钟，降一分。完成时间超过60分钟，该水准测量项比赛成绩零分	
小　计		10	时间得分小计		
本项目总得分					

第四节　变动仪器高法测站检核

一、目的要求

掌握水准测量（两次仪器高度法）的施测、记录与计算。

二、仪器用具

水准仪 1 台，水准尺 2 支，尺垫 2 个，记录板 1 块，伞 1 把。

三、方法与步骤

（1）在地面上选择 A、B 两点，假定 A 点为已知水准点，$H_A = 100.000$ m，欲求 B 点高程。

（2）在 A 点与 B 点的中间（前、后视的距离大致相等，用目估或步测）安置水准仪，进行粗略整平和目镜对光，观测者按下列顺序观测：

后视 A 点上的水准尺，瞄准、精平、读取后视读数，记入观测手簿。

前视 B 点上的水准尺，瞄准、精平、读取前视读数，记入观测手簿。

改变水准仪高度 10 cm 以上，重新安置水准仪。

前视 B 点上的水准尺，瞄准、精平、读取前视读数，记入观测手簿。

后视 A 点上的水准尺，瞄准、精平、读取后视读数，记入观测手簿。

注意：后视转前视时，不能再粗平要精平。

（3）观测者的每次读数，记录者应当场记下；后视、前视读毕，应当场计算高差，记于相应栏内，并做测站检核。

四、注意事项

（1）在每次读数前，应使水准管气泡严格居中，并消除视差。

（2）水准尺必须立竖直，不得倾斜。

（3）两次仪器高度，所测高差之差应控制在 ±5 mm 内，否则重测。

五、应交成果

表 2-12 水准测量（两次仪器高度法）观测成果

观测次数	测点	后视读数 /m	前视读数 /m	高差 /m	高差较差 /mm（第 1 次～第 2 次）	平均高差 /m	高程 /m	备注
1	A	1.812		+0.272	−1	+0.272	已知 H_A =421.421	
	B		1.540					
2	A	1.685		+0.273			待求点 H_B =421.693	
	B		1.412					

注：以下工作在学生考试结束后，由考评员计算完成。考生填写无效并将作扣分处理。

Δ=_____mm；Δ= 第 2 次后视读数 − 第 1 次后视读数。考评员检查考生的第二次仪高观测的后视、前视读数（必填）：后视读数:_______；前视读数:_______。（考生读数与考评员读数，相差不超过 ±3 mm，即判定为读书正确。）

实训报告四　变动仪器高法水准路线测量观测手簿

日期：__________天气：__________班级：__________小　　组：__________

观测：__________记录：__________成绩：__________指导教师：__________

一、实训表格

表 2-13　变动仪器高法观测手簿

<table>
<tr><th>测站</th><th>次数</th><th>测点</th><th>后视读数/m</th><th>前视读数/m</th><th>高差/m</th><th>高差较差/mm（第1次～第2次）</th><th>平均高差/m</th><th>高程/m</th><th>备注</th></tr>
<tr><td rowspan="4"></td><td rowspan="2"></td><td rowspan="2"></td><td></td><td rowspan="2"></td><td rowspan="2"></td><td rowspan="4"></td><td rowspan="4"></td><td rowspan="2"></td><td rowspan="2"></td></tr>
<tr><td></td></tr>
<tr><td rowspan="2"></td><td rowspan="2"></td><td rowspan="2"></td><td></td><td rowspan="2"></td><td rowspan="2"></td><td rowspan="2"></td></tr>
<tr><td></td></tr>
<tr><td rowspan="4"></td><td rowspan="2"></td><td rowspan="2"></td><td></td><td rowspan="2"></td><td rowspan="2"></td><td rowspan="4"></td><td rowspan="4"></td><td rowspan="2"></td><td rowspan="2"></td></tr>
<tr><td></td></tr>
<tr><td rowspan="2"></td><td rowspan="2"></td><td rowspan="2"></td><td></td><td rowspan="2"></td><td rowspan="2"></td><td rowspan="2"></td></tr>
<tr><td></td></tr>
<tr><td rowspan="4"></td><td rowspan="2"></td><td rowspan="2"></td><td></td><td rowspan="2"></td><td rowspan="2"></td><td rowspan="4"></td><td rowspan="4"></td><td rowspan="2"></td><td rowspan="2"></td></tr>
<tr><td></td></tr>
<tr><td rowspan="2"></td><td rowspan="2"></td><td rowspan="2"></td><td></td><td rowspan="2"></td><td rowspan="2"></td><td rowspan="2"></td></tr>
<tr><td></td></tr>
</table>

表 2-14　变动仪器高法观测手簿

测站	次数	测点	后视读数 /m	前视读数 /m	高差 /m	高差较差 /mm（第 1 次～第 2 次）	平均高差 /m	高程 /m	备注

二、技能考试评分细节

表 2-15　水准测量评分细节

考核项目	考核内容	分值	评价标准	扣分（-）	扣分原因
一、仪器操作及观测过程得分（35 分）	安置脚架	3	架设脚架时，脚踢脚架，扣 1 分；脚架高低与考生身高不协调，扣 1 分；脚架张开角度不合适，扣 1 分。扣完 3 分为止。（此项评分只针对第一次安置仪器，变换高度后不评判）		

（续表）

考核项目	考核内容	分值	评价标准	扣分(−)	扣分原因
一、仪器操作及观测过程得分（35分）	安置仪器	3	未双手取出仪器，扣1分；仪器上架不得松手，直至拧紧连接螺旋后手才能松开，否则扣1分；仪器与三脚架连接好后，仪器箱未及时盖好，扣1分。扣完3分为止		
	仪器整平	4	水准气泡未完全在标准圆圈内，扣3分；整平后，水准仪基座明显偏离三脚架架头中心，扣1分。（查最后一次照准时整平情况）。观测过程中重复整平仪器一次扣2分，扣完4分为止		
	精确照准	2	十字丝竖丝未照准水准尺正中间扣2分　（查最后一次照准情况）		
	读数	8	读错1次扣4分（查第二次仪高观测的后／前视读数）		
	观测顺序	4	未按照“后—前—前—后”顺序观测，　扣4分		
	仪高变化	4	仪器高度改变未≥10 cm，　扣4分		
	不规范操作	2	单眼观测、骑马式观测、脚架碰动、手扶脚架、坐仪器箱等，出现一次扣1分，扣完2分为止		
	仪器装箱	3	卸仪器前，未先打开仪器箱，扣1分；卸仪器时，未采取保护措施扣1分；仪器装箱后，未关箱、上扣，扣1分。仪器装箱方式错误、粗暴（硬搬、硬塞等），直接扣3分		
	收脚架	2	脚架收拢，松开各螺旋，将伸长的脚架还原，再拧紧各螺旋，扣好带子。未按规范操作一处扣1分，扣完2分为止		
	其他		仪器摔倒落地一次性扣20分；三脚架摔倒落地一次性扣10分。此项目扣分后上述小项继续扣分，35分扣完为止。无实质性操作过程（仪器直接上架后就装箱，中间过程不会），扣35分		
小　计		35	得分小计（35- 总扣分）		

（续表）

<table>
<tr><th>考核项目</th><th>考核内容</th><th>分值</th><th>评价标准</th><th>扣分(−)</th><th>扣分原因</th></tr>
<tr><td rowspan="5">二、记录、计算、成果精度（25 分）</td><td>数据记录</td><td>6</td><td>未使用铅笔记录扣 2 分；记录不工整、规范，划改不规范，出现涂改、就字改字、使用橡皮擦等情况，一次扣 1 分，扣完 6 分为止</td><td></td><td></td></tr>
<tr><td>记录规范性</td><td>5</td><td>后视读数、前视读数、高差、高差较差、平均高差记录、计算的占位“0”缺失，每处扣 1 分；高差、高差较差、平均高差，未标注“+”或“−”号，每处扣 1 分。扣完 5 分为止</td><td></td><td></td></tr>
<tr><td>数据计算</td><td>8</td><td>高差、高差较差、平均高差、高程，计算错误每处扣 1 分；平均高差计算取整不正确扣 1 分，扣完 6 分为止</td><td></td><td></td></tr>
<tr><td>高差较差精度</td><td>6</td><td>高差较差 $\left|\Delta h\right| \leqslant 6$ mm，否则扣 6 分</td><td></td><td></td></tr>
<tr><td>其他</td><td></td><td>不会操作、观测或第一次仪高观测伪造数据， 直接扣此项 25 分</td><td></td><td></td></tr>
<tr><td colspan="2">小 计</td><td>25</td><td>得分小计（25− 总扣分）</td><td colspan="2"></td></tr>
<tr><td colspan="2" rowspan="2">三、时间得分（10 分）</td><td rowspan="2">10</td><td>总共用时（精确到秒）</td><td colspan="2">分 秒</td></tr>
<tr><td>如考生为获得时间分，恶意赶时间、不顾操作规范性、无实质性操作过程（仪器直接上架后就装箱，中间过程不会）、精度严重超标、第 1 次仪高观测时伪造数据，考评员有权判此项为 0 分，并写明原因</td><td colspan="2">完成时间 ≤ 45 分钟不扣分；在 45 ~ 60 分钟完成的，每 1 分钟时段扣 1 分；完成时间超过 60 分钟，该四等水准测量项比赛成绩零分</td></tr>
<tr><td colspan="2">小 计</td><td>10</td><td>时间得分小计</td><td colspan="2"></td></tr>
<tr><td colspan="4">本项目总得分</td><td colspan="2"></td></tr>
</table>

第五节 水准仪的使用具体方法——双面尺法测站检核

一、目的和要求

（1）进一步熟练水准仪的操作，掌握用双面水准尺进行四等水准测量的观测、记录与计算方法。

（2）熟悉四等水准测量的主要技术指标，掌握测站及线路的检核方法。

视线高度＞0.2 m；视线长度≤ 50 m；前后视视距差≤ 5 m；前后视距累积差≤ 10 m；红黑面读数差≤ 3 mm；红黑面高差之差≤ 5 mm。

二、仪器和工具

DS_3 水准仪 1 台，双面水准尺 2 支，记录板 1 块。

三、方法与步骤

（一）了解四等水准测量的方法

双面尺法四等水准测量是在小地区布设高程控制网的常用方法，是在每个测站上安置一次水准仪，但分别在水准尺的黑、红两面刻划上读数，可以测得两次高差，进行测站检核。除此以外，还有其他一系列的检核。

（二）四等水准测量的实训

（1）从某一水准点出发，选定一条闭合水准路线。路线长度为 200 ~ 400 m，设置 4 ~ 6 站，视线长度为 30 m 左右。

（2）安置水准仪的测站至前、后视立尺点的距离，应该用步测使其相等。在每一测站，按下列顺序进行观测：

后视水准尺黑色面，读上、下丝读数，精平，读中丝读数；

后视水准尺红色面，精平，读中丝读数

前视水准尺黑色面，读上、下丝读数，精平，读中丝读数；

前视水准尺红色面，精平，读中丝读数；

（3）记录者在“四等水准测量记录表”（见表 2-16）中按表中次序（1）~（8）记录各个读数，（9）~（16）为计算结果：

后视距离（9）=100 ×［（1）-（2）］

前视距离（10）=100×［（4）–（5）］

视距之差（11）=（9）–（10）

∑视距差（12）= 上站（12）+ 本站（11）

红黑面差（13）=（6）+ K –（7），（K =4.687 或 4.787）

（14）=（3）+ K –（8）

黑面高差（15）=（3）–（6）

红面高差（16）=（8）–（7）

高差之差（17）=（15）–（16）=（14）–（13）

平均高差（18）=1/2［（15）+（16）］

每站读数结束（（1）~（8）），随即进行各项计算（（9）~（16）），并按技术指标进行检验，满足限差后方能迁站。

依次设站，用相同方法进行观测，直到线路终点，计算线路的高差闭合差。按四等水准测量的规定，线路高差闭合差的容许值为 $\pm 20\sqrt{L}$ mm，L 为线路总长（单位：km）。

表 2-16 四等水准测量记录表

组别：　仪器号码：　　年　月　日

测站编号	视准点	后视 上丝	前视 上丝	方向及尺号	水准尺读数		黑 + K − 红	平均高差
		后视 下丝	前视 下丝					
		后视距	前视距					
		视距差	∑视距差		黑色面	红色面		
1	1	(1)	(4)	后	(3)	(8)	(14)	(18)
		(2)	(5)	前	(6)	(7)	(13)	
		(9)	(10)	后—前	(15)	(16)	(17)	
		(11)	(12)					
2	2	1 649	1 402	后	1 528	6 313	+2	+0.234
		1 404	1 181	前	1 292	5 980	−1	
		24.5	22.1	后—前	+0.236	+0.333	+3	
		+2.4	+2.4					

四、注意事项

（1）四等水准测量比工程水准测量有更严格的技术规定，要求达到更高的精度，其关键在于：前后视距相等（在限差以内）；从后视转为前视（或相反）望远镜不能重新调焦；水准尺应完全竖直，最好用附有圆水准器的水准尺。

（2）每站观测结束，立即进行计算和进行规定的检核，若有超限，则应重测该站。全线路观测完毕，线路高差闭合差在容许范围以内，方可收测，结束实训。

五、应交成果

（一）提交表格

经过各项检核计算后的“四等水准测量记录”表。

（二）四等水准测量

1. 四等水准测量竞赛

如图 2–14 所示闭合水准路线，已知 A01 点高程，测算 B04、C01 和 D03 点的高程，测算要求按技术规范。

上交成果：四等水准测量竞赛成果，包括观测手簿、高程误差配赋表和高程点成果表。说明：参赛队现场抽签点位，组成水准路线。

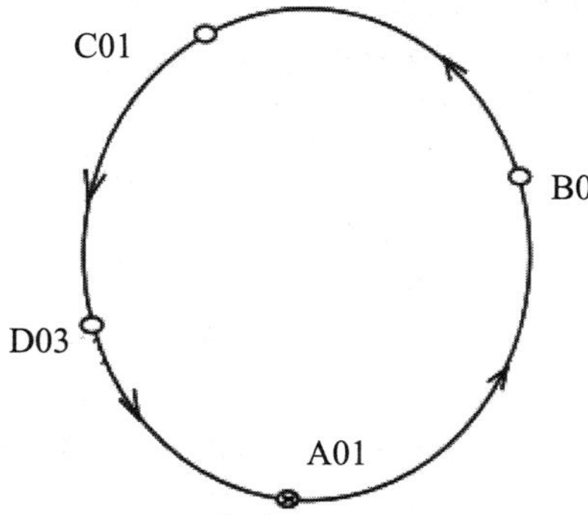

图 2-14 四等水准测量竞赛路线示意图

水准路线为闭合路线，全长约 1 km，1 个已知点和 3 个待定点，分为 4 个测段。参赛队应完成现场抽签得到的水准路线。

2. 观测与计算要求

（1）观测使用赛项执委会规定的仪器设备，2 m 标尺，测站视线长度、前后视距差及其累计、视线高度和两次读数差、两次高差之差等按表 2–17 规定。

表 2-17 四等水准测量技术要求

视线长度 /m	前后视距差 /m	前后视距累积差 /m	视线高度 /m	两次读数所得高差之差 /mm	黑红面读数差 /mm	测段、环线闭合差 /mm
≤ 100	≤ 5.0	≤ 10.0	三丝能读数	≤ 5.0	≤ 3.0	≤ $20\sqrt{L}$

注：L 为路线的总长度，以 km 为单位。

（2）参赛队信息只在竞赛成果资料封面规定的位置填写，成果资料内部的任何位置不得填写与竞赛测量数据无关的任何信息。

（3）竞赛使用尺垫，可以不使用撑杆，也可以自带撑杆。

（4）竞赛过程中不得携带仪器或标尺跑步。

（5）竞赛记录及计算均必须使用赛项执委会统一提供的《四等水准测量记录计算成果》

本。记录及计算一律使用签字笔填写，记录完整。

（6）记录的数字与文字力求清晰，整洁，不得潦草；按测量顺序记录，不空栏；不空页、不撕页；不得转抄成果；不得涂改、就字改字；不得连环涂改；不得用橡皮擦，刀片刮。

（7）水准路线采用单程观测，每测站读两次高差，观测水准尺的顺序为：后—后—前—前。

（8）错误成果与文字应单横线正规划去，在其上方写上正确的数字与文字，并在备考栏注明原因：“测错”或“记错”，计算错误不必注明原因。

（9）因测站观测误差超限，在本站检查发现后可立即重测，重测必须变换仪器高。若迁站后才发现，应从上一个点（起、闭点或者待定点）起重测。

（10）错误成果应当正规划去，超限重测的应在备考栏注明“超限”。

（11）水准路线各测段的测站数必须为偶数。

（12）每测站的记录和计算全部完成后方可迁站。测量观测记录表如表 2–18 所示。

表 2-18 四等水准测量观测记录表

<table>
<tr><td rowspan="4">测站编号</td><td rowspan="4">点号</td><td rowspan="2">后尺</td><td>上丝</td><td rowspan="2">前尺</td><td>上丝</td><td rowspan="4">方 向及尺号</td><td colspan="2" rowspan="2">标尺读数</td><td rowspan="4">K + 黑 − 红 / mm</td><td rowspan="4">高差中数 /m</td><td rowspan="4"></td></tr>
<tr><td>下丝</td><td>下丝</td></tr>
<tr><td colspan="2">后视距离</td><td colspan="2">前视距离</td><td rowspan="2">黑面</td><td rowspan="2">红面</td></tr>
<tr><td colspan="2">视距差 /m</td><td colspan="2">累积差 /m</td></tr>
<tr><td rowspan="4">1</td><td rowspan="4">1C
Z1</td><td colspan="2">1587</td><td colspan="2">0755</td><td>后 视</td><td>1400</td><td>6187</td><td>0</td><td rowspan="3">+0.832</td><td rowspan="4">1# 标尺的常数 =4 687;
2# 标尺的常数 =4 787</td></tr>
<tr><td colspan="2">1213</td><td colspan="2">0379</td><td>前 视</td><td>0567</td><td>5255</td><td>−1</td></tr>
<tr><td colspan="2">37.4</td><td colspan="2">37.6</td><td>后—前</td><td>+0833</td><td>+0932</td><td>+1</td></tr>
<tr><td colspan="2">−0.2</td><td colspan="2">−0.2</td><td colspan="5"></td></tr>
</table>

注：各测站高差中数取位至 1 mm。

（13）测量员、记录员、扶尺员必须轮换，每人观测 1 测段、记录 1 测段。具体方案如下：

第一测段由本队 1 号选手独立进行仪器安置、观测，2 号选手进行记录、计算，3、4 号选手负责扶尺。

第二测段由本队 2 号选手独立进行仪器安置、观测，3 号选手进行记录、计算，1、4 号选手负责扶尺。

第三测段由本队 3 号选手独立进行仪器安置、观测，4 号选手进行记录、计算，1、2 号选手负责扶尺。

第四测段由本队 4 号选手独立进行仪器安置、观测，1 号选手进行记录、计算，2、3 号选手负责扶尺。

（14）现场完成高程误差配赋计算，不允许使用非赛项执委会提供的计算器。各参赛队由 3 号和 4 号参赛选手分别独立进行水准测量平差内业计算。内业计算所用的水准测量成果计算表由赛项执委会提供，计算表的辅助计算栏中必须填入高差闭合差、高差闭合差允许值。

观测结束后，仪器装箱收回到出发处，记录表格交给裁判员，裁判员暂停计时，将原始记录数据交工作人员复印 2 份后分别交给 3、4 号选手，继续计时。3 号和 4 号选手现场分别独立进行闭合导线平差计算，高差闭合差分配采取“反号与测段长成正比”的原则，计算所用计算器由执委会提供或自备，但不得带程序计算功能。3 号、4 号选手内业计算完成后交 2 号选手核对，如计算结果一致并符合技术要求，上交成果计算表和本队外业观测记录表后结束比赛。如不对，应查明原因，在规定时间内可重算或重测直到计算结果一致并符合技术要求。重新观测结束记录数据复印和计时参照上条规定执行，重算或重测的时间一律计算在比赛时间内。

（15）竞赛结束，参赛队上交成果的同时，应将仪器脚架收好，计时结束。

（16）高程误差配赋计算，距离取位到 0.1 m，高差及其改正数取位到 0.001 m，高程取位到 0.001 m。计算格式见表 2–19。表中必须写出闭合差和闭合差允许值。计算表必须保持整洁，字迹清晰。

表 2-19 高程误差平差表

点名	距离 /m	观测高差 /m	改正数 /m	改正后高差 /m	高程 /m
BM1					182.034
	435.1	0.125	−0.001	0.124	
B1					182.158
	450.3	−0.012	−0.001	−0.013	
B2					182.145
	409.6	0.024	−0.001	0.023	
B3					182.168
	607.0	−0.132	−0.002	−0.134	
BM1					182.034
Σ	1902.0	+0.005	−0.005	0	
$f_h = +5$ mm　　$f_{h允} = \pm 27$ mm					

3．上交成果

每个参赛队完成外业观测后，在现场完成高程误差配赋计算，并填写高程点成果表。上交成果为：《四等水准测量竞赛成果资料》。

实训报告五　水准仪测量的数据

日期：__________天气：__________班级：__________小　　组：__________

观测：__________记录：__________成绩：__________指导教师：__________

表 2-20 水准测量观测手簿（双面尺法）

<table>
<tr><td rowspan="4">测站编号</td><td rowspan="4">点号</td><td rowspan="2">后 尺</td><td>上丝</td><td rowspan="2">前尺</td><td>上丝</td><td rowspan="4">方向及尺号</td><td colspan="2">标尺读数</td><td>K + 黑 − 红 /mm</td><td rowspan="4">高差中数 /m</td><td rowspan="4">备注</td></tr>
<tr><td>下丝</td><td>下丝</td><td rowspan="3">黑面</td><td rowspan="3">红面</td><td rowspan="3">高差差</td></tr>
<tr><td colspan="2">后视视距 /m</td><td colspan="2">前视距离 /m</td></tr>
<tr><td colspan="2">视距差 /m</td><td colspan="2">累积差 /m</td></tr>
<tr><td rowspan="4"></td><td rowspan="4"></td><td colspan="2"></td><td colspan="2"></td><td>后</td><td></td><td></td><td></td><td rowspan="3"></td><td rowspan="16">1# 标尺的常数 K =4 687;
2# 标尺的常数 K =4 787</td></tr>
<tr><td colspan="2"></td><td colspan="2"></td><td>前</td><td></td><td></td><td></td></tr>
<tr><td colspan="2"></td><td colspan="2"></td><td>后—前</td><td></td><td></td><td></td></tr>
<tr><td colspan="2"></td><td colspan="2"></td><td colspan="5"></td></tr>
<tr><td rowspan="4"></td><td rowspan="4"></td><td colspan="2"></td><td colspan="2"></td><td>后</td><td></td><td></td><td></td><td rowspan="3"></td></tr>
<tr><td colspan="2"></td><td colspan="2"></td><td>前</td><td></td><td></td><td></td></tr>
<tr><td colspan="2"></td><td colspan="2"></td><td>后—前</td><td></td><td></td><td></td></tr>
<tr><td colspan="2"></td><td colspan="2"></td><td colspan="5"></td></tr>
<tr><td rowspan="4"></td><td rowspan="4"></td><td colspan="2"></td><td colspan="2"></td><td>后</td><td></td><td></td><td></td><td rowspan="3"></td></tr>
<tr><td colspan="2"></td><td colspan="2"></td><td>前</td><td></td><td></td><td></td></tr>
<tr><td colspan="2"></td><td colspan="2"></td><td>后—前</td><td></td><td></td><td></td></tr>
<tr><td colspan="2"></td><td colspan="2"></td><td colspan="5"></td></tr>
<tr><td rowspan="4"></td><td rowspan="4"></td><td colspan="2"></td><td colspan="2"></td><td>后</td><td></td><td></td><td></td><td rowspan="3"></td></tr>
<tr><td colspan="2"></td><td colspan="2"></td><td>前</td><td></td><td></td><td></td></tr>
<tr><td colspan="2"></td><td colspan="2"></td><td>后—前</td><td></td><td></td><td></td></tr>
<tr><td colspan="2"></td><td colspan="2"></td><td colspan="5"></td></tr>
</table>

注：各测站高差中数值取位至 1 mm；红面高差为考虑标尺常数后的高差。

表 2-21 水准测量观测手簿（双面尺法）

测站编号	点号	后尺 上丝 / 下丝	前尺 上丝 / 下丝	方向及尺号	标尺读数		K+黑−红 /mm	高差中数 /m	备注
		后视视距 /m	前视距离 /m		黑面	红面	高差差		
		视距差 /m	累积差 /m						
				后					
				前					
				后—前					
				后					
				前					
				后—前					
				后					
				前					
				后—前					1# 标尺的常数 K = 4 687; 2# 标尺的常数 K = 4 787
				后					
				前					
				后—前					
				后					
				前					
				后—前					
				后					
				前					
				后—前					

注：各测站高差中数值取位至 1 mm；红面高差为考虑标尺常数后的高差。

二、技能考试评分细节

表 2-22 水准测量评分细节

考核项目	考核内容	分值	评价标准	扣分（-）	扣分原因
一、仪器操作及观测过程得分（35分）	安置脚架	3	架设脚架时，脚踢脚架，扣1分；脚架高低与考生身高不协调扣1分；脚架张开角度不合适扣1分。扣完3分为止。（此项评分只针对第一次安置仪器，变换高度后不评判）		
	安置仪器	3	未双手取出仪器扣1分；仪器上架不得松手，直至拧紧连接螺旋后手才能松开，否则扣1分；仪器与三脚架连接好后，仪器箱未及时盖好，扣1分。扣完3分为止。		
	仪器整平	4	水准气泡未完全在标准圆圈内，扣3分；整平后，水准仪基座明显偏离三脚架架头中心，扣1分。（查最后一次照准时整平情况）。观测过程中重复整平仪器一次扣2分，扣完4分为止。		
	精确照准	2	十字丝竖丝未照准水准尺正中间，扣2分（查最后一次照准情况）。		
	读数	8	读错1次扣4分（查第二次仪高观测的后／前视读数）。		
	观测顺序	4	未按照“后—前—前—后”顺序观测，扣4分。		
	仪高变化	4	仪器高度改变未≥10 cm，扣4分。		
	不规范操作	2	单眼观测、骑马式观测、脚架碰动、手扶脚架、坐仪器箱等，出现一次扣1分，扣完2分为止。		
	仪器装箱	3	卸仪器前，未先打开仪器箱，扣1分；卸仪器时，未采取保护措施扣1分；仪器装箱后，未关箱、上扣，扣1分。仪器装箱方式错误、粗暴（硬搬、硬塞等），直接扣3分。		
	收脚架	2	脚架收拢，松开各螺旋，将伸长的脚架还原，再拧紧各螺旋，扣好带子。未按规范操作一处扣1分，扣完2分为止。		
	其他		仪器摔倒落地一次性扣20分；三脚架摔倒落地一次性扣10分。此项目扣分后上述小项继续扣分，35分扣完为止。无实质性操作过程（仪器直接上架后就装箱，中间过程不会），扣35分。		

（续表）

考核项目	考核内容	分值	评价标准	扣分(-)	扣分原因
小 计		35	得分小计（35- 总扣分）		
二、记录、计算、成果精度（25分）	数据记录	6	未使用铅笔记录，扣 2 分；记录不工整、规范，划改不规范，出现涂改、就字改字、使用橡皮擦等情况，一次扣 1 分，扣完 6 分为止。		
	记录规范性	5	后视读数、前视读数、高差、高差较差、平均高差记录、计算的占位“0”缺失，每处扣 1 分；高差、高差较差、平均高差，未标注“+”或“-”号，每处扣 1 分。扣完 5 分为止		
	数据计算	8	高差、高差较差、平均高差、高程，计算错误每处扣 1 分；平均高差计算取整不正确扣 1 分，扣完 6 分为止。		
	高差较差精度	6	高差较差 $\|\Delta h\| \leqslant 6$ mm，否则扣 6 分。		
	其他		不会操作、观测或第一次仪高观测伪造数据，直接扣此项 25 分。		
小 计		25	得分小计（25- 总扣分）		
三、时间得分（10 分）		10	总共用时（精确到秒）	分 秒	
			如考生为获得时间分，恶意赶时间、不顾操作规范性、无实质性操作过程（仪器直接上架后就装箱，中间过程不会）、精度严重超标、第 1 次仪高观测时伪造数据，考评员有权判此项为 0 分，并写明原因。	完成时间 ≤ 45 分钟不扣分；在 45 ~ 60 分钟完成的，每 1 分钟时段扣 1 分；完成时间超过 60 分钟，该四等水准测量项比赛成绩零分	
小 计		10	时间得分小计		
本项目总得分					

第六节　已知高程测设（抄平）

一、实训目的

（1）熟悉水准仪的使用。

（2）掌握测设已知高程点的方法。

二、仪器工具

每组水准仪 1 台、数码标尺 1 把。

三、实训任务

每组完成若干个已知高程点放样任务。

四、实训步骤与要求

（一）选点

在实训场地选定 BM_A、BM_B 两点，已知水准点 BM_A 的高程为 $H_A=132.213$ m，设计 BM_B 点高程 $H_B=133.058$ m。

（二）计算水准仪视线高程

在 BM_A 点和 BM_B 点之间安置水准仪，读取 BM_A 点上水准尺的读数为 a，则

$$H_i=H_A+a$$

（三）计算前视水准尺尺底为设计高程时的水准尺读数 b

$$b=H_i-H_B$$

（四）确定位置

确定测设点的准确位置前视尺紧贴木桩，上下慢慢移动，当前视读数为 b 时，则尺底位置，即为要测设高程点的位置。

倒尺法高程测设：

当待放样的高程 H_B 高于仪器视线时，可以把水准尺尺底向上，即用“倒尺”工作，如图 2–15 所示，这时，$b=H_B-(H_A+a)$。当向深坑或高楼传递高程时，可以把钢尺当作长水准尺进行工作。

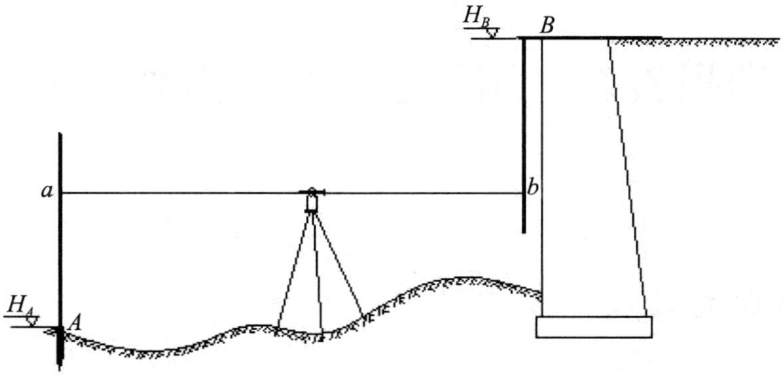

图 2-15 放样高坎的已知高程

在建筑设计和施工中，为了计算方便，通常把建筑物的室内设计地面高程用 ±0.00 标高表示，建筑物的各部分的高程都是相对于 ±0.00 放样的。已知高程的放样，对控制基础挖深、放样道路边坡，以及道路中心桩高程等，都是经常采用的方法。

实训报告六　测设已知高程点外业记录表

日期：__________天气：__________班级：__________小　组：__________
观测：__________记录：__________成绩：__________指导教师：__________

一、数据登记表

观测者：______ 记录者：______ 前视尺：_______ 后视尺：________

表 2-23　记录表

高程测设	BM_A点高程H_A	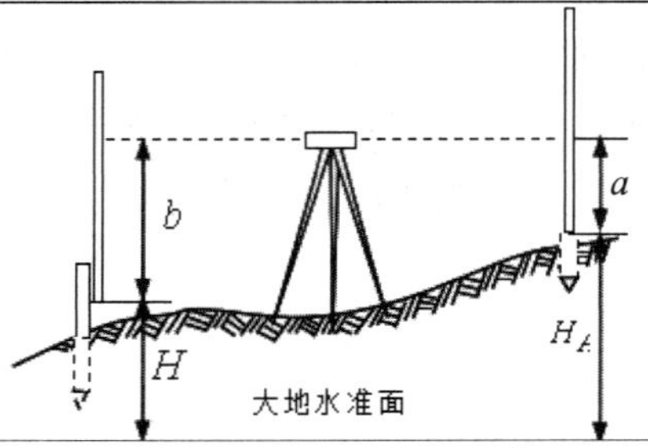
	BM_B点高程H_B	
	后视读数a	
	前视读数b	
高程测设	BM_A点高程H_A	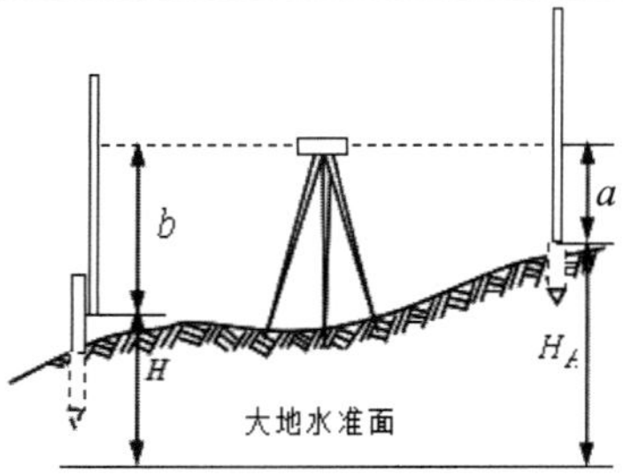
	BM_B点高程H_B	
	后视读数a	
	前视读数b	

二、考核技术要求和评价标准

表 2-24 水准测量评分细节

考核项目	考核内容	分值	评价标准	扣分(－)	扣分原因
一、仪器操作及观测过程得分（35分）	安置脚架	3	架设脚架时，脚踢脚架，扣 1 分；脚架高低与考生身高不协调扣 1 分；脚架张开角度不合适扣 1 分。扣完 3 分为止。（此项评分只针对第一次安置仪器，变换高度后不评判）		

（续表）

考核项目	考核内容	分值	评价标准	扣分（-）	扣分原因
一、仪器操作及观测过程得分（35分）	安置仪器	3	未双手取出仪器，扣1分；仪器上架不得松手，直至拧紧连接螺旋后手才能松开，否则扣1分；仪器与三脚架连接好后，仪器箱未及时盖好，扣1分。扣完3分为止		
	仪器整平	4	水准气泡未完全在标准圆圈内，扣3分；整平后，水准仪基座明显偏离三脚架架头中心，扣1分。（查最后一次照准时整平情况）。观测过程中重复整平仪器一次扣2分，扣完4分为止		
	精确照准	2	十字丝竖丝未照准水准尺正中间，扣2分 （查最后一次照准情况）		
	读数	8	读错1次扣4分（查第二次仪高观测的后／前视读数）		
	观测顺序	4	未按照“后－前－前－后”顺序观测，扣4分		
	仪高变化	4	仪器高度改变未≥10 cm， 扣4分		
	不规范操作	2	单眼观测、骑马式观测、脚架碰动、手扶脚架、坐仪器箱等，出现一次扣1分，扣完2分为止		
	仪器装箱	3	卸仪器前，未先打开仪器箱，扣1分；卸仪器时，未采取保护措施扣1分；仪器装箱后，未关箱、上扣，扣1分。仪器装箱方式错误、粗暴（硬搬、硬塞等），直接扣3分		
	收脚架	2	脚架收拢， 松开各螺旋，将伸长的脚架还原，再拧紧各螺旋，扣好带子。未按规范操作一处扣1分，扣完2分为止		
	其他		仪器摔倒落地一次性扣20分；三脚架摔倒落地一次性扣10分。此项目扣分后上述小项继续扣分，35分扣完为止。无实质性操作过程（仪器直接上架后就装箱，中间过程不会），扣35分		
小　计		35	得分小计（35- 总扣分）		
二、记录、计算、成果精度（25分）	数据记录	6	未使用铅笔记录，扣2分；记录不工整、规范，划改不规范，出现涂改、就字改字、使用橡皮擦等情况，一次扣1分，扣完6分为止		

（续表）

<table>
<tr><th>考核项目</th><th>考核内容</th><th>分值</th><th>评价标准</th><th>扣分（-）</th><th>扣分原因</th></tr>
<tr><td rowspan="4">二、记录、计算、成果精度（25分）</td><td>记录规范性</td><td>5</td><td>后视读数、前视读数、高差、高差较差、平均高差记录、计算的占位“0”缺失，每处扣 1 分；高差、高差较差、平均高差，未标注“+”或“-”号，每处扣 1 分。扣完 5 分为止</td><td></td><td></td></tr>
<tr><td>数据计算</td><td>8</td><td>高差、高差较差、平均高差、高程，计算错误每处扣 1 分；平均高差计算取整不正确扣 1 分。扣完 6 分为止</td><td></td><td></td></tr>
<tr><td>高差较差精度</td><td>6</td><td>高差较差 $\left|\Delta h\right| \leqslant 6$ mm，否则扣 6 分</td><td></td><td></td></tr>
<tr><td>其他</td><td></td><td>不会操作、观测或第一次仪高观测伪造数据， 直接扣此项 25 分</td><td></td><td></td></tr>
<tr><td colspan="2">小 计</td><td>25</td><td>得分小计（25- 总扣分）</td><td colspan="2"></td></tr>
<tr><td colspan="2" rowspan="2">三、时间得分（10 分）</td><td rowspan="2">10</td><td>总共用时（精确到秒）</td><td colspan="2">分 秒</td></tr>
<tr><td>如考生为获得时间分，恶意赶时间、不顾操作规范性、无实质性操作过程（仪器直接上架后就装箱，中间过程不会）、精度严重超标、第 1 次仪高观测时伪造数据，考评员有权判此项为 0 分，并写明原因</td><td colspan="2">完成时间 ≤ 45 分钟不扣分；在 45 ~ 60 分钟完成的，每 1 分钟时段扣 1 分；完成时间超过 60 分钟，该四等水准测量项比赛成绩零分</td></tr>
<tr><td colspan="2">小 计</td><td>10</td><td>时间得分小计</td><td colspan="2"></td></tr>
<tr><td colspan="4">本项目总得分</td><td colspan="2"></td></tr>
</table>

第七节　坡度线的测设

一、实训目的

掌握用水准仪进行坡度线的测设。

二、实训仪器与工具

水准仪，水准尺，墨斗，记录板，红蓝笔。

三、实训内容

（1）计算点的放样数据。

（2）用水准仪进行坡度线测设的方法、步骤。

（3）实训课时为 1 学时。

四、实训要求

（1）按所给的假定条件和数据，先计算出各点的前视标尺读数。

（2）根据计算出的数据进行测设，要求每组设 4 个点。

（3）计算完毕和测设完毕后，都必须认真地校核。

五、实训方法与步骤——水平视线法

（1）测设数据计算。如图 2–16 所示，A、B 为同一坡段上的两点，A 点的设计高程为 H_A，A、B 两点间的水平距离为 D_{AB}，坡度为 i_{AB}。则 B 点的设计高程应为：

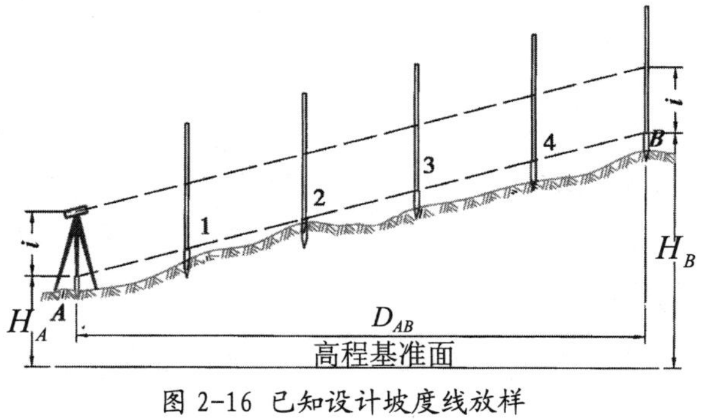

图 2–16　已知设计坡度线放样

$$H_B = H_A + D_{AB} \times i_{AB}$$

（2）按照下列公式：计算各桩点的设计高程。

$$H_{设} = H_{起} + i \times d$$

第 1 点的设计高程：$h_1 = i \times d$，$H_1 = H_A + i \times d$。

第 2 点的设计高程：$h_2 = i \times 2d$，$H_2 = H_A + i \times 2d$。其他点的设计高程以此类推。

（3）沿 AB 方向，按规定间距 d 标定出中间 1,2,3,⋯，n 各点；

（4）选择适当位置安置水准仪，读出起点 A 的后视读数 a，并计算视线高程

$$H_i = H_A + a$$

（5）根据各桩的设计高程，计算各桩点上水准尺的应读前视数，

$b_1 = H_i - H_1 = H_A + a - H_A + i \times d = a - i \times d = a - h_1$，同理：$b_2 = a - h_2$；

（6）在各桩处立水准尺，上下移动水准尺，当水准仪对准应读前视数时，在水准尺零端位置用红蓝笔画一条线，此线即为测设出的坡度线；

（7）弹线：沿各点用墨斗弹出坡度线。

六、检核：随机抽 2 点

点 1 与点 2 的高差 h =_____，与理论值相差 _____mm。

点 1 与点 4 的高差 h =_____，与理论值相差 _____mm。

实训报告七　坡度线的测设

日期：__________天气：__________班级：__________小　　组：__________
观测：__________记录：__________成绩：__________指导教师：__________

一、坡度线的测设

（一）要求

测设坡度线 i =2%，H_A =71.335 m，要求标距为 12 m，共 5 处

（二）测设数据的计算

后视读数 a=__________视线高 $H_i = H_A + a =$__________

h_1 =_____　H_1 =_____　b_1 =_______
h_2 =_____　H_2 =_____　b_2 =_______
h_3 =_____　H_3 =_____　b_3 =_______
h_4 =_____　H_4 =_____　b_4 =_______

（三）检核：2 组互检

点 1 与点 2 的高差 h =__________，理论值 =__________相差__________mm；
点 1 与点 4 的高差 h =__________，理论值 =__________相差__________mm。

二、考核技术要求和评价标准

表 2-25　水准测量评分细节

考核项目	考核内容	分值	评价标准	扣分（−）	扣分原因
一、仪器操作及观测过程得分（35 分）	安置脚架	3	架设脚架时，脚踢脚架，扣 1 分；脚架高低与考生身高不协调扣 1 分；脚架张开角度不合适扣 1 分。扣完 3 分为止。（此项评分只针对第一次安置仪器，变换高度后不评判）		
	安置仪器	3	未双手取出仪器扣 1 分；仪器上架不得松手，直至拧紧连接螺旋后手才能松开，否则扣 1 分；仪器与三脚架连接好后，仪器箱未及时盖好，扣 1 分。扣完 3 分为止		

（续表）

考核项目	考核内容	分值	评价标准	扣分（-）	扣分原因
一、仪器操作及观测过程得分（35分）	仪器整平	4	水准气泡未完全在标准圆圈内，扣3分；整平后，水准仪基座明显偏离三脚架架头中心，扣1分。（查最后一次照准时整平情况）。观测过程中重复整平仪器一次扣2分，扣完4分为止		
	精确照准	2	十字丝竖丝未照准水准尺正中间，扣2分（查最后一次照准情况）		
	读数	8	读错1次扣4分（查第二次仪高观测的后／前视读数）		
	观测顺序	4	未按照“后—前—前—后”顺序观测，扣4分		
	仪高变化	4	仪器高度改变未≥10 cm，扣4分		
	不规范操作	2	单眼观测、骑马式观测、脚架碰动、手扶脚架、坐仪器箱等，出现一次扣1分，扣完2分为止		
	仪器装箱	3	卸仪器前，未先打开仪器箱，扣1分；卸仪器时，未采取保护措施扣1分；仪器装箱后，未关箱、上扣，扣1分。仪器装箱方式错误、粗暴（硬搬、硬塞等），直接扣3分		
	收脚架	2	脚架收拢，松开各螺旋，将伸长的脚架还原，再拧紧各螺旋，扣好带子。未按规范操作一处扣1分，扣完2分为止		
	其他		仪器摔倒落地一次性扣20分；三脚架摔倒落地一次性扣10分。此项目扣分后上述小项继续扣分，35分扣完为止。无实质性操作过程（仪器直接上架后就装箱，中间过程不会），扣35分		
小计		35	得分小计（35-总扣分）		
二、记录、计算、成果精度（25分）	数据记录	6	未使用铅笔记录，扣2分；记录不工整、规范，划改不规范，出现涂改、就字改字、使用橡皮擦等情况，一次扣1分，扣完6分为止		
	记录规范性	5	后视读数、前视读数、高差、高差较差、平均高差记录、计算的占位“0”缺失，每处扣1分；高差、高差较差、平均高差，未标注“+”或“-”号，每处扣1分。扣完5分为止		
	数据计算	8	高差、高差较差、平均高差、高程，计算错误每处扣1分；平均高差计算取整不正确扣1分，扣完6分为止		

（续表）

考核项目	考核内容	分值	评价标准	扣分(−)	扣分原因
	高差较差精度	6	高差较差$\left\|\Delta h\right\| \leqslant 6$ mm，否则扣6分		
	其他		不会操作、观测或第一次仪高观测伪造数据， 直接扣此项25分		
小 计		25	得分小计（25−总扣分）		
三、时间得分（10分）		10	总共用时（精确到秒）	分 秒	
			如考生为获得时间分，恶意赶时间、不顾操作规范性、无实质性操作过程（仪器直接上架后就装箱，中间过程不会）、精度严重超标、第1次仪高观测时伪造数据，考评员有权判此项为0分，并写明原因	完成时间≤45分钟不扣分；在45～60分钟完成的，每1分钟时段扣1分；完成时间超过60分钟，该四等水准测量项比赛成绩零分	
小 计		10	时间得分小计		
本项目总得分					

第八节　配套练习（一）

一、单项选择题（每题 1 分，共 50 分）

1. 按照测量工作中对数字取舍的规定，将数字 5.62 450、6.377 501 取至小数点后三位，得到（　）。

A.5.625、6.379　　B.5.624、6.378

C.5.624、6.379　　D.5.625、6.378

2. 微倾式水准仪能够提供水平视线的主要条件是（　）。

A. 水准管轴平行于视准轴　　B. 视准轴垂直于竖轴

C. 视准轴垂直于圆水准轴　　D. 竖轴平行于圆水准轴

3. 测量仪器的望远镜是由（　）组成的。

A. 物镜、目镜、十字丝、瞄准器　　B. 物镜、对光透镜、目镜、瞄准器

C. 物镜、对光透镜、十字丝、瞄准器　　D. 物镜、对光透镜、十字丝、目镜

4. 国产水准仪的型号一般包括 DS_{05}、DS_1、DS_3，精密水准仪是指（　）。

A.DS_{05}、DS_3　　B.DS_{05}、DS_1

C.DS_1、DS_3　　D.DS_{05}、DS_1、DS_3

5. 微倾式水准仪视准轴和水准管轴不平行的误差对读数产生影响，其消减方法是（　）。

A. 两次仪器高法取平均值　　B. 换人观测

C. 测量时采用前、后视距相等的方法　　D. 反复观测

6. 在水准仪中，竖轴和水准盒轴是否平行，在实际测量作业中的检验方法是（　）。

A. 一个方向调平后，旋转 180 度观察气泡是否居中

B. 在每一站上采用等偏定平法

C. 每站观测时采用两次仪器高法

D. 采用前后视距等长法

7. 水准仪各轴线之间的正确几何关系是（　）。

A. 视准轴平行于水准管轴、竖轴平行于水准盒轴

B. 视准轴垂直于竖轴、水准盒轴平行于水准管轴

C. 视准轴垂直于水准盒轴、竖轴垂直于水准管轴

D. 视准轴垂直于横轴、横轴垂直于竖轴

8. 从自动安平水准仪的结构可知，当水准盒气泡居中时，便可达到（　）。

A. 望远镜视准轴垂直

B. 获取望远镜视准轴水平时的读数

C. 通过补偿器使望远镜视准轴水平

D. 通过补偿器运动在磁场中产生电流

9. 电子水准仪又称数字水准仪，由基座、水准器、望远镜及（ ）组成。

A. 度盘　　B. 激光器　　C. 数据处理系统　　D. 探测器

10. 采用微倾式水准仪进行水准测量时，经过鉴定的仪器视准轴也会产生误差，因为( )。

A. 水准盒气泡不可能严格居中

B. 测量时受周围环境影响，仪器下沉等

C. 水准管轴和视准轴不可能严格平行，会存在 i 角误差

D. 操作不熟练，读数等产生误差

11. 在水准测量中，若后视点 A 读数小，前视点 B 读数大，则（ ）。

A.A 点比 B 点低　　B.A、B 可能同高

C.A、B 的高程取决于仪器高度　　D.A 点比 B 点高

12. 水准测量中，设 A 为后视点，B 为前视点，A 尺读数为 2.713 m，B 尺读数为 1.401 m，已知 A 点高程为 15.000 m，则视线高程为（ ）m。

A.13.688　　B.16.312　　C.16.401　　D.17.713

13. 在水准测量中，若后视点 A 的读数大，前视点 B 的读数小，则有（ ）。

A. A 点比 B 点低　　B. A 点比 B 点高

C. A 点与 B 点可能同高　　D. A 、B 点的高低取决于仪器高度

14. 水准仪的分划值越大，说明（ ）。

A. 圆弧半径大　　B. 其灵敏度低　　C. 气泡整平困难　　D. 整平精度高

15.DS_1 水准仪的观测精度（ ）DS_3 水准仪。

A. 高于　　B. 接近于　　C. 低于　　D. 等于

16. 在水准测量中，要消除 i 角误差，可采用（ ）的办法。

A. 消除视差　　B. 水准尺竖直　　C. 严格精平　　D. 前后视距相等

17. 在自动安平水准仪上（ ）。

A. 圆水准器与管水准器精度相同　　B. 没有圆水准器

C. 圆水准器比管水准器精度低　　D. 没有管水准器

18. 水准仪的（ ）与仪器竖轴平行。

A. 视准轴　　B. 圆水准器轴　　C. 十字丝横丝　　D. 水准管轴

19. 视差产生的原因是（ ）。

A. 观测时眼睛位置不正　　B. 目标成像与十字丝分划板平面不重合

C. 前后视距不相等　　D. 影像没有调清楚

20. 设 A 点后视读数为 1.032 m，B 点前视读数为 0.729 m，则 AB 两点的高差为多少米?（ ）。

A.–29.761　　B.–0.303　　C.+0.303　　D.+29.761

21. 水准测量中，设 A 为后视点，B 为前视点，A 尺读数为 1.213 m，B 尺读数为 1.401 m，则 AB 的高差为（　）m。

A. 0.188　　B. –2.614　　C. –0.188　　D. 2.614

22. 水准测量中，设 A 为后视点，B 为前视点，A 尺读数为 1.213 m，B 尺读数为 1.401 m，A 点高程为 21.000 m，则视线高程为（　）m。

A. 22.401　　B. 22.213　　C. 21.812　　D. 20.812

23. 普通水准测量中，在水准尺上每个读数应读（　）位数。

A. 5　　B. 3　　C. 2　　D. 4

24. 水准仪应满足的主要条件是（　）。

A. 横丝应垂直于仪器的竖轴　　B. 望远镜的视准轴不因调焦而变动位置

C. 水准管轴应与望远镜的视准轴平行　　D. 圆水准器轴应平行于仪器的竖轴

25. 在水准仪上（　）。

A. 没有圆水准器　　B. 水准管精度低于圆水准器

C. 水准管用于精确整平　　D. 每次读数时必须整平圆水准器

26. 在水准测量中，水准仪的操作步骤为（　）。

A. 仪器安置、精平、读数　　B. 仪器安置、粗平、瞄准、精平、读数

C. 粗平、瞄准、精平后用上丝读数　　D. 仪器安置、粗平、瞄准、读数

27. 水准仪精平是调节（　）使水准管气泡居中。

A. 微动螺旋　　B. 制动螺旋　　C. 微倾螺旋　　D. 脚螺旋

28. 水准仪粗平时，圆水准器中气泡运动方向与（　）。

A. 左手大拇指运动方向一致　　B. 右手大拇指运动方向一致

C. 左手大拇指运动方向相反　　D. 右手大拇指运动方向相反

29. 有关水准测量注意事项中，下列说法错误的是（　）。

A. 仪器应尽可能安置在前后两水准尺的中间部位

B. 每次读数前均应精平

C. 记录错误时，应擦去重写

D. 测量数据不允许记录在草稿纸上

30. 水准测量时，由于扶尺者向前、后倾斜，使得读数（　）。

A. 变大　　B. 不变　　C. 变小　　D. 都有可能

31. 望远镜的视准轴是（　）。

A. 十字丝交点与目镜光心连线　　B. 目镜光心与物镜光心的连线

C. 人眼与目标的连线　　D. 十字丝交点与物镜光心的连线

32. 水准测量中，设 A 为后视点，B 为前视点，A 尺读数为 0.425 m，B 尺读数为 1.401 m，已知 A 点高程为 15.000 m，则 B 点高程为（　）m。

A. 15.976　　B. 16.826

C. 14.024　　D. 13.174

33. 水准仪的（ ）与仪器竖轴平行。

A. 视准轴　B. 圆水准器轴

C. 十字丝横丝　D. 水准管轴

34. 水准仪的（ ）轴是过零点的法线。

A. 横　B. 圆水准器　C. 符合水准　D. 照准部水准管

35. 已知水准点 A 的高程为 16.163 m，现要测设高程为 15.000 m 的 B 点，水准仪架在 AB 两点之间，在 A 尺上读数为 1.036 m，则 B 尺上读数应为（ ）。

A.1.163 m　B.0.127 m　C.2.199 m　D.1.036 m

36. 如果水准仪的十字丝横丝和竖轴不垂直，观测时要注意的是（ ）。

A. 始终用十字丝的中间部分瞄准尺子上的刻划

B. 始终用十字丝的一端瞄准尺子上的刻划

C. 利用脚螺旋将十字丝横丝调成水平后，再用横丝读数

D. 利用目估横丝应在的水平位置，然后读数

37. 整理水准测量数据时，计算检核所依据的基本公式是（ ）。

A. $\sum a-\sum b=\sum h$　B. $\sum h=\sum H_{终}-\sum H_{始}$

C. $\sum a-\sum b=\sum h=H_{终}-H_{始}$　D. $fh\leqslant Fh$

38. 四等水准测量两次仪器高法观测两点高差，两次高差之差应不超过（ ）。

A.2 mm　B.3 mm　C.5 mm　D.10 mm

39. 在三、四等水准测量中同一站黑红面高差之差的理论值为（ ）mm。

A.0　B.100　C.4 687 或 4 787　D. 不确定

40. 普通水准测量时，如果采用两次仪器高法观测，在每一测站上需变动仪器高为（ ）以上。

A.20 cm　B.10 cm　C.5 cm　D.25 cm

41. 微倾式水准仪能够提供水平视线的主要条件是（ ）。

A. 水准管轴平行于视准轴　B. 视准轴垂直于竖轴

C. 视准轴垂直于圆水准轴　D. 竖轴平行于圆水准轴

42. 水准仪的（ ）与仪器竖轴平行。

A. 视准轴　B. 圆水准器轴　C. 十字丝横丝　D. 水准管轴

43. 水准测量时，长水准管气泡居中说明（ ）。

A. 视准轴水平，且与仪器竖轴垂直

B. 视准轴与水准管轴平行

C. 视准轴水平

D. 视准轴与圆水准器轴垂直

44. 水准仪 i 角是指（ ）在竖直面上的投影夹角。

A. 纵丝与视准轴　B. 管水准轴与视准轴

C. 管水准轴与横丝　D. 视准轴与圆水准器轴

45. 水准测量中，水准仪的 i 角对测量结果的影响可用（ ）方法消减。

A. 求改正数　　B. 多次观测求平均数　　C. 后前前后　　D. 前后视距相等

46. 已知 A 点高程 H_A =62.118 m，水准仪观测 A 点标尺的读数 a=1.345 m，则仪器视线高程为（ ）m。

A.60.773　　B.63.463　　C.62.118　　D.63.118

47. 如果 A 、B 两点的高差 H_{AB} 为正，则说明（ ）。

A. A 点比 B 点高

B. B 点比 A 点高

C. H_{AB} 的符号不取决于 A、B 两点的高程，而取决于首次假定水准面

D. 不能确定 A、B 两点高低

48. 已知 AB 两点高程为 11.166 m、11.157 m。今自 A 点开始实施高程测量观测至 B 点，得后视读数总和为 26.420 m，前视读数总和为 26.431 m，则闭合差为（ ）。

A.+0.001 m　　B.−0.001 m　　C.+0.002 m　　D.−0.002 m

49. 附合水准路线内业计算时，高差闭合差采用（ ）计算。

A. $fh = \sum h_{测} - (H_{终} - H_{起})$　　B. $fh = \sum h_{测} - (H_{起} - H_{终})$

C. $fh = \sum h_{测}$　　D. $fh = (H_{终} - H_{起}) - \sum h_{测}$

50. 水准测量后视读数为 1.224 m，前视读数为 1.974 m，则两点的高差为（ ）。

A.0.750 m　　B.−0.750 m　　C.3.198 m　　D.−3.198 m

二、多项选择题（每题 3 分，共 30 分）

1. 高程常用测量方法有（ ）。

A. 三角高程　　B. 气压高程

C. 水准测量　　D. 角度测量

E、距离测量

2. 微倾式水准仪主要轴线有（ ）。

A. 横轴 HH　　B. 视准轴 CC

C. 水准管轴 LL　　D. 圆水准器轴 $L'L'$

E、竖轴 VV

3. 水准仪主要由（ ）组成的。

A. 照准部　　B. 望远镜

C. 水准器　　D. 水平度盘

E、基座

4. 水准点分为（ ）。

A. 临时水准点　　B. 埋石水准点

C. 永久性水准点　　D. 不埋石水准点

E、金属水准点

5. 水准路线分为（　　）。

A. 水准实测路线　　B. 附合水准路线

C. 支水准路线　　D. 闭合水准路线

E. 组合水准路线

6. 双面水准尺特点有（　　）。

A. 两根为一对，配合使用

B. 黑白相间的称为黑面尺，从零开始刻数

C. 红白相间的称为红面尺，一根从 4.687、另一根从 4.787 开始刻数

D. 黑白相间的称为黑面尺，一根从 4.687、另一根从 4.787 开始刻数

E. 仅用于普通水准测量

7. 普通水准测量高差闭合差容许值要求（　　）。

A. 平地$f_{h容}=\pm 20\sqrt{L}$　　B. 平地$f_{h容}=\pm 40\sqrt{L}$

C. 山地$f_{h容}=\pm 12\sqrt{N}$　　D. 山地$f_{h容}=\pm 6\sqrt{N}$

E. 每千米≤ 15 站，应按平地计算容许值

8. 变动仪器高度法进行测站检核表述正确的是（　　）。

A. 仪器高度不变，水准尺分别读黑面和红面读数

B. 两次高差之差≤ ±5 mm，观测精度合格

C. 仪器高度变化超过 10 cm

D. 采用“后—后—前—前”的观测顺序

E. 采用“后—前—前—后”的观测顺序

9. A 为后视点，B 为前视点，下列表述正确的是（　　）。

A. 若 $a>b$，则高差 h_{AB} 为正　　B. 若 $a>b$，则 A 点高于 B

C. 若 $a<b$，则 A 点高于 B　　D. 若 A 高于 B，则高差 h_{AB} 为正

E. 视线高 $H_i=H_A+a$

10. 关于自动安平水准仪表述正确的是（　　）。

A.DSZ_3 自动安平水准仪精度高于 DS_3 微倾式水准仪

B. 自动安平水准仪操作简单不需要精确整平

C. 自动安平水准仪可有效减弱外界影响提高观测精度

D. 应严禁剧烈震动，防止补偿器失灵

E. 自动安平水准仪只能用于普通水准测量

三、判断题（正确涂 A，错误涂 B，每题 2 分，共 20 分）

1. 水准管的分划值越大则仪器的灵敏度越高。（ ）

2. 水准仪的视准轴应平行于水准器轴。（ ）

3. 用微倾式水准仪测高程时，观察者在每次读数前后都要看一下管水准气泡是否居中。（ ）

4. 水准仪的仪高是指望远镜的中心到地面的铅垂距离。（ ）

5. 水准仪在粗略整平时，圆水准盒应放在某两个脚螺旋中间，然后调节这两个脚螺旋。（ ）

6. 在某次水准测量过程中，*A* 测点读数为 1.432 m，*B* 测点读数为 0.832 m，则实际地面 *A* 点高。（ ）

7. 旋转微倾螺旋可使望远镜连同管水准器作俯仰微量的倾斜，从而使视线精确整平。因此这种水准仪称为微倾式水准仪。（ ）

8. 对于水准路线成果处理，应将高差闭合差按相反的符号平均分配在往测和返测所得的高差值上。（ ）

9. 水准仪按照构造不同可分为微倾式水准仪和自动安平式水准仪两类。（ ）

10. 对于微倾式水准仪来说，管水准器是用于概略整平的。（ ）

第九节　配套练习（二）

一、单项选择题（每题 1 分，共 55 分）

1. 已知 A、B 两点的高程分别为 $H_A = 125.777$ m、$H_B = 158.888$ m，则 AB 两点的高差 h_{AB} 为（ ）。

A. ± 33.111 m　　B.–33.111 m　　C.+33.111 m　　D.284.665 m

2. 在 A（H_A =25.812 m）、B 两点间放置水准仪测量，后视 A 点的读数为 1.360 m，前视 B 点的读数为 0.793 m，则 B 点的高程为（ ）。

A.25.245 m　　B.26.605 m　　C.26.379 m　　D.27.172 m

3. DS_3 水准仪，数字 3 表示的意义是（　）。

A. 每千米往返测高差中数的中误差不超过 3 mm

B. 每千米往返测高差中数的相对误差不超过 3 mm

C. 每千米往返测高差中数的绝对误差不超过 3 mm

D. 每千米往返测高差中数的极限误差不超过 3 mm

4. 在进行高差闭合差调整时，某一测段按测站数计算每站高差改正数的公式为（ ）。

A. fh / N(N－测站数)　　B. $V = fh / S$(S－测段距离)

C. $V = -fh / N$(N－测站数)　　D. $Vi = -fh / S$(S－测段距离)

5. 水准路线闭合差调整是对高差进行改正，方法是将高差闭合差按与测站数或路线长度成（　）的关系求得高差改正数。

A. 正比例并同号　　B. 反比例并反号　　C. 正比例并反号　　D. 反比例并同号

6. 支水准路线成果校核的方法是（　）。

A. 往返测法　　B. 闭合测法　　C. 附合测法　　D. 单程法

7. 在 A、B 两点进行往返水准测量，$h_{AB} = -1.383$ m，h_{BA} =+1.362 m，已知 H_A =68.254 m，则 B 点的高程为（　）。

A.66.867 m　　B.66.882 m　　C.68.892 m　　D.69.616 m

8. 望远镜概略瞄准目标时，应当使用（　）去瞄准。

A. 制动螺旋和微动螺旋　　B. 准星和照门

C. 微动螺旋　　D. 微动螺旋和准星

9. 微倾水准仪精平通过转动（　），使水准管气泡居中来达到目的。

A. 微倾螺旋　　B. 脚螺旋　　C. 制动螺旋　　D. 水平微动螺旋

10. 从观察窗中看到符合水准气泡影像错开间距较大时，需（　）使符合水准气泡影像符合。

A. 转动微倾螺旋　B. 转动微动螺旋　C. 转动三个螺旋　D. 调整目镜

11. 产生视差的原因是（　）。

A. 目标成像平面与十字丝平面不重合　B. 仪器轴系未满足几何条件

C. 人的视力不适应　D. 目标亮度不够

12. 消除视差应（　）。

A. 先调目镜调焦螺旋，再调物镜调焦螺旋，使目标成像平面与十字丝平面重合

B. 先调物镜调焦螺旋，再调目镜调焦螺旋

C. 调微倾螺旋

D. 调脚螺旋

13. 从一个已知的水准点出发，沿途经过各点，最后附合到另外一个已知的水准点上，这样的水准路线是（　）。

A. 附合水准路线　B. 闭合水准路线　C. 支水准路线　D. 支导线

14. 水准测量中，调节微倾螺旋使水准管气泡居中的目的是使（　）。

A. 竖轴竖直　B. 视准轴水平

C. 十字丝横丝水平　D. 十字丝竖丝竖直

15. 水准测量时，瞄准水准尺的一般步骤为（　）。

A. 物镜对光、初步瞄准、目镜对光、精确瞄准、消除视差

B. 目镜对光、初步瞄准、物镜对光、精确瞄准、消除视差

C. 初步瞄准、目镜对光、物镜对光、精确瞄准、消除视差

D. 目镜对光、初步瞄准、精确瞄准、物镜对光、消除视差

16. 用水准测量法测定 A、B 两点的高差，从 A 到 B 共设了两个测站，第一测站后尺中丝读数为 1.234 m，前尺中丝读数为 1.470 m，第二测站后尺中丝读数为 1.430 m，前尺中丝读数为 0.728 m，则高差 H_{AB} 为（　）m。

A.−0.938　B.−0.466　C.+0.466　D.+0.938

17. 某站水准测量时，由 A 点向 B 点进行测量，测得 AB 两点之间的高差为 0.506 m，且 B 点水准尺的读数为 2.376 m，则 A 点水准尺的读数为（　）m。

A.1.870　B.2.882　C.2.880　D.1.872

18. 水准测量中，设 A 为后视点，B 为前视点，A 尺读数为 1.213 m，B 尺读数为 1.401 m，B 点高程为 21.000 m，则视线高程为（　）m。

A.22.401　B.22.213　C.21.812　D.20.812

19. 视差是指（　）。

A. 观测者之间的视力的差别

B. 当眼睛在目镜处晃动时，目标影像与十字丝之间有相互移动的现象

C. 前后视距差

D. 观测者的视力较差

20. 消除视差的方法是（　）直至十字丝和目标影像清晰。

A. 仔细调节物镜对光螺旋

B. 转动目镜对光螺旋

C. 先调节目镜，使十字丝十分清晰，再仔细调节物镜对光螺旋

D. 调节微动螺旋

21. 在水准仪的检校过程中，安置水准仪，转动脚螺旋使圆水准气泡居中，当仪器绕竖轴旋转 180° 后，气泡偏离零点，说明（　）。

A. 水准管不平行于横轴　　B. 圆水准器轴不平行于仪器的竖轴

C. 水准管轴不垂直于仪器竖轴　　D. 十字丝的横丝垂直于竖轴

22. 水准测量时若要求每测段测站数为偶数站，主要目的是消除（　）。

A i 角误差　　B. 标尺零点差　　C. 读数误差　　D. 视差

23. 在四等水准测量中，黑面的高差为 –0.073 m，红面的高差为 +0.025 m，则平均高差是（　）m。

A.–0.024　　B.+0.024　　C.+0.074　　D.–0.074

24. 水准路线闭合差调整是对高差进行改正，方法是将高差闭合差按与测站数（或路线长度 km 数）成（　）的关系求得高差改正数。

A. 正比例并同号　　B. 反比例并反号

C. 正比例并反号　　D. 反比例并同号

25. 在水准测量中，若后视点 A 的读数大，前视点 B 的读数小，则有（　）。

A. A 点比 B 点低　　B. A 点比 B 点高　　C. A 点与 B 点可能同高 D. 无法判断

26. 附合水准路线内业计算时，高差闭合差采用（　）计算。

A. $fh=\sum h_{测}-(H_{终}-H_{起})$　　B. $fh=\sum h_{测}-(H_{起}-H_{终})$

C. $fh=\sum h_{测}$　　D. $fh=(H_{终}-H_{起})-\sum h_{测}$

27. 测得有三个测站的一条闭合水准路线，各站观测高差分别为＋ 1.501 m、＋ 0.499 m 和— 2.009 m，则该路线的闭合差和各站改正后的高差为（　）m。

A. ＋ 0.009；1.504、0.502 和— 2.012　　B. — 0.009；1.498、0.496 和— 2.012

C. — 0.009；1.504、0.502 和— 2.006　　D. ＋ 0.009；1.498、0.505 和— 2.006

28. 一附合水准路线 $A\rightarrow1\rightarrow2\rightarrow3\rightarrow B$，已知 $H_A=197.865$ m，$H_B=211.198$ m，各段的实测高差分别为：h_1 =+4.768 m 、h_2 =+2.137 m、h_3 =–3.658 m、h_4 =+10.024 m，这段水准路线的高差闭合差为（　）。

A.+0.062 m　　B.–0.062 m　　C.+0.062 m　　D.–0.062 m

29. 一个与平均海水面相吻合，并穿过大陆和岛屿所形成的闭合曲面是（　）。

A. 水准面　　B. 大地水准面　　C. 旋转椭圆体面　　D. 高斯投影面

30. 相对高程是由（　）起算的地面点的高度。

A. 大地水准面　　B. 任意假定水准面　　C. 水平面　　D. 竖直面

31. 在水准测量中，前后视距相等可消除（ ）对高差的影响。

A. 整平误差；　B. 地球曲率和大气折光的影响；

C. 圆水准轴不平行竖直轴的误差；　D. 仪器和水准尺下沉的误差。

32. 附合水准路线 $A \to 1 \to 2 \to 3 \to B$ 中，水准点 A 、B 的高程分别为 104.350 m、107.215 m，又测得高差 h_{AB} =+2.850 m，则高差闭合差 fh 为（ ）。

A.+0.015 m　B.−0.015 m　C.+2.850 m　D.+5.715 m

33. 已知 A 、B 两点的高程分别为 200 m、100 m，则 B 、A 两点的高差 H_{BA} 为（ ）。

A.+100 m　B.−100 m　C.+300 m　D.−300 m

34. 水准测量的基本原理是（ ）。

A. 利用水准仪读取标尺读数，计算竖直角，从而求取两点间高差

B. 利用水准仪的水平视线，求取两点间高差

C. 利用水准仪读取标尺红黑面读数，通过黑面红面读数差求取两点间高差

D. 以上皆不是

35. 水准仪的 i 角误差是（ ）。

A. 水准管轴与视准轴在铅垂面内投影的夹角

B. 水准管轴与视准轴在水平面内投影的夹角

C. 水准管轴与水平线在铅垂面内投影的夹角

D. 以上都不对

36. 倾式水准仪的精平指的是（ ）。

A. 用脚螺旋使水准管气泡居中　B. 用脚螺旋使圆水准气泡居中

C. 用微倾螺旋水准管气泡居中　D. 用微倾螺旋使圆水准气泡居中

37. 十字丝交点与物镜光心的几何连线称为（ ）。

A. 中心轴　B. 水平轴　C. 视准轴　D. 以上皆不是

38. 消除视差的正确方法是（ ）。

A. 调节目镜　B. 仔细地进行物镜对光

C. 目镜和物镜都需重新对光　D. 以上都不对

39. 水准测量是利用水准仪提供（ ）求得两点高差，并通过其中一已知点的高程，推算出未知点的高程。

A. 铅垂线　B. 视准轴　C. 水准管轴线　D. 水平视线

40. 水准仪读得后视读数后，在一个方格的四个角 M，N，O 和 P 点上读得中视读数分别为 1.254 m、0.493 m、2.021 m 和 0.213 m，则方格上最高点和最低点分别是（ ）。

A P，O　B. O，P　C. M，N　D. N，M

41. 已知水准点高程 H_M =43.251 m，测得后视点 M 读数 a =1.000 m，前视点 N 读数 b=2.283 m。则视线高 H_i 、M 点对 N 点的高差 H_{MN} 和待求点 N 的高程 H_N 分别为（ ）。

A.45.534 m、+1.283 m、44.534 m　B.40.968 m、−3.283 m、39.968 m

C.44.251 m、−1.283 m、41.968 m　D.42.251 m、+3.283 m、46.534 m

42. 过水准管零点所作其内壁圆弧的纵向切线称为水准管轴，过圆水准器零点的球面法线称为圆水准盒轴。如仪器已检校，当气泡居中时，该两条轴线分别处于（ ）。

A. 水平、铅直　　B. 倾斜、倾斜

C. 铅直、水平　　D. 垂直十字丝纵丝、垂直十字丝横丝

43. 视准轴是指（ ）的连线。

A. 目镜中心与物镜中心　　B. 十字丝中央交点与物镜光心

C. 目镜光心与十字丝中央交点　　D. 十字丝中央交点与物镜中心

44. 用望远镜观测中，当眼睛晃动时，如目标影像与十字丝之间有相互移动现象称为视差现象，产生的原因是（ ）。

A. 目标成像平面与十字丝平面不重合

B. 仪器轴系未满足几何条件

C. 人的视力不适应

D. 目标亮度不够

45. 水准管的灵敏度用水准管分划值τ表示，τ与水准管圆弧半径的关系是（ ）。

A. 成正比　　B. 成反比　　C. 无关　　D. 成平方比

46. 微倾水准仪应满足的三个几何条件中最重要的是（ ）。

A. 水准管轴平行视准轴　　B. 圆水准轴平行竖轴

C. 十字丝中央横丝垂直竖轴　　D. 水准管轴垂直视准轴

47. 水准仪置于A、B两点中间，A尺读数a =1.523 m，B尺读数b =1.305 m，仪器移至A点附近，尺读数分别为a' = 1.701 m，b' = 1.462 m，则（ ）

A. $LL//CC$　　B. LL不$//CC$

C. $L'L'//VV$　　D. $L'L'$不$//VV$

48. 水准测量中要求前后视距离大致相等的作用在于削弱（ ）影响，还可削弱地球曲率和大气折光、对光透镜运行误差的影响。

A. 圆水准轴与竖轴不平行的误差　　B. 十字丝横丝不垂直竖轴的误差

C. 读数误差　　D. 水准管轴与视准轴不平行的误差

49. 水准测量计算校核$\sum h=\sum a-\sum b$和$\sum h=H_{终}-H_{始}$可分别校核（ ）是否有误。

A. 水准点高程、水准尺读数　　B. 水准点位置、记录

C. 高程计算、高差计算　　D. 高差计算、高程计算

50. 公式（ ）用于附合水准路线的成果校核。

A. $f_h=\sum h$　　B. $f_h=\sum h-\left(H_{终}-H_{始}\right)$

C. $f_h=\sum h_{往}+\sum h_{返}$　　D. $f_h=\sum a-\sum b$

51. 自水准点M（H_M =100.000 m）经 9 个站测至待定点A，得H_{MA} =+1.02 m。再由A点经 12 个站测至另一水准点N（H_N =105.121 m），得h_{AN} =+4.080 m，则平差后的A点高程为（ ）。

A.101.029 m　　B.101.013 m　　C.101.031 m　　D.101.021 m

52. 水准测量时，后视尺前俯或后仰将导致前视点高程（ ）。

A. 偏大　　B. 偏大或偏小　　C. 偏小　　D. 不偏大也不偏小

53. 自动水准仪是借助安平机构的补偿元件、灵敏元件和阻尼元件的作用，使望远镜十字丝中央交点能自动得到（ ）状态下的读数。

A. 视线水平　　B. 视线倾斜　　C. 任意　　D.B 和 C

54. 电子水准仪在中央处理器中，建立了图像信息自动编码程序，通过对条码水准尺进行（ ），实现图像的数据化处理及观测数据的自动化检核、运算和显示。

A. 摄像观测　　B. 直接读数　　C. 自动读数　　D. 测微器读数

55. 水准测量的测站校核方法有（ ）。

① $\sum h=\sum a-\sum b$　② 双仪器法　③ $\sum h=0$

④ 双面尺法　⑤ 改变仪高法　⑥ $\sum h_{测}=H_{终}-H_{始}$

A. ①③⑤　　B. ①④⑥　　C. ②③④　　D. ②④⑤

二、多项选择题（每题 1 分，共 30 分）

1. 水准测量中读数原则表述正确的是（ ）。

A. 应从小数向大数方向读

B. 倒镜时，应从下向上读

C. 正镜时，应从上向下读

D. 先估读毫米，然后直接读出米、分米、厘米

E. 应读出 4 位数

2. 水准测量中下列属于仪器误差的是（ ）。

A. 水准尺零点误差　　B. 仪器下沉误差

C. 水准尺误差　　D. 水准仪误差

E. 水准管气泡居中误差

3. 在水准测量中，采用前后视距相等的方法可以消除和削弱（ ）误差。

A. 水准仪误差　　B. 水准尺零点误差

C. 地球曲率误差　　D. 大气折光误差

E. 尺垫下沉误差

4.DS_3 水准仪的水准器说法正确的是（ ）。

A. 圆水准器气泡居中，圆水准器轴处于水平位置

B. 圆水准器分划值为 20″ /2 mm

C. 水准管用于精确整平仪器

D. 水准器内壁半径越大，其灵敏度越高

E. 水准管气泡居中，水准管轴处于铅垂位置

5. 水准测量中，下列误差属于观测误差的是（ ）。

A. 视差　　B. 仪器下沉误差

C. 尺垫下沉误差　　D. 读数误差

E. 水准尺倾斜误差

6. 水准测量中，下列误差属于外界条件的影响是（　　）。

A. 温度变化　　B. 地球曲率及大气折光误差

C. 尺垫下沉误差　　D. 仪器下沉误差

E. 水准尺倾斜误差

7. 测量实训操作正确的是（　　）。

A. 记录者应于记完每一数字后，向观测者回报读数，以免记错

B. 为了记录表格整洁，可将数据记在临时纸条上事后誊写

C. 记录数字若有错误可以涂改

D. 各小组借用的仪器和工具，只要确保安全可以转借

E. 仪器一经安置，测站上不得离人，严防无人看管或人远离仪器

8. 测量实训记录正确的是（　　）。

A. 测量进行时，测站编号与点号可以实训结束填写

B. 当站应记录、计算的内容，必须当站清，才能通知观测者迁站

C. 若出现精度不满足规范要求，可根据经验进行调整

D. 如果有记错，可用横线将错处划去，并在其上方记入正确数字

E. 高差若为正，“+”号可以忽略不写

9. 微倾式水准仪应满足如下几何条件（　　）。

A. 水准管轴平行于视准轴　　B. 横轴垂直于仪器竖轴

C. 水准管轴垂直于仪器竖轴　　D. 圆水准器轴平行于仪器竖轴

E. 十字丝横丝应垂直于仪器竖轴

10. 在 A、B 两点之间进行水准测量，得到满足精度要求的往、返测高差为 $h_{AB}=\pm 0.005$ mm，$h_{BA}=-0.009$ m。已知 A 点高程 H_A =417.462 m，则（　　）。

A. B 点的高程为 417.460 m　　B. B 点的高程为 417.469 m

C. 往、返测高差闭合差为 +0.014 m　　D. B 点的高程为 417.467 m

E. 往、返测高差闭合差为 −0.004 m

11. 在水准测量时，若水准尺倾斜，其读数值（　　）。

A. 当水准尺向前或向后倾斜时增大　　B. 当水准尺向左或向右倾斜时减少

C. 总是增大　　D. 总是减少

E. 不论水准尺怎样倾斜，其读数值都是错误的

12. 根据水准测量的原理，仪器的视线高等于（　　）。

A. 后视读数 + 后视点高程　　B. 前视读数 + 后视点高程

C. 后视读数 + 前视点高程　　D. 前视读数 + 前视点高程

E. 前视读数 + 后视读数

13. 四等水准测量中测站检核应包括（　　）检核。

A. 前后视距差
B. 视距累积差
C. 红黑面中丝读数差
D. 红黑面高差之差
E. 高差闭合差

14. 在水准测量中，由于仪器产生的误差包括（　）。

A. 水准管轴不平行于视准轴引起的
B. 水准尺分划不精确
C. 水准尺底部磨损
D. 水准尺没有直立
E. 水准管气泡没有居中

15. 在 AB 两点之间进行水准测量，得到满足精度要求的往返测高差为 h_{AB} =+0.005 m，H_{BA} =−0.009 m，已知 A 点的高程为 H_A =417.462 m，则（　）。

A.B 点的高程为 417.460 m
B.B 点的高程为 417.469 m
C. 往返测高差闭合差为 +0.014 m
D.B 点的高程为 417.467 m
E. 往返测高差闭合差为 −0.004 m

16. 在水准测量中，采用前后视距相等的方法可以消除或减弱（　）。

A. 水准管轴不平行于视准轴引起的误差
B. 水准尺分划不准确引起的误差
C. 地球曲率和大气折光引起的误差
D. 尺垫下沉引起的误差
E. 水准尺零点误差

17. 在水准测量过程中，下列属于观测者的原因引起的误差有（　）。

A. 读数误差
B. 尺垫下沉
C. 仪器下沉
D. 视差
E. 水准尺倾斜

18. 在水准测量过程中，下列属于外界条件的影响引起的误差是（　）。

A. 尺垫下沉误差
B. 地球曲率及大气折光引起的误差
C. 视差
D. 温度的变化引起的误差
E. 仪器下沉误差

19. 在水准测量中，测量员应该遵循的原则是（　）。

A. 应力求前后视线等长

B. 不准用手扶在仪器或脚架上，也不准两脚跨在一支脚架腿上观测

C. 搬动仪器时无论迁移的距离远近，无论地面是否平坦，均不允许用手握住仪器的下部的基座或脚架

D. 转点要先放尺垫，立尺必须力求竖直，不得前后左右歪斜

E. 用塔尺时立尺人要经常检查尺子接头的卡口是否卡好，防止上节下滑

20. 下列关于测量记录计算的基本要求，叙述正确的是（　）。

A. 外业观测数据必须直接填写在记录手簿上，不准用零散纸张记录，再行转抄

B. 凡记录表格上规定应填写的项目不得空白

C. 禁止擦拭、涂改和挖补数据，淘汰某整个部分时可用斜线划去，将正确数字写在原

数上方

D. 禁止连环更改，假如两个读数均错误，则应重测重记

E. 水准测量中的厘米位和毫米位可以修改

21. 设 A 点为后视点，B 点为前视点，后视读数 a =1.240 m，前视读数 b =1.428 m，则下列说法正确的是（ ）。

A. h_{AB} =−0.188 m

B. 后视点比前视点高

C. 若 A 点高程 H_A =202.016 m，则视线高程为 203.256 m

D. 若 A 点高程 H_A =202.016m，则前视点高程为 202.320 m

E. 后视点比前视点低

22. 四等水准测量的成果整理包括（　）几项。

A. 对记录、计算的复核

B. 高差闭合差的计算

C. 检查高差闭合差是否在允许范围内

D. 高差闭合差的均等分配

E. 高程计算

23. 下列关于水准测量的说法，正确的有（ ）。

A. 水准测量精度优于其他高程测量方法

B. 用于水准测量的仪器必须能提供水平视线

C. 水准测量是高程控制测量的首选方法

D. 水准测量精度要求较高时，前后视距应尽量相等

E. S_3 水准仪，可用于二等水准测量

24. 单一水准路线的布设形式有（ ）。

A. 闭合水准路线

B. 四等水准路线

C. 附合水准路线

D. 等外水准路线

E. 支水准路线

25. 在水准测量时，若水准尺倾斜，则其读数值（　）。

A. 当水准尺向前或向后倾斜时增大

B. 当水准尺向左或向右倾斜时减小

C. 总是增大

D. 总是减小

E. 不论水准尺怎样倾斜读数都是错误的

26. 影响水准测量成果的误差有（ ）。

A. 视差未消除

B. 水准尺未竖直

C. 估读毫米数不准

D. 地球曲率

E. 仪器偏心误差

27. 水准测量路线成果校核的方法有（ ）。

A. 双面尺法

B. 附合测法

C. 往返测法

D. 闭合测法

E. 改变仪器高法

28. 水准测量中，求待定点高程的方法为（ ）

A. 高差法　B. 仪高法　C. 双面水准尺法　D. 变动仪高法

29. 微倾式水准仪的构造由（ ）组成

A. 望远镜　B. 基座　C. 水准尺　D. 水准器

30. 水准路线的形式为（ ）

A. 闭合水准路线　B. 附合水准路线　C. 支水准路线　D. 闭合水准导线

三、判断题（正确涂 A，错误涂 B，每题 1.5 分，共 15 分）

1. 水准管轴是指通过水准管圆弧零点 O 的水准管纵向圆弧的切线。（ ）

2. 在水准仪上，视准轴应该与水准盒轴平行。（ ）

3. 国产水准仪型号下标中的数字表示的含义是指一千米往返测高差中数的中误差。（ ）

4. 绝对高程无负值，相对高程有负值。（ ）

5. 水准测量中，每一站读完后视读数瞄准前视尺时，必须旋转微倾螺旋使管水准气泡居中再读前视读数。（ ）

6. 基座的作用只是用于支承仪器的上部。（ ）

7. 已知 A 点的高程 H_A，测得 A、B 两点高差 h_{AB} 后，则 B 点的高程 H_B 的计算公式为 $H_B = H_A - h_{AB}$。（ ）

8. 水准测量是高程测量唯一的测量方法。（ ）

9. 对于普通水准测量，采用两次仪器高法进行测量时，两次所测高差之差不应超过其容许值 6 mm。（ ）

10. 在阳光或细雨下使用仪器时，可以不撑伞。（ ）

第三章 角度测量

第一节 角度测量理论知识回顾

一、目的与要求

（1）理解水平角测量原理。

（2）练习经纬仪对中、整平、瞄准和读数的方法，掌握基本操作要领。

（3）要求对中误差小于 1 mm，整平误差小于一格。

（4）掌握测回法观测水平角的观测顺序、记录和计算方法。

二、计划与学时

（1）实训时数安排 2 ～ 3 学时，实训小组由 3 ～ 5 人组成。

（2）实训设备为每组 DJ_6 型光学经纬仪 1 台，记录板 1 块，记录表格 1 份，铅笔数支，测伞 1 把。

（3）在实训场地每组打一木桩，桩顶钉一小钉或划十字作为测站点（如果是水泥地面，可用红色油漆或粉笔在地面上画十字作为测站点），各组的测站点最好布置在一条直线上，以便教师指导，周围布置 A、B 两个目标，供测角共用。

（4）在熟悉经纬仪的使用后，每人用测回法测水平角两个测回，实训结束时，每人交一份实训报告。

三、方法与步骤

（一）DJ_6 型光学经纬仪的构造

经纬仪是角度测量的主要仪器，经纬仪的发展已经历了从游标经纬仪、光学经纬仪直到目前的电子经纬仪等阶段。游标经纬仪由于精度低现在已经不使用了，而电子经纬仪观测角值可自动显示，使用方便。目前，建筑施工测量中最常用的是光学经纬仪。

经纬仪可按精度分成几个等级：DJ_{07}、DJ_1、DJ_2、DJ_6、DJ_{15} 和 DJ_{60} 等型号。其中 D、J 分别是“大地测量”和“经纬仪”的汉语拼音第一个字母，07、1、2、6、15、60 表示该仪器能达到的测量精度，即“一测回方向观测中误差”，单位为秒。“DJ”通常简写为“J”。

经纬仪按性能又可分为方向经纬仪和复测经纬仪两种。

经纬仪按读数设备则分为光学经纬仪和电子经纬仪。电子经纬仪作为近代电子技术高度发展的产物之一，正日益受到广泛应用。而目前在建筑测量中使用较多的是光学经纬仪，其中 DJ_6 型光学经纬仪是在工程中最常用的。

图 3-1 所示是北京光学仪器厂生产的 DJ_6 型光学经纬仪。国内外不同的厂家生产的同一级别的仪器，或同一厂家生产的不同的仪器其外形和各螺旋的形状、位置虽不尽相同，但作用基本一致。

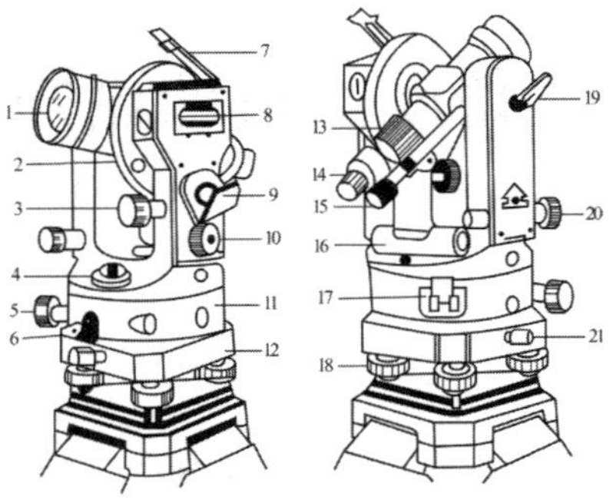

1—物镜；2—竖直度盘；3—竖盘指标水准管微动螺旋；4—圆水准器；5—照准部微动螺旋；6—照准部制动螺旋；7—水准管反光镜；8—竖盘指标水准管；9—度盘照明反光镜；10—测微轮；11—水平度盘；12—基座；13—望远镜调焦筒；14—目镜；15—读数显微镜目镜；16—照准部水准管；17—复测扳手；18—脚螺旋；19—望远镜制动螺旋；20—望远镜微动螺旋；21—轴座固定螺旋

图 3-1　DJ_6 型光学经纬仪的构造

DJ_6 型光学经纬仪一般由基座、水平度盘和照准部三部分组成。

1. 基座

经纬仪的基座包括轴座、脚螺旋和连接板。轴座是将仪器竖轴与基座连接固定的部件，轴座上有一个固定螺旋，放松这个螺旋，可将经纬仪水平度盘连同照准部从基座中取出，所以平时此螺旋必须拧紧，防止仪器坠落损坏。脚螺旋用来整平仪器。连接板用来将仪器稳固地连接在三脚架上。

2. 水平度盘

光学经纬仪有水平度盘和竖直度盘，都是光学玻璃制成，度盘边缘全圆周刻划 0° ~ 360°，最小间隔有 1"、20"、30" 三种。水平度盘装在仪器竖轴上，套在度盘轴套上，通常按顺时针方向注记。在水平角测量过程中，水平度盘不随照准部转动。为了改变水平度盘位置，仪器设有水平度盘转动装置。水平度盘转动装置包括以下两种结构：

对于方向经纬仪，装有度盘变换手轮，在水平角测量中，若需要改变度盘的位置，可利用度盘变换手轮换度盘转到所需要的位置上。为了避免作业中碰动此手轮，特设一护盖，配好度盘后应及时盖好护盖。

对于复测经纬仪，水平度盘与照准部之间的连接由复测器控制。将复测器扳手往下扳，照准部转动时就带动水平度盘一起转动。将复测器扳手往上扳，水平度盘就不随照准部转动。

3．照准部

照准部是指经纬仪上部可转动部分，主要由望远镜、旋转轴、支架、竖直制动微动螺旋、水平制动微动螺旋、横轴、竖直度盘装置、读数设备、水准器和光学对点器等组成。

望远镜的构造与水准仪基本相同，主要用来照准目标，仅十字丝分划板稍有不同，如图 3–2 所示。照准部的旋转轴即为仪器的纵轴，纵轴插入基座内的纵轴轴套中旋转。照准部在水平方向的转动，由水平制动螺旋和水平微动螺旋来控制。望远镜的旋转轴称为水平轴（也叫横轴），它架于照准部的支架上。放松望远镜制动螺旋后，望远镜绕水平轴在竖直面内自由旋转；旋紧望远镜制动螺旋后，转动望远镜微动螺旋，可使望远镜在竖直面内做微小的上、下转动，制动螺旋放松时，转动微动螺旋不起作用。照准部上有照准部水准管，用以置平仪器。竖直度盘固定在望远镜横轴的一端，随同望远镜一起转动。竖盘读数指标与竖盘指标水准管固连在一起，不随望远镜转动。竖盘指标水准管用于安置竖盘读数指标的正确位置，并借助支架上的竖盘指标水准管微动螺旋来调节。

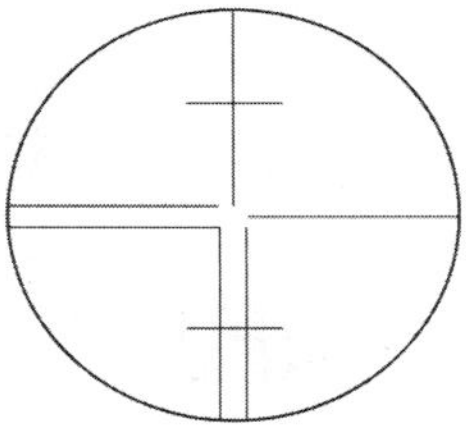

图 3–2 十字丝

读数设备包括读数显微镜、测微器，以及光路中一系列光学棱镜和透镜。圆水准器用于粗略整平仪器，管水准器用于精确整平仪器。光学对中器用于调节仪器使水平度盘中心与地面点处于同一铅垂线上。

（二）水平角测量原理

水平角：从一点出发的两空间直线在水平面上投影的夹角即二面角，称为水平角。其范围为顺时针 0° ～ 360° ，通常用 β 表示。

水平角测量原理如图 3–3 所示。

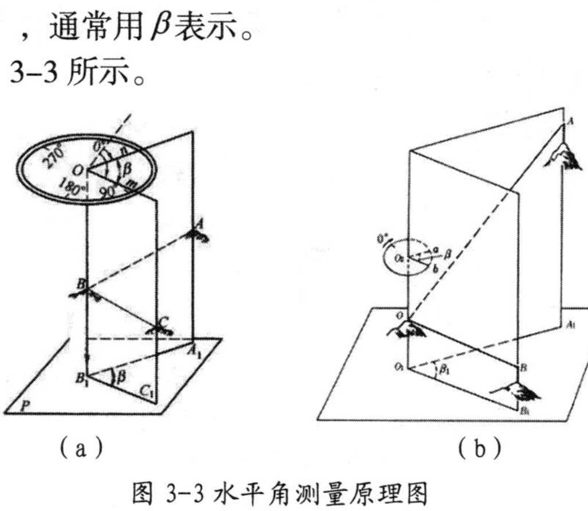

（a）　　　　　　（b）

图 3–3 水平角测量原理图

如图 3–3（a）所示，A、O、B 为地面上任意三点，将三点沿铅垂线方向投影到水平面 H 上，得到相应的 A'、O'、B' 点，则水平面上的夹角 β 即为地面 OA、OB 两方向线间的水平角。

如图 3–3（b）所示，由水平角测量原理可知测量水平角的仪器应满足的条件为：

（1）有水平放置的圆盘，圆盘上有顺时针方向注记的 0° ~ 360°刻度。

（2）圆盘的中心在角顶点 O 的铅垂线上。

（3）有一个能瞄目标的望远镜，望远镜不但可以在水平面内转动，而且还应能在竖直面内转动。

通过望远镜可分别瞄准高低和远近不同的目标 A 和 B，并可在圆盘得相应的读数 a 和 b。则水平角 β 即为两个读数之差。即：

$$\beta = b - a$$

（三）竖直角测量原理

1. 竖直角定义

竖直角是同一竖直平面内的视线与水平线之间的夹角，如图 3–4 所示，用 α 来表示。

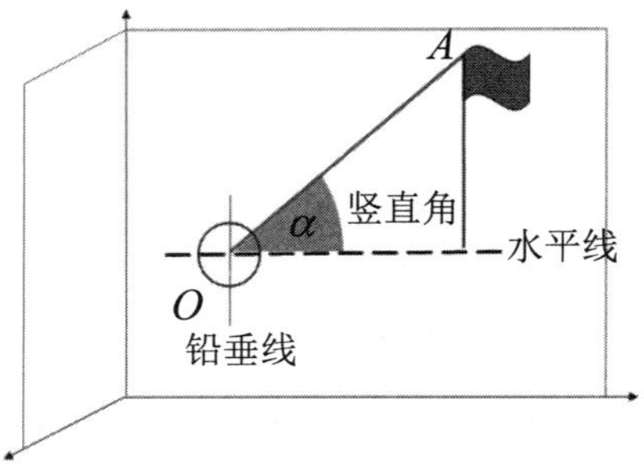

图 3–4 竖直角测量原理

在图 3–4 中，假想在过 O 点的铅垂面上，安置一个竖直圆盘，并令其中心过 O 点，该盘称为竖直读盘，通过瞄准设备和读数装置可分别获得目标视线的读数和水平视线读数，则 α 可以写成：

$$\alpha = \text{目标视线的读数} - \text{水平视线的读数}$$

竖直角有仰角和俯角之分（见图 3–5）：

夹角在水平线以上，称为仰角，取正号，角值为 0° ~ 90°。夹角在水平线以下，称为俯角，取负号，角值为 –90° ~ 0°。

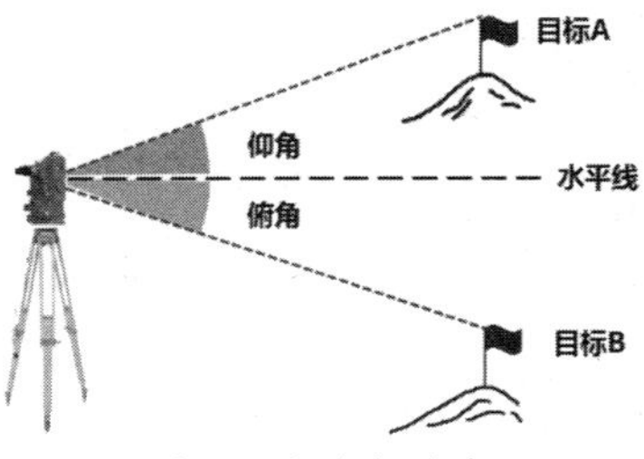

图 3–5 仰角与俯角

根据上述角度测量原理，用于角度测量的仪器应具有带刻度的水平圆盘（又称水平度盘）、竖直圆盘（又称竖直度盘，简称竖盘），以及瞄准设备、读数设备等，并要求瞄准设备能够瞄准左右不同、高低不一的目标点，能形成一个竖直面，而且这个竖直面还能绕竖直线 OO 在水平方向旋转。经纬仪就是根据这些要求制成的一种测角仪器，它不但能测水平角，还可以测竖直角。

实训报告一　角度测量知识练习

一、完成下列 DJ_6 型经纬仪各部件名称的填写

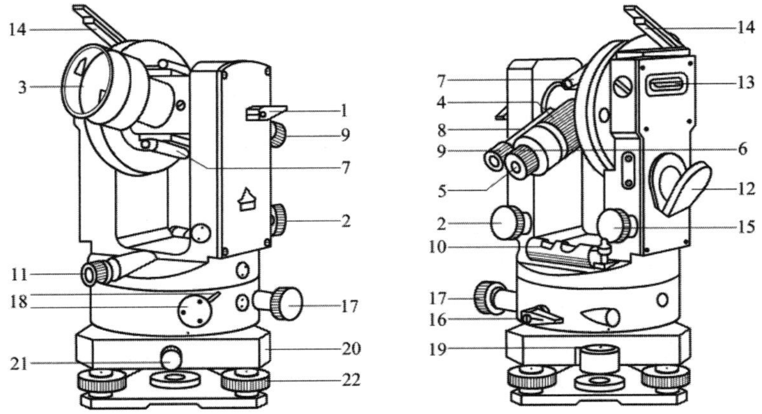

图 3-6 DJ_6 型经纬仪的构造

1（　　）、2（　　）、3（　　）、4（　　）、5（　　）、6（　　）、
7（　　）、8（　　）、9（　　）、10（　　）、11（　　）、12（　　）、
13（　　）、14（　　）、15（　　）、16（　　）、17（　　）、18（　　）、
19（　　）、20（　　）、21（　　）、22（　　）

二、认识经纬仪的几个主要轴线及其相互关系

（1）视准轴：望远镜的物镜光心与十字丝交点的连线。视准轴应垂直于横轴。

（2）横轴：望远镜的旋转轴。横轴应与竖轴垂直且居于水平位置。

（3）竖轴：照准部在水平方向的旋转轴。竖轴应垂直于管水准轴。

（4）管水准轴和圆水准轴：过水准管零点做圆弧的切线，即为管水准轴；圆水准器球面顶点和球心的连线，即为圆水准轴。管水准轴应水平，圆水准轴应竖直。管水准气泡居中，表示管水准轴水平；圆水准气泡居中，表示圆水准轴竖直。

三、经纬仪分类和特点

（1）比较 DJ_6 型和 DJ_2 型光学经纬仪的区别。（2）电子经纬仪与光学经纬仪的区别。

第二节　经纬仪的使用

一、目的与要求

（1）理解水平角测量原理。了解 DJ_6 型光学经纬仪各主要部件的名称和作用。

（2）练习经纬仪对中、整平、瞄准和读数的方法，掌握基本操作要领。

（3）要求对中误差小于 1 mm，整平误差小于一格。

（4）掌握测回法观测水平角的观测顺序、记录和计算方法。上、下半测回角值互差不超过 ±40″；各测回差不超过 ±24″。

二、计划与学时

（1）实训安排 2 ~ 3 学时，实训小组由 3 ~ 5 人组成。

（2）实训设备为每组 DJ_6 型光学经纬仪 1 台，记录板 1 块，记录表格 1 份，铅笔数支，测伞 1 把。

（3）在实训场地每组打一木桩，桩顶钉一小钉或划十字作为测站点（如果是水泥地面，可用红色油漆或粉笔在地面上画十字作为测站点），各组的测站点最好布置在一条直线上，以便教师指导，周围布置 A、B 两个目标，供测角共用。

（4）在熟悉经纬仪的使用后，每人用测回法测水平角两个测回，实训结束时，每人交一份实训报告四。

三、方法与步骤

（一）经纬仪的安置

（1）松开三脚架，安置于测站点上。其高度大约在胸口附近，架头大致水平。

（2）打开仪器箱，双手握住仪器支架，将仪器从箱中取出置于架头上。一手紧握支架，一手拧紧连接螺旋。

（二）熟悉仪器各部件的名称和作用

1. 经纬仪的使用

对中：调整对中器对光螺旋，看清测站点。一脚固定，移动三脚架的另外两个脚，使对中器中的十字丝对准测站点，踩紧三脚架，通过逐个调节三脚架高度使圆水准气泡居中。

整平：转动照准部，使水准管平行于任意一对脚螺旋，同时相对旋转这对脚螺旋，使水准管气泡居中；将照准部绕竖轴转动 90°，旋转第三只脚螺旋，使气泡居中。再转动

90°，检查气泡误差，直到小于刻划线的一格为止。对中整平应反复多次同时进行，一般起码是粗略对中、粗略整平（伸缩脚架）、精准对中、精准整平（调节脚螺旋）两次完成。

瞄准：用望远镜上瞄准器瞄准目标，从望远镜中看到目标，旋紧望远镜和照准部的制动螺旋，转动目镜螺旋，使十字丝清晰。再转动物镜对光螺旋，使目标影像清晰，转动望远镜和照准部的微动螺旋，使目标被单根竖丝平分，或将目标夹在双根竖丝中央，瞄准必须十分准确，否则等于目标方向没有照准。

读数：打开反光镜，调节反光镜使读数窗亮度适当，旋转读数显微镜的目镜，看清读数窗分划，根据使用的仪器用分微尺或测微尺读数。

实训报告二 经纬仪的使用

日期：__________天气：__________班级：__________小 组：__________

观测：__________记录：__________成绩：__________指导教师：__________

一、数据登记表

表 3-1 数据表

测点	盘位	目标	盘左读数	盘右读数	2C 值 /（″）	备注

二、考核技术要求和评价标准

表 3-2 经纬仪的使用

序号	分项项目	操作内容	分值	得分	分项总分
1	仪器架设	脚架架设高度与操作人身高适应	4		15
2		开箱双手取出仪器	4		
3		仪器取出后关闭仪器箱	4		
4		脚架架头与仪器连接螺旋拧紧	3		
5	整平气泡	旋转圆水准气泡至任意两个脚螺旋之间	3		15
6		两手同时向内或向外旋转脚螺旋使气泡与第三个脚螺旋在同一连线上	4		
7		旋转第三个脚螺旋使气泡居中	4		
8		仪器旋转 180° 后气泡居中	4		
9	对中	对中十字丝清晰	3		15
10		点面标志清晰	3		
11		偏差＜3 mm	4		
12		偏差＞3 mm	5		

（续表）

序号	分项项目	操作内容	分值	得分	分项总分
13	照准目标	目标影像清晰	4		15
14		十字丝清晰	4		
15		十字丝竖丝瞄准目标底部	3		
16		消除视差	4		
17	读数	度盘读数模式	4		15
18		读数精确到″	3		
19		估读读数正确	4		
20		读数单位正确	4		
21	操作时间	根据具体任务，定时间。	0～15		15
22	安全与操作规程	佩戴安全帽等	10		10
总　分					100

第三节 测回法观测水平角

一、目的与要求

（1）理解水平角测量原理。了解 DJ_6 型光学经纬仪各主要部件的名称和作用。

（2）练习经纬仪对中、整平、瞄准和读数的方法，掌握基本操作要领。

（3）要求对中误差小于 1 mm，整平误差小于一格。

（4）掌握测回法观测水平角的观测顺序、记录和计算方法。上、下半测回角值互差不超过 ±40″；各测回差不超过 ±24″。

二、测回法测水平角

（一）度盘配置

如要测 n 个测回，则按公式 180° / n 递增配置水平度盘。若测两个测回，其配置为，根据公式计算第一测回盘左起始读数为 0° 00′ 00″或稍大于 0°，第二测回盘左起始读数为 90° 00′ 00″或稍大于 90°。

（二）一测回观测

盘左：瞄准左边目标 A，进行读数记 a_1，顺时针方向转动照准部，瞄准右边目标 B，进行读数记 b_1，计算上半测回角值 $\beta_{左}=b_1-a_1$。

盘右：瞄准右目标 B，进行读数记 b_2，逆时针方向转动照准部，瞄准目标 A，进行读数记 a_2，计算下半测回角值 $\beta_{右}=b_2-a_2$。

检查上、下半测回角值互差是否超限 ±40″，计算一测回角值 。

（三）观测完毕

测站观测完毕，检查各测回角值互差不超过 ±24″，计算各测回的平均角值。

三、注意事项

（1）按正确的方法寻找目标和进行瞄准，瞄准目标时，尽可能瞄准其底部。

（2）同一测回观测时，盘左起始方向度盘配置好后，切勿误动度盘变换手轮或复测扳手。

（3）同一测回观测时，除盘左起始方向度盘配置好外，其余方向均不得再动度盘变换手轮或复测扳手调零。

（4）用水平角计算公式计算水平角时，当不够减时则将右目标读数加上 360° 以后再减左侧目标读数来计算水平角。

（5）在操作中，千万不要将轴座连接螺旋当成水平制动螺旋松开。

实训报告三　测回法观测水平角记录表

日期：__________天气：__________班级：__________小　组：__________

观测：__________记录：__________成绩：__________指导教师：__________

一、数据记录表

表 3-3　测回法观测手簿

测点	盘位	目标	水平度盘读数	水平角		两测回平均值
				半测回值	一测回值	

二、考核技术要求和评价标准

表 3-4 经纬仪的使用

序号	分项项目	操作内容	分值	得分	分项总分
1	仪器架设	脚架架设高度与操作人身高适应	4		15
2		开箱双手取出仪器	4		
3		仪器取出后关闭仪器箱	4		
4		脚架架头与仪器连接螺旋拧紧	3		
5	整平气泡	旋转圆水准气泡至任意两个脚螺旋之间	3		15
6		两手同时向内或向外旋转脚螺旋使气泡与第三个脚螺旋在同一连线上	4		
7		旋转第三个脚螺旋使气泡居中	4		
8		仪器旋转 180° 后气泡居中	4		
9	对中	对中十字丝清晰	3		15
10		点面标志清晰	3		
11		偏差＜3 mm	4		
12		偏差＞3 mm	5		
13	照准目标	目标影像清晰	4		15
14		十字丝清晰	4		
15		十字丝竖丝瞄准目标底部	3		
16		消除视差	4		
17	读数	度盘读数模式	4		15
18		读数精确到″	3		
19		估读读数正确	4		
20		读数单位正确	4		
21	操作时间	$t \leqslant 120$s	15		15
		120 s $< t \leqslant$ 180 s	10		
		180 s $< t \leqslant$ 240 s	5		
		$t >$ 240 s	0		
22	安全与操作规程	佩戴安全帽等	10		10
总 分					100

第四节　用测回法测三角形的三个内角

[实训指导]

一、目的与要求

（1）继续练习经纬仪的对中、整平、瞄准和读数，掌握基本操作要领。

（2）要求光学对中误差小于 1 mm，整平误差小于一格。

（3）掌握测回法观测水平角的观测顺序、记录和计算方法。上、下半测回角值互差不超过 ±40″。

（4）各测回角值互差不超过 ±24″。

（5）用测回法依次测量三角形的三个内角，三个内角之和与 180° 较差不超过 ±104″。

二、计划与学时

（1）实训安排 2 ~ 3 学时，实训小组由 3 ~ 5 人组成。

（2）实训设备为每组 DJ_6 型光学经纬仪 1 台，记录板 1 块，记录表格 1 份，铅笔数支，测伞 1 把。

（3）在实训场地每组打三个木桩，桩顶钉一小钉或划十字作为三角形的 *A*、*B*、*C* 三个角点（如果是水泥地面，可用红色油漆或粉笔在地面上画十字作为测站点），供测角用。

（4）在熟悉经纬仪的使用后，用测回法测三个水平角，实训结束时，每人交一份实训报告五。

三、方法与步骤

（一）经纬仪的使用

对中：调整对中器对光螺旋，看清测站点，一脚固定移动三脚架的另外两个脚，使对中器中的十字丝对准测站点，踩紧三脚架，通过调节三脚架高度使圆水准气泡居中。

整平：转动照准部，使水准管平行于任意一对脚螺旋，同时相对旋转这对脚螺旋，使水准管气泡居中；将照准部绕竖轴转动 90°，旋转第三只脚螺旋，使气泡居中。再转动 90°，检查气泡误差，直到小于刻划线的一格为止。对中整平应反复多次进行，一般起码是粗略对中、粗略对中、精准对中、精准对中两次完成。

瞄准：用望远镜上瞄准器瞄准目标，从望远镜中看到目标，旋紧望远镜和照准部的制动螺旋，转动目镜螺旋，使十字丝清晰。再转动物镜对光螺旋，使目标影像清晰，转动望远镜和照准部的微动螺旋，使目标被单根竖丝平分，或将目标夹在双根竖丝中央。

读数：打开反光镜，调节反光镜使读数窗亮度适当，旋转读数显微镜的目镜，看清读数窗分划，根据使用的仪器用分微尺或测微尺读数。

（二）测回法测水平角

（1）度盘配置：设共测 n 个测回，则按公式 180° /n 递增配置水平度盘。若测两个测回配置，根据公式计算第一测回盘左起始读数为 0° 00′ 00″或稍大于 0°，第二测回盘左起始读数为 90° 00′ 00″或稍大于 90°。

（2）一测回观测

盘左：瞄准左边目标 A，进行读数记 a_1，顺时针方向转动照准部，瞄准右边目标 B，进行读数记 b_1，计算上半测回角值 $\beta_{左}=b_1-a_1$。

盘右：瞄准右目标 B，进行读数记 b_2，逆时针方向转动照准部，瞄准目标 A，进行读数记 a_2，计算下半测回角值 $\beta_{右}=b_2-a_2$。

检查上、下半测回角值互差是否超限 ±40″，计算一测回角值 。

（3）测站观测完毕后，检查各测回角值互差不超过 ±24″，计算各测回的平均角值。

（4）用同样方法，依次测量三角形的三个内角，求三个内角之和。

（5）检查三个内角之和与 180° 较差是否超过 ±60″，如果超限，精度判为不合格。

四、注意事项

（1）测量水平角，盘左位置时观测方向应为顺时针方向。盘右位置时观测方向应为逆时针方向。

（2）按正确的方法寻找目标和进行瞄准，瞄准目标时，尽可能瞄准其底部。

（3）同一测回观测时，除盘左起始方向度盘配置好外，其余方向均不得再动度盘变换手轮或复测扳手。

（4）用计算公式计算水平角时，当不够减时则将右目标读数加上 360° 以后再减左侧目标读数来计算水平角。

（5）在操作中，千万不要将轴座连接螺旋当成水平制动螺旋而松开。

实训报告四　用测回法测三角形的三个内角

日期：__________天气：__________班级：__________小　　组：__________

观测：__________记录：__________成绩：__________指导教师：__________

一、数据记录表

表 3-5 测回法测三角形的三个内角

测站	目标	竖盘位置	水平盘读数	半测回角值	一测回角值	各测回平均值
A 第一测回	B	盘左				
	C					
	B	盘右				
	C					
A 第二测回	B	盘左				
	C					
	B	盘右				
	C					
B 第一测回	C	盘左				
	A					
	C	盘右				
	A					
B 第二测回	C	盘左				
	A					
	C	盘右				
	A					
C 第一测回	A	盘左				
	B					
	A	盘右				
	B					
C 第二测回	A	盘左				
	B					
	A	盘右				
	B					
三角形 ABC 的三个内角之和						
三个内角之和与 180° 之差						
是否超过限值						

二、考核技术要求和评价标准

表 3-6 经纬仪的使用

序号	分项项目	操作内容	分值	得分	分项总分
1	仪器架设	脚架架设高度与操作人身高适应	4		15
2		开箱双手取出仪器	4		
3		仪器取出后关闭仪器箱	4		
4		脚架架头与仪器连接螺旋拧紧	3		
5	整平气泡	旋转圆水准气泡至任意两个脚螺旋之间	3		15
6		两手同时向内或向外旋转脚螺旋使气泡与第三个脚螺旋在同一连线上	4		
7		旋转第三个脚螺旋使气泡居中	4		
8		仪器旋转 180° 后气泡居中	4		
9	对中	对中十字丝清晰	3		15
10		点面标志清晰	3		
11		偏差＜3 mm	4		
12		偏差＞3 mm	5		
13	照准目标	目标影像清晰	4		15
14		十字丝清晰	4		
15		十字丝竖丝瞄准目标底部	3		
16		消除视差	4		
17	读数	度盘读数模式	4		15
18		读数精确到″	3		
19		估读读数正确	4		
20		读数单位正确	4		
21	操作时间	$t \leqslant 1\ 000$ s	15		15
		$1\ 000$ s $< t \leqslant 1\ 200$ s	10		
		$1\ 200$ s $< t \leqslant 1\ 800$ s	5		
		$t > 1\ 800$ s	0		
22	安全与操作规程	佩戴安全帽等	10		10
总分					100

第五节　全圆测回法（方向观测法）观测水平角

[实训指导]

一、目的与要求

（1）继续练习经纬仪的对中、整平、瞄准和读数，掌握基本操作要领。

（2）要求光学对中误差小于 1 mm，整平误差小于一格。

（3）掌握测回法观测水平角的观测顺序、记录和计算方法。上、下半测回角值互差不超过 ±40″。

（4）各测回角值互差不超过 ±24″。

（5）了解全圆测回法施测步骤，区别测回法和全圆测回法适用条件。

二、方法与步骤

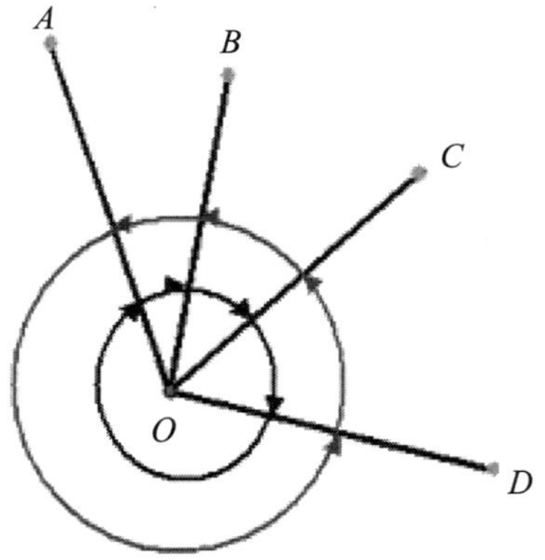

图 3-7　步骤测量图

（1）安置仪器 *O* 点安置经纬仪，*A*、*B*、*C*、*D* 点设置目标。

（2）盘左对零度，瞄 *A* 点，再顺时针瞄 *B*、*C*、*D*、*A* 点，第二次瞄 *A* 点称为归零，分别读数，记入手簿，上半测回。

（3）盘右瞄 *A* 点、逆时针瞄 *D*、*C*、*B*、*A* 点，分别读数记入手簿，下半测回。

（4）上、下半测回，组成一测回观测 *n* 测回时，起始方向读数变化为 180° / *n*。

（5）计算：

①计算两倍照准差（2*c*）

2*c*= 盘左 –（盘右 ±180°）。

②计算各方向平均值

平均读数 =［盘左 +（盘右 ±180°）］/2。

③ *A* 方向平均值，填写在括号内。

④计算归零后的方向值。

⑤计算各方向的测回平均值。

⑥计算各目标间水平角值。

（6）限差

①半测回归零差。

②上、下半测回同一方向的方向值之差。

③各测回的方向差。

不同精度的仪器有不同的规定。

实训报告五　全圆测回法（方向观测法）观测水平角

日期：__________天气：__________班级：__________小　　组：__________

观测：__________记录：__________成绩：__________指导教师：__________

一、数据记录表

表 3-7 水平角（全圆测回法）观测手簿

仪器型号:						日期:			
测站	测回数	目标	水平度盘读数		2C=左-（右±180°）	平均读数（° ′ ″）	测回归零方向值	各测回归零方向值之平均数	备注
			盘左	盘右					
0	1	A	0° 01′ 001″	180° 01′ 12″	-12	(0° 01′ 09") 0° 01′ 06″	0° 00′ 00″	0° 00′ 0″	
		B	77° 22′ 36″	252° 22′ 48"	-12	77° 22′ 42″	77° 21′ 33″	77° 21′ 23″	
		C	184° 35′ 481″	4° 35′ 54″	-6	184° 35′ 51″	184° 34′ 42″	184° 34′ 38″	
		D	246° 46′ 24″	66° 46′ 24″	0	246° 46′ 24″	246° 45′ 15″	246° 45′ 26″	
		A	0° 01′ 06″	180° 01′ 18″	-12	0° 01′ 12″	0° 00′ 00″	0° 00′ 00″	
0	2	A	90° 01′ 001″	270° 01′ 06″	-6	(90° 01′ 09″) 90° 01′ 03″	0° 00′ 00″		
		B	162° 22′ 24″	342° 22′ 18″	6	162° 22′ 21″	72° 21′ 12″		
		C	274° 35′ 48″	94° 35′ 36″	12	274° 35′ 42″	184° 34′ 33″		
		D	336° 46′ 42″	156° 46′ 48″	-6	336° 46′ 45″	246° 45′ 36″		
		A	90° 01′ 12″	127° 01′ 18″	-6	90° 01′ 15″	0° 00′ 00″		
观测者						记录者			

二、考核技术要求和评价标准

表 3-8　经纬仪的使用

序号	分项项目	操作内容	分值	得分	分项总分
1	仪器架设	脚架架设高度与操作人身高适应	4		15
2		开箱双手取出仪器	4		
3		仪器取出后关闭仪器箱	4		
4		脚架架头与仪器连接螺旋拧紧	3		
5	整平气泡	旋转圆水准气泡至任意两个脚螺旋之间	3		15
6		两手同时向内或向外旋转脚螺旋使气泡与第三个脚螺旋在同一连线上	4		
7		旋转第三个脚螺旋使气泡居中	4		
8		仪器旋转 180° 后气泡居中	4		

（续表）

序号	分项项目	操作内容	分值	得分	分项总分
9	对中	对中十字丝清晰	3		15
10		点面标志清晰	3		
11		偏差＜3 mm	4		
12		偏差＞3 mm	5		
13	照准目标	目标影像清晰	4		15
14		十字丝清晰	4		
15		十字丝竖丝瞄准目标底部	3		
16		消除视差	4		
17	读数	度盘读数模式	4		15
18		读数精确到″	3		
19		估读读数正确	4		
20		读数单位正确	4		
21	操作时间	$t \leqslant 1\ 000$ s	15		15
		$1\ 000\ s < t \leqslant 1\ 200$ s	10		
		$1\ 200\ s < t \leqslant 1\ 800$ s	5		
		$t > 1\ 800$ s	0		
22	安全与操作规程	佩戴安全帽等	10		10
总 分					100

第六节　竖直角观测

[实训指导]

一、目的与要求

（1）理解竖直角测量原理。

（2）熟悉经纬仪竖直度盘部分的构造。

（3）掌握竖直角观测、记录及计算的方法。

（4）掌握竖盘指标差的计算方法。

（5）限差要求：同一测站不同目标的指标差互差，DJ_6 型光学经纬仪应不超过 ±25″。

（6）观察经纬仪应满足的几何条件。

二、计划与设备

（1）实训安排 2 学时，实训小组由 3 ~ 5 人组成。

（2）实训设备为每组 DJ_6 型光学经纬仪 1 台，记录板 1 块，记录表格 1 份，铅笔数支，测伞 1 把。

（3）选择实训场地周围 3 个以上高目标，目标最好高、低都有，以便观测的竖直有仰角和俯角。高目标可选择避雷针、电视天线等的顶部，低目标可选择地面上的一个低点。

（4）每人练习对一目标进行竖直角观测一个测回，记入实训报告六，实训结束时，每人上交一份实训报告六。

三、方法与步骤

（一）竖直角观测

（1）在实训场地安置经纬仪，进行对中、整平，每人选一个目标。转动望远镜使视线上仰，观察竖盘读数的变化规律。写出竖直角及竖盘指标差的计算公式。

（2）盘左，瞄准目标，用十字丝的横丝切于目标顶端，转动竖盘指标水准管微动螺旋，使指标水准管气泡居中，读取竖盘读数 L，计算竖直角 αL，记入实训报告六。

（3）盘右，同法观测读取竖盘读数 R，计算竖直角值 αR，记入实训报告六。

（4）计算一测回竖盘指标差及竖直角平均值。其公式为

竖直角公式（顺时针注记）：$\alpha L=90°-L$；$\alpha_R=R-270°$；$\alpha=1/2(\alpha L+\alpha R)$

竖盘指标差公式（顺时针注记）：$x=(L+R-360°)/2$

四、注意事项

（1）对中、整平的步骤和要求与观测水平角时相同。

（2）若盘左位置时望远镜向上仰，竖盘读数比 90°小，则该仪器的竖盘为顺时针注记。若盘左位置时望远镜向上仰，竖盘读数比 90°大，则该仪器的竖盘为逆时针注记。注意：两种注记方式竖直角的计算公式是相反的。

（3）用十字丝的横丝切于目标顶端，每次读数前应使竖盘指标水准管气泡居中。

（4）计算竖直角和指标差时，应注意正、负号。

（5）测量一个竖直角时，盘左、盘右要瞄准同一目标的相同部位。

实训报告六　竖直角观测

日期：__________天气：__________班级：__________小　　组：__________
观测：__________记录：__________成绩：__________指导教师：__________

一、写出公式

写出你组使用的经纬仪的竖直角、竖盘指标差计算公式。

二、竖直角观测记录表格

表 3-9　竖直角观测记录表格

测站	目标	竖盘位置	竖盘读数 （°　′　″）	半测回竖直角 （°　′　″）	指标差 （′　″）	一测回竖直角 （°　′　″）
O	A	左				
		右				
	B	左				
		右				
	C	左				
		右				

你组使用的经纬仪的指标差最大互差是多少？

三、回答如下问题

1．竖直角测量原理与水平角测量原理有哪些异同？

2．测竖直角时，为什么用十字丝横丝切于目标位置，且每次读数前应使竖盘指标水准管气泡居中？

3．经纬仪安置的高低对测水平角有何影响，对测竖直角有何影响？如何消除指标差的影响？

四、考核技术要求和评价标准

表 3-10 经纬仪的使用

序号	分项项目	操作内容	分值	得分	分项总分
1	仪器架设	脚架架设高度与操作人身高适应	4		15
2		开箱双手取出仪器	4		
3		仪器取出后关闭仪器箱	4		
4		脚架架头与仪器连接螺旋拧紧	3		
5	整平气泡	旋转圆水准气泡至任意两个脚螺旋之间	3		15
6		两手同时向内或向外旋转脚螺旋使气泡与第三个脚螺旋在同一连线上	4		
7		旋转第三个脚螺旋使气泡居中	4		
8		仪器旋转 180° 后气泡居中	4		
9	对中	对中十字丝清晰	3		15
10		点面标志清晰	3		
11		偏差＜3 mm	4		
12		偏差＞3 mm	5		
13	照准目标	目标影像清晰	4		15
14		十字丝清晰	4		
15		十字丝竖丝瞄准目标底部	3		
16		消除视差	4		
17	读数	度盘读数模式正确	4		15
18		读数精确到″	3		
19		估读读数正确	4		
20		读数单位正确	4		
21	操作时间	$t \leqslant 1\ 000$ s	15		15
		$1\ 000$ s $< t \leqslant 1\ 200$ s	10		
		$1\ 200$ s $< t \leqslant 1\ 800$ s	5		
		$t > 1\ 800$ s	0		
22	安全与操作规程	佩戴安全帽等	10		10
总分					100

第七节　测设已知水平角

[实训指导]

一、目的与要求

（1）理解竖直角测量原理。

（2）熟悉经纬仪竖直度盘部分的构造。

（3）掌握竖直角观测、记录及计算的方法。

（4）掌握竖盘指标差的计算方法。

二、计划与设备

（1）实训安排 2 学时，实训小组由 3 ~ 5 人组成。

（2）实训设备为每组 DJ_6 型光学经纬仪 1 台，记录板 1 块，记录表格 1 份，铅笔数支，测伞 1 把。

（3）选择实训场地周围 3 个以上高目标，目标最好高、低都有，以便观测的竖直有仰角和俯角。高目标可选择避雷针、电视天线等的顶部，低目标可选择地面上的一个低点。

（4）每人练习对一目标进行竖直角观测一个测回，记入实训报告六，实训结束时，每人上交一份实训报告六。

三、方法与步骤

测设已知水平角是根据水平角的已知数据和一个已知方向，在地面上把该角的另一个方向测设出来，测设方法如下。

（一）一般方法

当测设水平角的精度要求不高时，可用盘左盘右取中数的方法。如图 3-8 所示。设地面上已有 OA 方向线，从 O 按顺时针方向测设已知水平角值 β。为此，将经纬仪安置在 O 点，用盘左瞄准 A 点，读取度盘数值，松开水平制动螺旋，旋转照准部，使度盘读数增加 β，在此视线方向上定出 C_1 点。为了消除仪器误差和提高测设精度，用盘右重复上述步骤，再测设一次，得 C_2 点，取 C_1 和 C_2 的中点 C，则 $\angle AOC$ 就是要测设的 β 角。此法又称盘左盘右分中法。

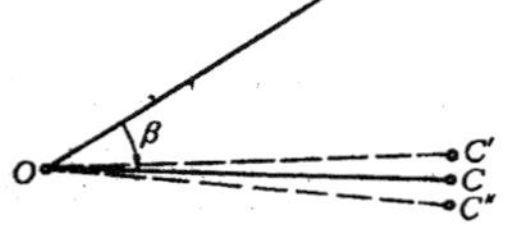

图 3-8　测设已知水平角

（二）精确方法

测设水平角的精度要求较高时，可采用作垂线改正的方法，以提高测设的精度。在 O 点安置经纬仪，先用一般方法测设 β 角，在地面上定出 C 点，再用测回法测足够测回（由精度确定），较精确地测得 $\angle AOC=\beta'$，再测出 OC 的距离，即可按下式计算出垂直改正值

$$\varDelta = OC \times \frac{(\beta' - \beta)''}{206265''}$$

实际中，可根据 $(\beta'-\beta)$ 的符号确定改正值是向内还是向外。为检查测设是否正确，还需要进行检查测量。

实训报告七　记录格式

日期：__________天气：__________班级：__________小　　组：__________

观测：__________记录：__________成绩：__________指导教师：__________

一、数据记录表

表 3-11 数据记录表

<table>
<tr><td colspan="6">一、测设水平角手簿</td></tr>
<tr><td>测站</td><td>竖盘位置</td><td>目标</td><td>设计角值</td><td>水平度盘读数</td><td>测设略图</td></tr>
<tr><td rowspan="4">A</td><td rowspan="2">盘左</td><td>B1</td><td rowspan="4">91° 00′ 00″</td><td>0° 0′ 0″</td><td rowspan="4"></td></tr>
<tr><td>C1</td><td>91° 00′ 00″</td></tr>
<tr><td rowspan="2">盘右</td><td>B2</td><td>180° 00′ 00″</td></tr>
<tr><td>C2</td><td>271° 00′ 24″</td></tr>
</table>

<table>
<tr><td colspan="7">二、水平角检测记录（同测回法记录手簿）</td></tr>
<tr><td rowspan="2">测点</td><td rowspan="2">盘位</td><td rowspan="2">目标</td><td rowspan="2">水平度盘读数</td><td colspan="2">水平角</td><td rowspan="2">各测回平均角值</td></tr>
<tr><td>半测回值</td><td>一测回值</td></tr>
<tr><td rowspan="4">A</td><td rowspan="2">盘左</td><td>B</td><td>00° 00′ 00″</td><td rowspan="2">91° 00′ 00″</td><td rowspan="4">91° 00′ 09″</td><td rowspan="8"></td></tr>
<tr><td>C</td><td>91° 00′ 12″</td></tr>
<tr><td rowspan="2">盘右</td><td>C</td><td>180° 00′ 18″</td><td rowspan="2">91° 00′ 18″</td></tr>
<tr><td>B</td><td>271° 00′ 36″</td></tr>
<tr><td rowspan="4"></td><td rowspan="2"></td><td></td><td></td><td rowspan="2"></td><td rowspan="4"></td></tr>
<tr><td></td><td></td></tr>
<tr><td rowspan="2"></td><td></td><td></td><td rowspan="2"></td></tr>
<tr><td></td><td></td></tr>
</table>

二、考核技术要求和评价标准

表 3-12　经纬仪的使用

<table>
<tr><td>序号</td><td>分项项目</td><td>操作内容</td><td>分值</td><td>得分</td><td>分项总分</td></tr>
<tr><td>1</td><td rowspan="4">仪器架设</td><td>脚架架设高度与操作人身高适应</td><td>4</td><td></td><td rowspan="4">15</td></tr>
<tr><td>2</td><td>开箱双手取出仪器</td><td>4</td><td></td></tr>
<tr><td>3</td><td>仪器取出后关闭仪器箱</td><td>4</td><td></td></tr>
<tr><td>4</td><td>脚架架头与仪器连接螺旋拧紧</td><td>3</td><td></td></tr>
</table>

（续表）

序号	分项项目	操作内容	分值	得分	分项总分
5	整平气泡	旋转圆水准气泡至任意两个脚螺旋之间	3		15
6		两手同时向内或向外旋转脚螺旋使气泡与第三个脚螺旋在同一连线上	4		
7		旋转第三个脚螺旋使气泡居中	4		
8		仪器旋转180°后气泡居中	4		
9	对中	对中十字丝清晰	3		15
10		点面标志清晰	3		
11		偏差＜3 mm	4		
12		偏差＞3 mm	5		
13	照准目标	目标影像清晰	4		15
14		十字丝清晰	4		
15		十字丝竖丝瞄准目标底部	3		
16		消除视差	4		
17	读数	度盘读数模式正确	4		15
18		读数精确到″	3		
19		估读读数正确	4		
20		读数单位正确	4		
21	操作时间	$t \leqslant 1\ 000$ s	15		15
		1 000 s $< t \leqslant$ 1 200 s	10		
		1 200 s $< t \leqslant$ 1 800 s	5		
		$t >$ 1 800 s	0		
22	安全与操作规程	佩戴安全帽等	10		10
总 分					100

第八节　配套练习（一）

一、单项选择题（每题 1 分，共 50 分）

1．水平角是测站至两目标间的（　　）。

A. 夹角　　B. 夹角投影到水平面上的角值

C. 夹角投影到椭球面上的角值　　D. 夹角投影到大地水准面上的角值

2．整平经纬仪的目的是使（　　）。

A. 仪器照准部水平　　B. 仪器竖轴铅垂

C. 仪器水平度盘水平　　D. 仪器水准管气泡居中

3．水平角观测时，各测回间要求变换度盘位置的目的是（　　）。

A. 改变零方向　　B. 减少度盘偏心差的影响

C. 减少度盘分划误差的影响　　D. 减少度盘带动误差的影响

4．用测回法测角可消除（　　）。

A. 度盘分划不均匀的误差　　B. 仪器度盘偏心的误差

C. 仪器竖轴倾斜的误差　　D. 仪器对中偏心的误差

5．用盘左及盘右两个位置测角，可以消除（　　）。

A. 度盘刻划不均的误差　　B. 照准目标不准确的误差

C. 视准轴不垂直水平轴的误差　　D. 仪器对中不准确的误差

6．经纬仪正确的几何关系是（　　）。

A. 圆水准轴应垂直于仪器竖轴　　B. 竖盘指标水准管轴应垂直于仪器横轴

C. 视准轴应垂直于仪器竖轴　　D. 视准轴应垂直于仪器横轴

7．在观测竖直角时，用经纬仪正倒镜观测能消除（　　）。

A. 视差　　B. 视准差　　C. 指标差　　D. 角度差

8．用经纬仪正倒镜观测不能消除（　　）。

A. 水平轴倾斜误差 B. 度盘偏心差　　C. 竖轴倾斜误差　　D. 视准轴误差

9．正常情况下，经纬仪整平后，不一定处于水平位置的是（　　）。

A. 横轴　　B. 视准轴　　C. 管水准轴　　D. 水平度盘

10．在一个测站上同时有三个以上方向需要观测时，则水平角的观测应采用（　　）。

A. 测回法　　B. 复测法　　C. 方向观测法

11．$DS_{0.5}$、DS_1、DS_3 型水准仪和 DJ_1、DJ_2、DJ_6 型经纬仪，其下标数字 0.5、1、3 和 1、2、6 分别代表水准测量每千米往返高差中数的中误差值和水平方向测量一测回方向的中误差值，其单位分别为（　　）。

A. 千米、弧度　　B. 米、度　　C. 厘米、分　　D. 毫米、秒

12. 微倾水准仪由望远镜、水准器和基座组成。光学经纬仪由(　)、水平度盘和基座组成。

A. 望远镜　　B. 竖直度盘　　C. 照准部　　D. 水准器

13．检验经纬仪水准管轴垂直于竖轴，当气泡居中后，平转 180° 时，气泡已偏离。此时用校正针拨动水准管校正螺丝，使气泡退回偏离值的（　），即已校正。

A. 1/2　　B. 1/4　　C. 全部　　D. 2 倍

14．经纬仪观测中，取盘左、盘右平均值是为了消除（　）的误差影响，而不能消除水准管轴不垂直竖轴的误差影响。

A. 视准轴不垂直横轴　　B. 横轴不垂直竖轴

C. 度盘偏心　　D. A、B 和 C

15．经纬仪对中是使仪器中心与测站点安置在同一铅垂线上；整平是使仪器（ ）。

A. 圆气泡居中　　B. 视准轴水平

C. 竖轴铅直和水平度盘水平　　D. 横轴水平

16．水平角观测中，盘左起始方向 OA 的水平度盘读数为 358° 12′ 15″，终了方向 OB 的对应读数为 154° 18′ 19″，则 $\angle AOB$ 前半测回角值为（ ）。

A. 156° 06′ 04″　　B. −156° 06′ 04″

C. 203° 53′ 56″　　D. −203° 53′ 56″

17．经纬仪对中误差和照准目标误差引起的方向读数误差与测站点至目标点的距离成（ ）关系。

A. 正比　　B. 无关　　C. 反比　　D. 平方比

18．经纬仪盘左时，当视线水平，竖盘读数为 90°；望远镜向上仰起，读数减小。则该竖直度盘为（　）注记，其盘左和盘右竖直角计算公式分别为（　）。

A. 顺时针 $90°-L$，$R-270°$　　B. 逆时针 $L-90°$，$270°-R$

C. 顺时针 $L-90°$，$R-270°$　　D. 逆时针 $90°-L$，$270°-R$

19．经纬仪如存在指标差，将使观测结果出现（ ）。

A. 一测回水平角不正确　　B. 盘左和盘右水平角均含指标差

C. 一测回竖直角不正确　　D. 盘左和盘右竖直角均含指标差

20．电子经纬仪的读数系统是采用（ ）。

A. 光电扫描度盘自动计数，自动显示　　B. 光电扫描度盘自动计数，光路显示

C. 光学度盘，自动显示　　D. 光学度盘，光路显示

21．地面两点的连线、测站点至两个观测目标点连线的夹角，在（ ）上投影才能分别得到水平距离和水平角。

A. 水准面　　B. 水平面　　C. 参考椭球面　　D. 大地水准面

22. 相对误差是衡量距离丈量精度的标准。以钢尺量距，往返分别测得 125.467 m 和 125.451 m，则相对误差为（ ）。

A. ± 0.016　　B.|0.016|/125.459

C.1/7 800　　D.0.001 28

23. 测站点 O 与观测目标 A、B 位置不变，如仪器高度发生变化，则观测结果（ ）。

A. 竖直角改变、水平角不变　　B. 水平角改变、竖直角不变

C. 水平角和竖直角都改变　　D. 水平角和竖直角都不变

24. 经纬仪的主要轴线应满足的几何条件有（ ）。

① 水准管轴垂直于竖轴 ② 十字丝竖丝垂直于横轴 ③ 视准轴垂直于横轴

④ 横轴垂直于竖轴　⑤ 水准管轴平行于视准轴 ⑥ 圆水准轴平行于竖轴

A. ①②③④　B. ①②⑤⑥　C. ①③④⑥　D. ②③⑤⑥

25. 在进行水平角观测时，若瞄准的是目标正上方的某点，则所测的角度结果与该角的实际值相比（ ）。

A. 增大　B. 减小　C. 不变　D. 不确定

26. 在进行竖直角观测时，若瞄准的是与目标在同一水平面的其他点，则所测竖直角的结果与实际上的角值相比（ ）。

A. 增大　B. 减小　C. 不变　D. 不确定

27. 经纬仪盘左时，当视线水平，竖盘读数为 90°；望远镜向上仰起，读数增大（ ）。（其中 L 为盘左时的读数）

A.$90° - L$　B.$L - 90°$　C.$270° - L$　D.$L - 270°$

28. 水平度盘指标与照准部的转动关系和竖盘与竖盘指标的转动关系不同之处在于（ ）

A. 无差别

B. 水平度盘：指标转动，度盘不动；竖盘：指标不动，度盘转动

C. 水平度盘：指标不动，度盘转动；竖盘：指标不动，度盘转动

D. 水平度盘：指标不动，度盘转动；竖盘：指标转动，度盘不动

29. 在水平角的观测中，盘左盘右取平均值能消除的误差是（ ）

A. 视准轴误差　B. 照准误差　C. 竖轴误差　D. 对中误差

30. 水平角测量中，哪项误差不能用盘左盘右取平均值的观测方法消除（ ）

A. 照准部偏心差　B. 整平误差　C. 视准轴误差　D. 横轴误差

31. 经纬仪在进行角度观测之前，不必要满足的条件是（ ）

A $LL \perp VV$　B. $CC \perp HH$　C. $HH \perp VV$　D. $CC \perp L'L'$

32. 经纬仪视准轴检校是为了满足（ ）

A. $LL \perp VV$　B. $HH \perp VV$　C. $CC \perp LL$　D. $CC \perp HH$

33. 水平角观测时，盘左、盘右平均值能消除的是（ ）

A. 对中误差　B. 整平误差　C. 横轴误差　D. 竖轴误差

34. 若竖盘为全圆式顺时针注记，在进行竖直角观测时，盘左读数为L，盘右读数为R，指标差为X，则盘左、盘右竖直角的正确值是（ ）。

A.$90^\circ - L - X$；$R + X - 270^\circ$　　B.$90^\circ - L - X$；$R - X - 270^\circ$

C. $L + X - 90^\circ$；$270^\circ - R - X$　　D. $L - X - 90^\circ$；$270^\circ - R + X$

35. DJ_6经纬仪的测量精度通常要（　　）DJ_2经纬仪的测量精度。

A. 等于　　B. 高于　　C. 接近于　　D. 低于

36. 经纬仪对中误差所引起的角度偏差与测站点到目标点的距离（ ）。

A. 成反比　　B. 成正比

C. 没有关系　　D. 有关系，但影响很小

37. 观测水平角时，盘左应（ ）方向转动照准部。

A. 顺时针　　B. 由下而上　　C. 逆时针　　D. 由上而下

38. 观测水平角时，照准不同方向的目标，应如何旋转照准部？（　　）。

A. 盘左顺时针，盘右逆时针方向　　B. 盘左逆时针，盘右顺时针方向

C. 顺时针方向　　D. 逆时针方向

39. 观测竖直角时，采用盘左盘右观测可消除（ ）的影响。

A i角误差　　B. 指标差

C. 视差　　D. 目标倾斜

40. 竖直角的最大值为（ ）。

A. 90°　　B. 180°　　C. 270°　　D. 360°

41. 竖直角（ ）。

A. 只能为正　　B. 只能为负

C. 可能为正，也可能为负　　D. 不能为零

42. 电子经纬仪区别于光学经纬仪的主要特点是（ ）。

A. 使用光栅度盘　　B. 使用金属度盘

C. 没有望远镜　　D. 没有水准器

43. 经纬仪用光学对中的精度通常为（　　）mm。

A.0.05　　B.1　　C.0.5　　D.3

44. 用一般方法测设水平角时，通常用什么位置进行测设？（　　）。

A. 只用盘左　　B. 只用盘右

C. 用盘左或盘右一个位置　　D. 用盘左和盘右两个位置

45. 各测回间改变度盘起始位置是为了消除（ ）误差。

A. 视准轴　　B. 横轴　　C. 指标差　　D. 度盘刻划

46. 经纬仪的竖盘按顺时针方向注记，用该仪器观测一高处目标，盘左读数为75° 10′ 24″，则此目标的竖角为（ ）

A.+75° 10′ 24″　　B.−14° 49′ 36″　　C. +104° 49′ 36″　　D. +14° 49′ 36″

47. 在测量学中，水平角的角值范围是（ ）

A.0° ~ 360°　　B.0° ~ ±180°　　C.0° ~ ±90°　　D.0° ~ 90°

48. 规范规定 DJ_6 型光学经纬仪竖盘指标差应小于（ ）

A. ±10″　　B. ±20″　　C. ±25″　　D. ±15″

49. 水平角度中的测回法，适合观测（ ）个方向间的水平夹角。

A.2 个　　B.3 个　　C.4 个　　D.1 个

50. 用测回法对某一角度观测 4 测回，则第 3 测回零方向的水平度盘应配置为（ ）

A. 45°　　B. 0°　　C. 135°　　D. 90°

二、多项选择题（每题 3 分，共 30 分）

1. 经纬仪整平的目的是（ ）。

A. 使竖轴处于铅垂位置　　B. 使水平度盘水平

C. 使横轴处于水平位置　　D. 使竖轴度盘位于铅垂面内

E. 使仪器中心与测站点标志中心位于同一铅垂线上

2. 目前常见的角度测量仪器，其对中的方法有（ ）。

A. 垂球对中　　B. 光学对中器对中

C. 强制对中　　D. 激光对中

E. 脚螺旋对中

3. 测回法采用盘左和盘右观测角值取平均作为一测回角值，这一操作可以消除或减弱的误差包括（ ）。

A. 照准部偏心误差　　B. 横轴误差

C. 视准轴误差　　D. 竖轴误差

E. 目标偏心误差

4. 在角度测量过程中，造成测角误差的因素有（ ）。

A. 读数误差　　B. 仪器误差

C. 目标偏心误差　　D. 测量人员的错误操作

E. 照准误差

5. 经纬仪水平角观测需注意的事项是（ ）。

A. 仪器脚架踩实、高度适宜、连接牢固

B. 精确对中与整平

C. 照准标志竖直

D. 记录清楚，不得涂改，有误立即重测

E. n 个测回观测水平角时各测回间应变换水平度盘起始位置的计算公式是 360° / n

6. 下列关于测回法观测水平角说法正确的有（ ）。

A. 测回法适合于两个方向的单角观测

B. 当竖盘位置位于望远镜左侧时，称为盘左状态，也称正镜

C. 当竖盘位置位于望远镜右侧时，称为盘右状态，也称倒镜

D. 盘右位置观测称为上半测回

E. 盘左位置观测称为下半测回

7. 测回法观测水平角时,照准不同方向的目标,对于照准部旋转方向说法正确的是(　)。

A. 盘左顺时针旋转　　B. 盘右逆时针旋转

C. 盘左逆时针旋转　　D. 盘右顺时针旋转

E. 任意旋转

8. 采用 DJ_2 经纬仪进行全圆方向法观测水平角，测站的限差要求有（　）。

A. 半测回归零差　　B.2C 值　　C.2C 互差　　D. 测回互差

E. 指标差

9. 在经纬仪使用过程中，以下说法正确的是（　）。

A. 地面松软和大风影响仪器的稳定

B. 日照和温度影响水准管气泡的居中

C. 大气层受地面辐射热的影响会引起照准误差

D. 日照、温度、大风对角度观测没有影响

E. 采用经纬仪进行测角时，可以选择阴天或空气清晰度好的晴天进行观测，以便提高观测成果的质量。

10. 关于光学经纬仪各部件的使用，下列说法正确的是（　）。

A. 水平微动螺旋在水平制动螺旋拧紧的情况下才起作用

B. 当度盘变换手轮不使用时，应合上手轮保护盖或锁上保护锁

C. 当读数窗口中视场不够明亮时，可以调节反光镜

D. 仪器装箱前应拧紧水平制动螺旋，松开望远镜制动螺旋

E. 对于各部件的使用，都应做到用力均匀、手轻细心

三、判断题（正确涂 A，错误涂 B，每题 2 分，共 20 分）

1. 经纬仪整平的目的是使竖轴竖直，水平度盘水平。（ ）

2. 坐标纵轴（X轴）可以作为“直线”方向的标准方向线。（ ）

3. 地面坡度越陡，其等高线愈密。（ ）

4. 观测值与真值之差称为观测误差。（ ）

5. 测水平角读数时，若测微尺的影像不清晰，要调节目镜对光螺旋。（ ）

6. 单平板玻璃测微器读数系统，读数可精确到 1′，估读至 6″。（ ）

7. 用经纬仪测水平角瞄准目标时，应瞄准目标的顶部。（ ）

8. 测角精度要求较高时，需对一个角度观测多个测回，为了减少度盘偏心差的影响。( )

9. 竖盘指标差 X 本身有正负号，当竖盘指标偏移方向与竖盘注记方向不一致时为正。( )

10. 当望远镜处于盘左位置时，将望远镜视线抬高，使视线明显处于仰角位置，此时竖盘读数大于 90°，则该仪器竖直读盘为逆时针刻划。（ ）

第九节　配套练习（二）

一、单项选择题（每题 1 分，共 50 分）

1. 各测回间改变零方向的度盘位置是为了削弱（　）误差影响。

A. 视准轴　　B. 横轴　　C. 指标差　　D. 度盘分划

2. 用测回法测量水平角时，不能减小或消除下列（　）所带来的误差。

A. 视准轴不垂直与横轴　　B. 横轴不垂直于竖轴

C. 水平度盘偏心　　D. 照准目标不准确

3. 测站点 *O* 与观测目标 *A*、*B* 位置不变，如仪器高度发生变化，则观测结果（　）

A. 竖直角改变，水平角不变　　B. 水平角改变，竖直角不变

C. 水平角和竖直角都改变　　D. 水平角和竖直角都不变

4. 水平度盘指标与照准部的转动关系和竖盘指标与望远镜的转动关系不同在于（ ）

A. 无差别

B. 水平度盘：指标转动，度盘不动；竖盘：指标不动，度盘转动

C. 水平度盘：指标不动，度盘转动；竖盘：指标不动，度盘转动

D. 水平度盘：指标不动，度盘转动；竖盘：指标转动，度盘不动

5. 以下经纬仪型号中，其精度等级最高的是（　）

A.DJ_1　　B.DJ_2　　C.DJ_6　　D.DJ_{07}

6. 经纬仪操作中，仪器对中误差与测站点至目标点的距离成（　）关系。

A. 正比　　B. 无关　　C. 反比　　D. 平方比

7. 用测回法测水平角，测完上半测回后，发现水准管气泡偏离 2 格多，在此情况下应（ ）

A. 整平后观测下半测回　　B. 整平后重测整个测回

C. 对中后重测整个测回　　D. 继续观测下半测回

8. 用经纬仪测定水平角时，应尽量照准目标的（ ）

A. 顶部　　B. 中部　　C. 底部　　D. 任何位置都可以

9. 采用经纬仪盘右进行水平角观测，瞄准观测方向左侧目标，水平度盘读数为 270° 01′ 45″，瞄准右侧目标读数为 45° 04′ 29″，则该半测回水平角值为（ ）

A.315° 06′ 14″　　B.224° 57′ 16″

C.135° 02′ 44″　　D.135° 03′ 16″

10. 观测竖直角时，盘左读数为 101° 23′ 36″，盘右读数为 258° 36′ 00″，则指标差为(　　)。

A. 24″　　B. −12″　　C. −24″　　D. 12″

11. 观测竖直角时，用盘左、盘右观测的目的是为了消除什么误差的影响？（ ）。

A. 视准轴误差　　B. 横轴误差　　C. 照准部偏心差　　D. 指标差

12. 减少目标偏心对水平角观测的影响，应尽量瞄准标杆的什么位置？（ ）。

A. 顶部　　B. 底部　　C. 中间　　D. 任何位置

13. 经纬仪度盘配位的目的是（ ）。

A. 减小读数误差　　B. 减小仪器竖轴不竖直误差

C. 减小刻度盘不均匀误差　　D. 减小视准轴不水平误差

14. 经纬仪测角误差注意事项中，下列说法不正确的是（ ）。

A. 经纬仪测水平角时，用盘左、盘右两个度盘位置进行观测，可减小或消除视准轴不垂直于横轴，横轴不垂直于竖轴，以及水平度盘偏心误差等的影响

B. 经纬仪测角误差与对中时的偏心距成反比

C. 经纬仪测角误差，与所测点的边长成反比

15. 某经纬仪，竖盘为顺时针方向注记，现用盘右测得读数为 290° 35′ 24″，此角值为（ ）。

A.20° 35′ 24″　　B.−69° 24′ 36″　　C.−20° 35′ 24″　　D.69° 24′ 36″

16. 观测竖直角时，采用盘左、盘右观测，可消除（ ）的影响。

A.i 角影响　　B. 视差　　C. 目标倾斜　　D. 指标差

17. 经纬仪四条轴线关系，下列说法正确的是（ ）。

A. 照准部水准管轴垂直于仪器的竖轴　　B. 望远镜横轴平行于竖轴

C. 望远镜视准轴平行于横轴　　D. 望远镜十字竖丝平行于竖盘水准管轴

18. 安置经纬仪时，下列说法错误的是（ ）。

A. 三条腿的高度适中

B. 三腿张开面积不宜过小

C. 三腿张开面积越大越好

D. 三腿张开面积适中

19. 测回法适用于观测（ ）间的夹角。

A. 三个方向　　B. 两个方向　　C. 三个以上的方向　　D. 一个方向

20. 变换度盘位置观测值取平均的方法测水平角，可减弱（ ）误差的影响。

A. 对中　　B. 整平

C. 目标偏心　　D. 水平度盘刻划不均匀

21. 经纬仪整平，要求其水准管气泡居中误差一般不得大于（ ）。

A.1 格　　B.1 .5 格　　C.2 格　　D.2.5 格

22. 经纬仪测角时，采用盘左和盘右两个位置观测取平均值的方法，不能消除的误差为（ ）。

A. 视准轴误差　　B. 横轴误差

C. 照准部偏心差　　D. 水平度盘刻划误差

23．用 DJ_6 级经纬仪一测回观测水平角，盘左、盘右分别测得角度值之差的允许值一般规定为（　）。

A. ± 40″　　B. ± 10″　　C. ± 20″　　D. ± 80″

24. 在经纬仪水准管轴校正时，若按校正方法完成一次校正后，若气泡仍偏移零点超过一格，则应（　）。

A. 继续按校正方法重复操作　　B. 按校正方法逆向操作

C. 不需要再进行校正　　D. 完成其他校正后再进行该项校正

25. 在一个测回中，同一方向的盘左、盘右水平度盘读数之差称为（　）。

A.2C 值　　B. 互差　　C. 测回差　　D. 半测回差

26. 水平角观测时，为精确瞄准目标，应该用十字丝尽量瞄准目标的（　）。

A. 顶部　　B. 底部　　C. 约 1/2 高处　　D. 约 1/3 高处

27. 经纬仪对中和整平的操作关系是（　）。

A. 相互影响，应先对中再整平，过程不可反复

B. 相互影响，应反复进行

C. 互不影响，可随意进行

D. 互不影响，但应按先对中后整平的顺序进行

28. 以下使用 DJ_6 经纬仪观测某一水平方向，其中读数记录正确的是（　）。

A.108° 7′ 24″　　B.54° 18′ 6″

C.43° 06′ 20″　　D.1° 06′ 06″

29. 旋转光学经纬仪的望远镜时，竖盘（　）。

A. 随望远镜旋转，竖盘读数指标不动

B. 不动，竖盘读数指标随望远镜旋转

C. 不动，竖盘读数指标也不动

D. 与竖盘读数指标都随望远镜旋转

30. 测量工作中水平角的取值范围为（　）。

A.0° ~ 180°　　B.−180° ~ 180°

C.−90° ~ 90°　　D.0° ~ 360°

31. 倾斜视线在水平视线的上方，则该垂直角（　）。

A. 称为仰角，角值为负　　B. 称为仰角，角值为正

C. 称为俯角，角值为负　　D. 称为俯角，角值为正

32. 采用经纬仪盘右进行水平角观测，瞄准观测方向左侧目标水平度盘读数为 145° 03′ 24″，瞄准右侧目标读数为 34° 01′ 42″，则该半测回所测得的水平角值为（　）。

A.111° 01′ 42″　　B.248° 58′ 18″

C.179° 05′ 06″　　D.−111° 01′ 42″

33. 用经纬仪测水平角时，由于存在对中误差和瞄准误差而影响水平角的精度，这种误差大小与边长的关系是（ ）。

A. 边长越长，误差越大

B. 对中误差的影响与边长有关，瞄准误差的影响与边长无关

C. 边长越长，误差越小

D. 误差的大小不受边长长短的影响

34. 用测回法测水平角，测完上半测回后，发现水准管气泡偏离 2 格多，在此情况下应（ ）。

A. 整平后观测下半测回　　B. 整平后重测整个测回

C. 对中后重测整个测回　　D. 继续观测下半测回

35. 水平角观测短距离迁站时，下列做法正确的是（ ）。

A. 仪器固定于脚架，扛在肩上

B. 一手托住仪器，一手抱住架腿，夹持脚架于腋下

C. 双手抱住脚架，夹持于腋下

D. 不作要求

36. 当采用多个测回观测水平角时，需要设置各测回间水平度盘的位置，这一操作可以减弱（ ）的影响。

A. 对中误差　　B. 照准误差　　C. 水平度盘刻划误差　　D. 仪器偏心误差

37. 采用测回法观测水平角，盘左和盘右瞄准同一方向的水平度盘读数，理论上应（ ）。

A. 相等　　B. 相差 90°　　C. 相差 180°　　D. 相差 360°

38. 方向观测法观测水平角，同一个方向盘左读数为 203° 12′ 06″，盘右读数为 23° 12′ 12″，则该方向观测的 $2c$ 值为（ ）。

A.+179° 59′ 54″　　B.−179° 59′ 54″

C.−6″　　D.+6″

39. 在进行经纬仪水准管轴是否垂直于竖轴的检验时，应先粗略整平仪器，使水准管轴和任意两个脚螺旋平行，调整脚螺旋，使水准管气泡居中，转动照准部（ ），若气泡仍居中，表示水准管轴垂直于竖轴。

A.0°　　B.90°　　C.180°　　D.270°

40. 利用经纬仪测量竖直角时，盘左位置抬高望远镜的物镜，若竖直度盘的读数逐渐增大，则下列竖直角的计算公式正确的是（ ）。

A. $a_{左}=L-90°$　$a_{右}=270°-R$　　B. $a_{左}=90°-L$　$a_{右}=R-270°$

C. $a_{左}=L-90°$　$a_{右}=R-270°$　　D. $a_{左}=L-90°$　$a_{右}=R-180°$

41. 经纬仪瞄准目标 P，盘左盘右的竖盘读数分别为 81° 47′ 24″和 278° 12′ 24″，其竖盘指标差 X 是（ ）。

A.−06″　　B.+06″　　C.−12″　　D.+12″

42. 用盘左、盘右测量同一点的竖直角取平均值，可消除（ ）。

A. 竖盘指标差　　　　　　　　　　B. 视准轴不垂直横轴的误差

C. 竖轴不竖直的误差　　　　　　　D. 横轴不水平的误差

43. 用经纬仪观测竖直角时，采用消除竖盘指标差的方法是（ ）。

A. 计算误差量进行改正　　　　　　B. 每测回将水平度盘位置变换 180° / n

C. 每个方向多读几次取中数　　　　D. 盘左盘右观测取中数

44. 检验经纬仪水准管轴垂直于竖轴，当气泡居中后平转 180°时，气泡已偏离。此时用校正针拨动水准管校正螺丝，使气泡退回偏离值的（ ），即已校正。

A.1/2　　B.1/4　　C. 全部　　D.2 倍

45. 水平度盘指标与照准部的转动关系和竖盘与竖盘指标的转动关系不同之处在于（ ）。

A. 无差别

B. 水平度盘：指标转动，度盘不动；竖盘：指标不动，度盘转动

C. 水平度盘：指标不动，度盘转动；竖盘：指标不动，度盘转动

D. 水平度盘：指标不动，度盘转动；竖盘：指标转动，度盘不动

46. 水平角测量通常采用测回法进行，取符合限差要求的上下半测回平均值作为最终角度测量值，这一操作可以消除的误差是（ ）。

A. 对中误差　　B. 整平误差　　C. 视准轴误差　　D. 读数误差

47. 若竖盘为全圆式顺时针注记，在进行竖直角观测时，盘左读数为 L，盘右读数为 R，指标差为 X，则盘左、盘右竖直角的正确值是（ ）。

A. $90° - L + X$ ； $R - X - 270°$　　B. $90° - L - X$ ； $R - X - 270°$

C. $L + X - 90°$ ； $270° - R - X$　　D. $L - X - 90°$ ； $270° - R + X$

48. 光学经纬仪水平度盘与读数指标的关系是（ ）。

A. 水平度盘随照准部转动，读数指标不动

B. 水平度盘与读数指标都随照准部转动

C. 水平度盘不动，读数指标随照准部转动

D. 水平度盘与读数指标都不随照准部转动

49. 经纬仪各轴线的几何关系均已满足，并略去各项误差的影响，盘左盘右照准同一目标，则水平度盘读数的数学关系是（ ）。

A. $L = R$　　B. $|L - R| = 180°$　　C. $L + R = 180°$　　D. $L + R = 360°$

50. 经纬仪对中整平的正确操作顺序是（ ）。

（1）利用光学对中器进行对中。

（2）旋转 90°调节另外一个脚螺旋使管水准气泡居中。

（3）升降脚架使圆水准气泡居中。

（4）使管水准轴线平行于任意两个脚螺旋形成的边并调节这两个脚螺旋使管水准气泡居中

A.（1）（4）（3）（2）　　　　　　B.（1）（2）（3）（4）

C.（1）（3）（4）（2）　　D.（1）（3）（2）（4）

二、多项选择题（每题 3 分，共 30 分）

1. 下列关于观测误差的叙述，正确的有（　）。
A. 经纬仪中心与测站点不在同一铅垂线上所造成的误差称为对中误差
B. 对中误差可以通过观测方法消除
C. 瞄准点越高，目标偏心误差越大
D. 水平角观测时应尽量使标杆竖直，瞄准时尽可能瞄准标杆底部
E. 测角精度要求较高时，应用垂球代替标杆
2. 下列关于水平度盘和垂直度盘说法正确的有（　）。
A. 水平度盘都是顺时针注记　　B. 水平度盘随照准部转动
C. 垂直度盘都是顺时针注记　　D. 垂直度盘随望远镜转动
E. 视线水平时，竖直度盘读数为 90°
3. 在工程测量中，角度测量包括（　）
A. 水平角测量　B. 竖直角测量　C. 方位角测量　D. 倾斜角测量
4. 下列选项中，属于经纬仪观测误差的是（　）
A. 对中误差　B. 照准误差　C. 视准轴误差　D. 目标偏心误差
5. 下列选项中，属于经纬仪的用途（　）
A. 角度测量　B. 视距测量　C. 直线定线　D. 高程测量
6. 电子经纬仪区别于光学经纬仪的主要特点是（　）。
A. 使用光栅度盘　B. 使用金属度盘　C. 读数为光电回路　D. 没有水准器
7. 经纬仪主要组成部分（　）。
A. 望远镜　B. 水准器　C. 基座　D. 照准部
E、水平度盘
8. 经纬仪安置的主要步骤（　）。
A. 对中　B. 整平　C. 瞄准　D. 读数
9. 下列关于经纬仪的说法错误的是（　）。
A. 三脚架架腿张开面积越大越好
B. 测回法适用于观测三个以上的方向间的夹角
C. 变换度盘位置观测值取平均的方法测水平角，可减弱对中误差的影响
D. 经纬仪整平，要求其水准管气泡居中误差一般不得大于 2 格
10. 下列关于测回法观测水平角说法正确的有（　）。
A. 测回法适合于两个方向的单角观测
B. 当竖盘位置位于望远镜左侧时，称为盘左状态，也称正镜
C. 当竖盘位置位于望远镜右侧时，称为盘右状态，也称倒镜
D. 盘右位置观测称为上半测回

三、判断题（正确涂 A，错误涂 B，每题 2 分，共 20 分）

1. 照准部是仪器上部不可转动部分的总称。 （ ）

2. 对于 DJ_6 经纬仪，规范要求上下半测回值较差 $\Delta\beta \leqslant 40''$。 （ ）

3. 当望远镜处于盘左位置时，将望远镜视线抬高，使视线明显处于仰角位置，此时竖盘读数小于 90°，则该仪器竖直读盘为逆时针刻划。 （ ）

4. 水平角度的读数可以为负值。 （ ）

5. 采用盘左、盘右取平均的方法可以减小指标差对竖直角的影响。 （ ）

6. 进行经纬仪的粗略整平时，首先要进行脚螺旋的调节。 （ ）

7. 分微尺测微器度盘分划值是 1′。 （ ）

8. 照准部的旋转轴称为仪器的竖轴。 （ ）

9. 经纬仪由三部分组成，即望远镜、度盘和基座。 （ ）

10. 用经纬仪测定水平角时，瞄准目标可以不考虑视差的影响。 （ ）

第四章 距离测量

第一节 距离测量理论知识回顾

[实训指导]

一、目的与要求

（1）掌握钢尺一般量距方法。

（2）钢尺量距相对误差应不大于 1/3 000。

（3）掌握视距测量的方法。

二、计划与设备

（1）实训安排 2 学时，以小班 6 人为一组。

（2）实训设备为钢尺、经纬仪、水准尺、测钎（或粉笔）、记录板等。

（3）在地面上选定两个固定点，要求用经纬仪定线，用钢尺测量地面两个固定点间的距离。

（4）在相同的两个固定点上用经纬仪进行视距测量

（5）实训结束时，每人上交一份实训报告。

三、基础知识

（一）量距工具

测量的工具有很多种，主要有钢尺、标杆、测钎、垂球等。

1. 钢尺

钢尺是用薄钢片制成的带状尺，可卷入金属圆盒内，故又称钢卷尺。尺宽约 10 ~ 15 mm，长度有 20 m、30 m 和 50 m 等几种。根据尺的零点位置不同，有端点尺和刻线尺之分，如图 4–1 所示。

钢尺的优点：钢尺抗拉强度高，不易拉伸，所以量距精度较高，在工程测量中常用钢尺量距。

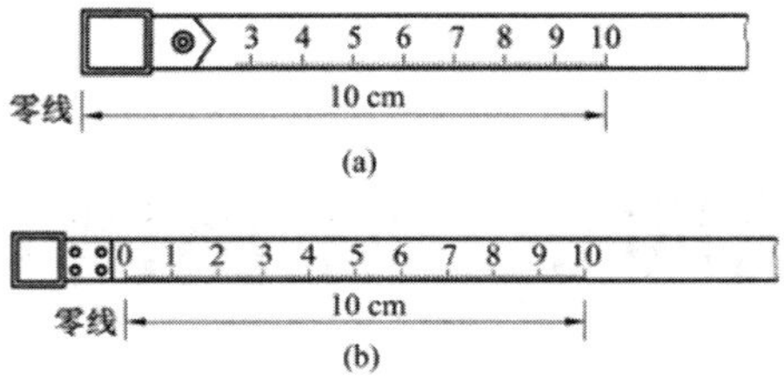

图 4-1 钢尺

钢尺的缺点：钢尺性脆，易折断，易生锈，使用时要避免扭折、防止受潮。

标杆又叫花杆，如图 4–2（a）所示，用长 2 ～ 3 m，直径 3 ～ 4 cm 的木杆或玻璃钢制成。杆上每隔 20 cm 用红白油漆涂在标杆上，底部为金属尖，方便插入土中。

测钎一般用钢筋制成，上部弯成小圆环，下部磨尖，直径 3 ～ 6 mm，长度 30 ～ 40 cm,如图 4–2（b）所示。钎上可用油漆涂成红、白相间的色段。通常 6 根或 11 根系成一组。量距时，将测钎插入地面，用以标定尺端点的位置，亦可作为近处目标的瞄准标志。

其他：锤球、弹簧秤和温度计。锤球用金属制成，上大下尖呈圆锥形，上端中心系一细绳，悬吊后，锤球尖与细绳在同一垂线上，如图 4–2（c）所示。它常用于在斜坡上丈量水平距离。弹簧秤和温度计等将在精密量距中应用，如图 4–2（d）所示。

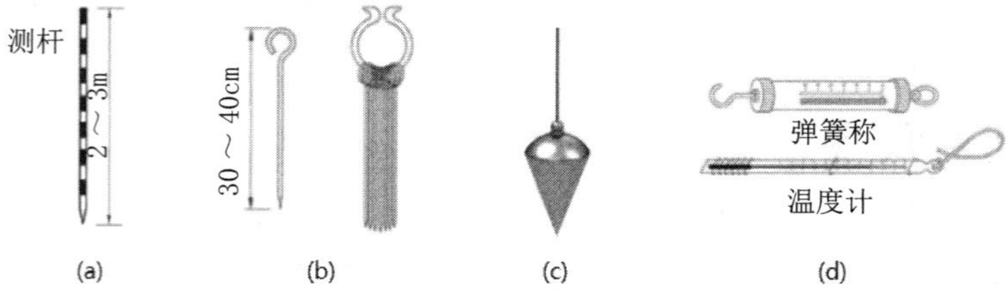

图 4-2 标杆、测钎、锤球等工具

2．测距仪

下面以常州大地测距仪厂生产的 D2000 短程红外光电测距仪为例，介绍光电测距仪的结构和使用方法。其他型号的光电测距仪的结构和使用方法与此大致相同，具体可参见各仪器的使用说明书。

（1）仪器结构

D2000 短程红外光电测距仪如图 4–3 所示，主机通过连接器安置在经纬仪上部，如图 4–4 所示，经纬仪可以是普通光学经纬仪，也可以是电子经纬仪。利用光轴调节螺旋，可使主机的发射 – 接收器光轴与经纬仪视准轴位于同一竖直面内。另外，测距仪横轴到经纬仪横轴的高度与觇板中心到反射棱镜高度一致，从而使经纬仪瞄准觇板中心的视线与测距仪瞄准反射棱镜中心的视线保持平行，如图 4–5 所示。

配合主机测距的反射棱镜如图 4–6 所示。根据距离远近，可选用单棱镜（1 500 m 内）或三棱镜（2 500 m 内），棱镜安置在三脚架上，根据光学对中器和长水准管进行对中整平。

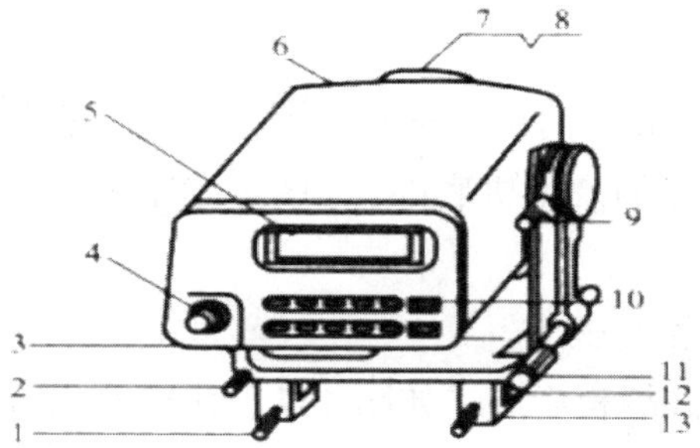

1—座架固定手轮 ；2—照准轴水平调整手轮；3—电池；4—望远镜目镜；5—显示器：6—RS-232 接口；7—物镜；8—物镜罩；9—俯仰固定手轮；10—键盘：11—俯仰调整手轮；12—间距调整螺丝；13—座架。

图 4-3 D2000 短程红外光电测距仪

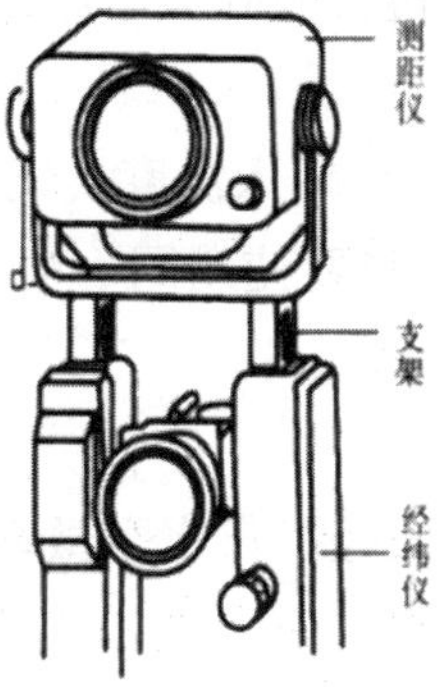

图 4-4 光电测距仪与经纬仪的连接

（2）仪器主要技术指标及功能

D2000 短程红外光电测距仪的最大测程为 2 500 m，测距精度可达 ±（3 mm+$2\times10^{-6}\times D$）（其中 D 为所测距离）；最小读数为 1 mm；仪器设有自动光强调节装置。在复杂环境下测量时也可人工调节光强；可输入温度、气压和棱镜常数自动对结果进行改正；可输入垂直角自动计算出水平距离和高差；可通过距离预置进行定线放样；若输入测站坐标和高程，可自动计算观测点的坐标和高程。测距方式有正常测量和跟踪测量，其中正常测量所需时间为 3 s，还能显示数次测量的平均值；跟踪测量所需时间为 0.8 s，每隔一定时间自动重复测距。

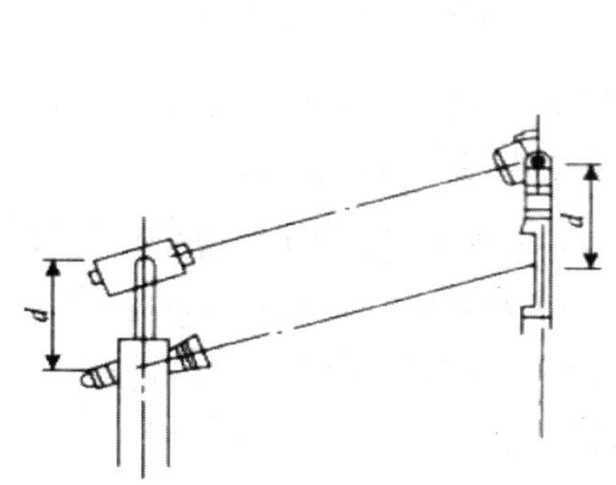

图 4-5 经纬仪瞄准觇板中心的视线与测距仪瞄准反射棱镜中心的视线平行

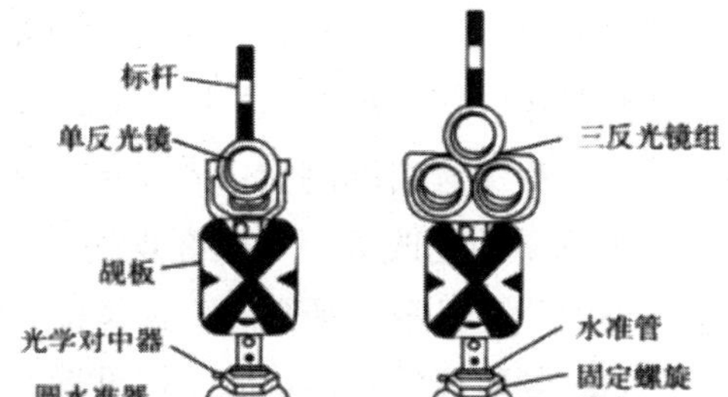

图 4-6 反射棱镜

（3）仪器操作与使用

① 安置仪器

先在测站上安置好经纬仪，对中、整平后，将测距仪主机安装在经纬仪支架上，用连接器固定螺钉锁紧，将电池插入主机底部、扣紧。在目标点安置反射棱镜，对中、整平，并使镜面朝向主机。

② 观测垂直角、气温和气压

用经纬仪十字横丝照准觇板中心，如图 4-7 所示，测出垂直角 a。同时，观测、记录温度和气压计上的读数。观测垂直角、气温和气压，目的是对测距仪测量出的斜距进行倾斜改正、温度改正和气压改正，以得到正确的水平距离。

③ 测距准备

按电源开关键“PWR”开机，主机自检并显示原设定的温度、气压和棱镜常数值，自检通过后将显示“good”。

若修正原设定值，可按“TPC”键后输入温度、气压值或棱镜常数（一般通过“ENT”键和数字键逐个输入）。一般情况下，只要使用同一类的反光镜，棱镜常数不变，而温度、气压每次观测均可能不同，需要重新设定。

④ 距离测量

调节主机照准轴水平调整手轮（或经纬仪水平微动螺旋）和主机俯仰微动螺旋，使测距仪望远镜精确瞄准棱镜中心（三棱镜为三个棱镜中心），如图 4-8 所示。在显示“good”状态下，精确瞄准也可根据蜂鸣器声音来判断，信号越强声音越大，上下左右微动测距仪，使蜂鸣器的声音最大，便完成了精确瞄准，出现“//”。

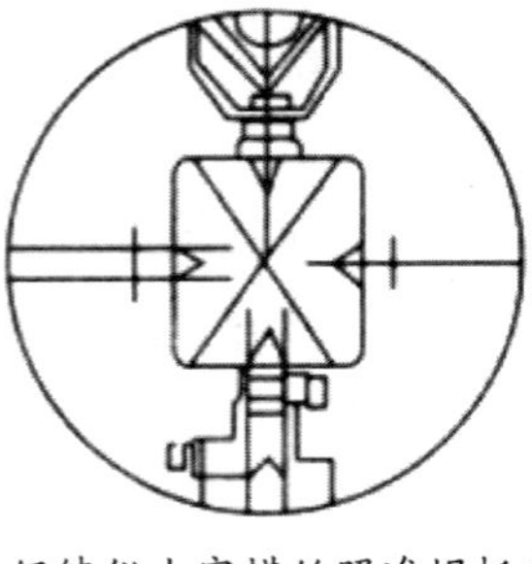

图 4-7 经纬仪十字横丝照准觇板中心

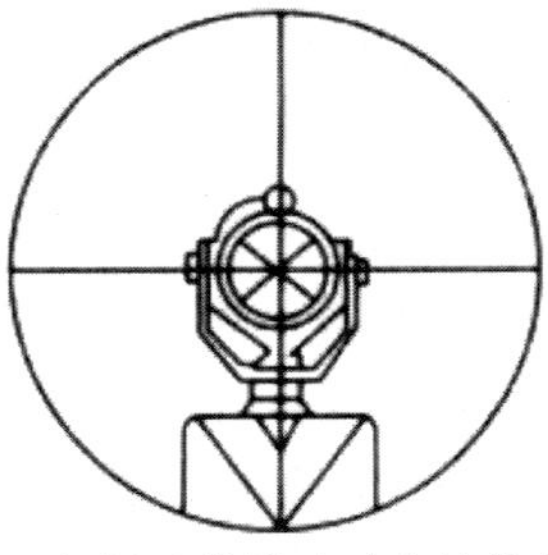

图 4-8 测距仪望远镜精确瞄准棱镜中心

精确瞄准后，按“MSR”键，主机将测定并显示经温度、气压和棱镜常数改正后的斜距。在测量中，若光速受挡或大气抖动等，测量将暂被中断，此时显示器上“*”标志消失，待光强正常后继续自动测量；若光束中断 30 s，须光强恢复后，再按“MSR”键重测。

斜距到平距的改算，一般在现场用测距仪进行，方法是按“V/H”键后输入垂直角值，再按“SHV”键显示水平距离。连续按“SHV”键可依次显示斜距、平距和高差。

D2000 测距仪的其他功能、按键操作及使用注意事项，详见有关使用说明书。

（4）光电测距的注意事项

① 气象条件对光电测距影响较大，微风的阴天是观测的良好时机。

② 测线应尽量离开地面障碍物 1.3 m 以上，避免通过发热体和较宽水面的上空。

③ 测线应避开强电磁干扰的地方，如测线不宜接近变压器、高压线等。

④ 镜站的后面不应有反光镜和其他强光源等背景的干扰。

⑤ 要严防阳光及其他强光直射接收物镜，避免光线经镜头聚焦进入机内将部分元件烧坏，阳光下作业应撑伞保护仪器。

（二）直线定线

当地面两点的距离过长或地形起伏较大时，为了便于量距，需要在两点的连线方向上标定出若干点，这项工作称为直线定线。

在距离测量时，得到的结果必须是直线距离，若用钢尺丈量距离，丈量的距离一般都比整尺要长，不能一次量完，需要在直线方向上标定一些点，这项工作就叫直线定线。钢尺量的是两点间的直线距离，而不是两点间任意曲线距离。

目估定线又称标杆定线。如图 4–9（a）所示，在 *A* 、*B* 量距的端点上竖立标杆，测量员甲站在 *A* 点标杆后 1 ～ 2 m 处，由 *A* 瞄向 *B*，使视线与标杆边缘相切，然后甲指挥乙持标杆左右移动，直到 *A* 、2、*B* 三根标杆位于同一直线上，将标杆竖直插在地上。直线定线一般应由远及近，即先定 1 点，再定 2 点。

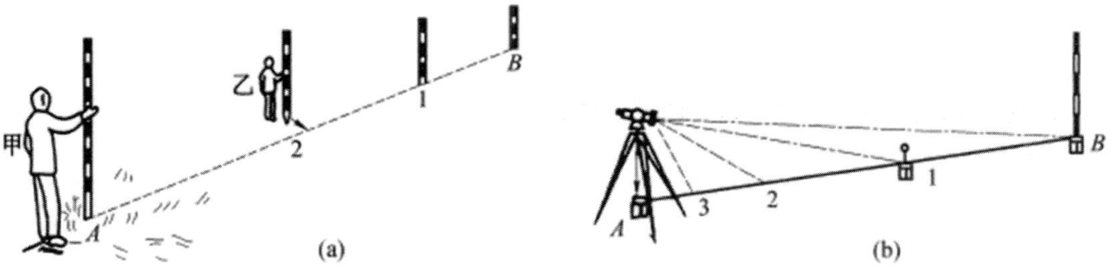

图 4–9 目估定线和经纬仪定线

当直线定线精度要求较高时，可用经纬仪定线。如图 4–9（b）所示，欲在 *AB* 直线上精确定出 1、2、3 点的位置，可将经纬仪安置于 *A* 点，用望远镜照准 *B* 点，固定照准部制动螺旋，然后将望远镜向下俯视，将十字丝交点投测到木桩上，并钉小钉以确定 1 点的位置。同法标定出 2、3 点的位置。

实训报告一　距离测量知识练习

一、名词解释

视距测量、直线定线、端点尺、刻划尺、尺长改正、相对误差、电磁波测距仪、相位式测距。

二、简答

1. 钢尺量距精度受到哪些误差的影响？在量距过程中应注意些什么问题？

2. 当钢尺的实际长度小于钢尺的名义长度时，使用这把尺量距是会把距离量长了还是量短了？若实际长度小于名义长度时，又会怎么样？

3. 钢尺量距的精密方法通常要加哪几项改正？

4. 钢尺的名义长度与标准长度有何区别？

5. 简述视距测量的优缺点。

6. 简述光电测距的基本原理，并说明其基本公式的每个符号的含义。

7. 直线定线的目的是什么？目估定线和经纬仪定线各适用什么情况？

8. 解释光电测距仪的标称精度表达式的含义。

9. 简述光电测距的优点。

三、计算题

丈量两段距离，一段往测为 126.78 m，返测为 126.68 m，另一段往测、返测分别为 357.23 m 和 357.33 m。问哪一段丈量的结果比较精确？为什么？两段距离丈量的结果各等于多少？

第二节　钢尺距离丈量和视距测量

[实训指导]

一、目的与要求

（1）掌握钢尺一般量距方法。

（2）钢尺量距相对误差应不大于 1/3 000。

（3）掌握视距测量的方法。

二、计划与设备

（1）实训安排 2 学时，以小班 6 人为一组。

（2）实训设备为钢尺、经纬仪、水准尺、测钎（或粉笔）、记录板。

（3）在地面上选定两个固定点，要求用经纬仪定线，用钢尺测量地面两个固定点间的距离。

（4）在相同的两个固定点上用经纬仪进行视距测量。

（5）实训结束时，每人上交一份实训报告。

三、方法与步骤

（1）钢尺量距一般方法：平坦地面的丈量工作，需由 A 至 B 沿地面逐个标出整尺段位置，丈量 B 端不足整尺段的余长，完成往测。

（2）为了检核和提高测量精度，还应由 B 点按同样的方法量至 A 点，称为返测。以往返丈量距离之差的绝对值 $|\Delta D|$ 与往返测距离平均值 D 之比，并化成分子是 1 的形式，即用相对误差来衡量测距的精度。若精度符合要求，则取往返测量的平均值作为 A 、B 两点的水平距离。

四、视距测量的观测方法

（1）在测站上安置仪器，量取仪器高并记入手簿。

（2）转动经纬仪，用盘左照准标尺，读取上、中、下三丝标尺读数，并算出尺间隔。

（3）调节竖直度盘指标水准管使气泡居中，读取竖盘读数并计算竖直角。

（4）计算水平距离 D 和高差 H 。

五、注意事项

（1）前、后尺手动作要配合，定线要直，尺身要水平，尺子要拉紧，用力要均匀，待尺子稳定时再读数或插测钎（或用粉笔画记号），用测钎要竖直插下。前、后尺所量测钎的部位应一致。

（2）钢尺性能脆易折断，防止打结、扭曲、拖拉，并严禁车碾、人踏，以免损坏，用毕擦净。

实训报告二　钢尺距离丈量和视距测量

日期：__________天气：__________班级：__________小　　组：__________
观测：__________记录：__________成绩：__________指导教师：__________

一、钢尺距离丈量

表 4-1 钢尺量距记录表

线段	观测次数	整尺段 /m	零尺段 /m	总计 /m	相对误差	平均值 /m
A–*B*	往测					
	返测					

二、经纬仪视距测量

表 4-2 经纬仪视距测量记录表

线段	仪器高	上丝读数	下丝读数	尺间隔	竖盘读数	竖直角	水平距离	中丝读数	高差
A–*B*									

比较一下 *A*、*B* 两点钢尺量距和经纬仪视距测量的结果，评价一下两种测量方法在工程建设中的优缺点？

三、考核技术要求和评价标准

表 4-3　考核技术要求和评价标准表

<table>
<tr><td colspan="2">实训项目</td><td colspan="6"></td></tr>
<tr><td colspan="2">小组编号</td><td></td><td>场地号</td><td></td><td colspan="2">实训者</td><td></td></tr>
<tr><td>序号</td><td>评估项目</td><td>分值</td><td colspan="4">实训要求</td><td>自我评定</td></tr>
<tr><td>1</td><td>任务完成情况</td><td>30</td><td colspan="4">按时按要求完成实训任务</td><td></td></tr>
<tr><td>2</td><td>测量精度</td><td>20</td><td colspan="4">成果符合限差要求</td><td></td></tr>
<tr><td>3</td><td>实训记录</td><td>20</td><td colspan="4">记录规范、完整，计算准确</td><td></td></tr>
<tr><td>4</td><td>实训纪律</td><td>15</td><td colspan="4">遵守课堂纪律，无事故，仪器未损坏</td><td></td></tr>
<tr><td>5</td><td>团队合作</td><td>15</td><td colspan="4">服从组长安排，能配合其他成员工作</td><td></td></tr>
</table>

四、教师评价

表 4-4　教师评价表

<table>
<tr><td colspan="2">实训项目</td><td colspan="5"></td></tr>
<tr><td colspan="2">小组编号</td><td colspan="2"></td><td>场地号</td><td>实训者</td><td></td></tr>
<tr><td>序号</td><td>考核项目</td><td>分值</td><td colspan="3">实训要求</td><td>考核评定</td></tr>
<tr><td>1</td><td>操作程序</td><td>20</td><td colspan="3">操作动作规范，操作程序正确</td><td></td></tr>
<tr><td>2</td><td>操作速度</td><td>20</td><td colspan="3">按时完成实训</td><td></td></tr>
<tr><td>3</td><td>安全操作</td><td>10</td><td colspan="3">无事故发生</td><td></td></tr>
<tr><td>4</td><td>数据记录</td><td>10</td><td colspan="3">记录规范，无转抄、涂改，抄袭等</td><td></td></tr>
<tr><td>5</td><td>测量成果</td><td>30</td><td colspan="3">计算准确，精度符合规定要求</td><td></td></tr>
<tr><td>6</td><td>团队合作</td><td>10</td><td colspan="3">服从组长安排，能配合其他成员工作</td><td></td></tr>
<tr><td colspan="7">存在的问题：
指导老师：　　　　　　　　评价时间</td></tr>
</table>

第三节　已知水平距离的测设

[实训指导]

一、目的与要求

（1）掌握钢尺距离测设一般方法。

（2）距离测设相对误差应不大于 1/5 000。

（3）了解光电测距仪测设水平距离方法。

二、计划与设备

（1）实训安排 2 学时，以小班 6 人为一组。

（2）实训设备为钢尺、经纬仪、水准尺、测钎（或粉笔）、记录板。

（3）在地面上选定一个固定起点和给定测设方向，要求用经纬仪定线，用钢尺测设出已知水平距离，标定出直线的另一端点。

（4）再采用往返丈量检验测设精度，相对误差应不大于 1/5 000。

（5）实训结束时，每人上交一份实训报告。

三、方法与步骤

用钢尺测量地面上两点间的距离时，首先是用尺子量出两点间的距离，再进行必要的改正，以求得准确的实地水平距离。而放样已知的水平距离时，其程序恰恰相反。首先从地面一已知点开始，沿已知方向测设出给定的水平距离，以定出第二个端点。根据测设的精度不同，可分为一般方法和精确方法。现将其作法叙述如下。

（一）一般方法

如图 4-10 所示，由已知点 A 开始，沿给定的 AG 方向，用钢尺量出已知水平距离 D，定出 B_1 点。为了校核与提高放样精度，在起点处改变读数（10 ~ 20 cm），按同法量取已知距离 D，定出 B_2 点。由于量距有误差，两点一般不重合，其较差 ΔD 的相对误差在容许范围内时，则取 B_1、B_2 的中点为 B，AB 即为所放样的水平距离。

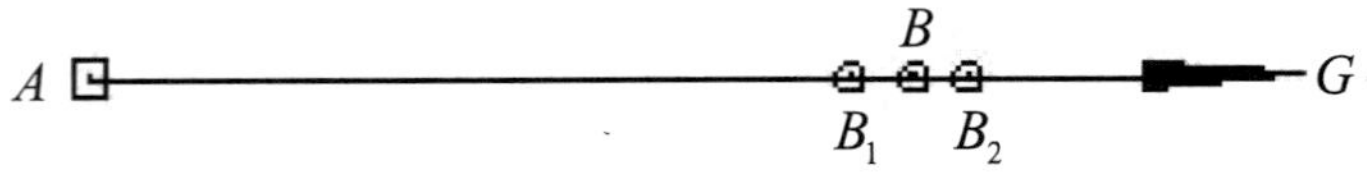

图 4-10 一般方法放样已知水平距离

（二）精确方法

当放样精度要求较高时，应采用钢尺量距的精密方法，其精度一般可达1/10 000 ~ 1/40 000。精密量距应选用质量好，且经过检定的钢尺。具体操作步骤如下：

（1）将经纬仪安置在A点上，并标定给定的直线方向，沿该方向测量并在地面上打下尺段桩和终点桩，桩顶刻十字标志。

（2）用水准仪测定各相邻桩桩顶之间的高差。

（3）按精密丈量的方法先量出整尺段的距离，并加尺长改正、温度改正和高差改正，计算每尺段的长度及各尺段长度之和，得最后结果为D_0。

（4）用已知应测设的水平距离D减去D_0得余长q，即$D-D_0=q$。然后计算余长段应放样的距离q'

$$q'=q-\Delta I_d-\Delta I_t-\Delta I_h$$

式中：ΔI_d、ΔI_t、ΔI_h为余长段相应的改正数。

（5）根据q'在地面上测设余长段，并在终点桩上作出标志，即为所测设的终点B。如终点超过了原打的终点桩时，应另打终点桩。

四、检验

通过往返丈量，相对误差应不大于1/5 000。

实训报告三　已知水平距离的测设

一、数据记录表

表 4-5 距离（平距）测量记录表

起止点名	第一次 /m	第二次 /m	第三次 /m	平均值 /m

二、考核技术要求和评价标准

表 4-6　考核技术要求和评价标准

实训项目				
小组编号		场地号	实训者	
序号	评估项目	分值	实训要求	自我评定
1	任务完成情况	30	按时按要求完成实训任务	
2	测量精度	20	成果符合限差要求	
3	实训记录	20	记录规范、完整，计算准确	
4	实训纪律	15	遵守课堂纪律，无事故，仪器未损坏	
5	团队合作	15	服从组长安排，能配合其他成员工作	

三、教师评价

表 4-7　教师评价

实训项目				
小组编号		场地号	实训者	
序号	考核项目	分值	实训要求	考核评定
1	操作程序	20	操作动作规范，操作程序正确	
2	操作速度	20	按时完成实训	
3	安全操作	10	无事故发生	
4	数据记录	10	记录规范，无转抄、涂改，抄袭等	
5	测量成果	30	计算准确，精度符合规定要求	
6	团队合作	10	服从组长安排，能配合其他成员工作	
存在的问题： 指导老师：　　评价时间				

第四节　配套练习

一、单项选择题（每题 1 分，共 40 分）

1. 下列是 AB 直线用经纬仪定线的步骤，其操作顺序正确的是（　　）。

（1）水平制动扳纽制紧，将望远镜俯向 1 点处；（2）用望远镜照准 B 点处所立的标志；（3）在 A 点安置经纬仪，对中、整平；（4）指挥乙手持的标志移动，使标志与十字丝重合；（5）标志处即为 1 处，同理可定其他各点。

A.（1）（2）（3）（4）（5）　　B.（2）（3）（4）（1）（5）

C.（3）（1）（2）（4）（5）　　D.（3）（2）（1）（4）（5）

2. 用一根实际长度是 30.010 m 的钢尺（名义长度是 30.000 m）去施工放样，一座 120 m 长的房子，丈量 4 尺后应（　）。

A. 返回 0.040 m　　B. 增加 0.040 m

C. 不必增减　　D. 增加多少计算后才能确定

3. 在钢尺量距的一般方法中，后尺手所持的工具是（ ）。

A. 钢尺末端　　B. 钢尺的零端　　C. 测钎　　D. 标杆

4. 已知某直线的坐标方位角为 58° 15'，则它的反坐标方位角为（　　）。

A.58° 15'　　B.121° 15'　　C.238° 15'　　D.211° 15'

5. 用精密方法丈量距离时，定线应用（　　）。

A. 经纬仪　　B. 水准仪　　C. 标杆　　D. 目测

6. 直线定线不准时，丈量结果将会（ ）。

A. 不变　　B. 增大　　C. 减小　　D. 不知道

7. 钢尺量距注意事项中，下列说法正确的是（　　）。

A. 量完一段前进时，钢尺应沿地面拉动前进，以防钢尺断裂

B. 丈量时尺应用力均匀拉紧，尺零点应对准尺段终点位置

C. 测量整尺段数应记清，并应与后测手收回的测钎数符合

8. 电磁波测距的基本公式 $D=1/2ct$ 中，t 表示（　）。

A. 温度　　B. 光从仪器到目标所用的时间均数

C. 光速　　D. 光从仪器到目标往返所用的时间

9. 测量平面直角坐标系中直线的方位角是按以下哪种方式量取的？（　）。

A. 纵坐标北端起逆时针　　B. 纵坐标北端起顺时针

C. 横坐标东端起逆时针　　D. 横坐标东端起顺时针

10. 视距测量的精度通常是（　）。

A. 低于钢尺　B. 高于钢尺　C. 1/2 000　D. 1/4 000

11. 望远镜视线水平时，读得视距间隔为 0.465 m，则仪器至目标的水平距离是（ ）。

A.0.465 m　B.4.65 m　C.46.5 m　D.465 m

12. 方位角的角值范围为（　）。

A.0° ~ 360°　B.–90° ~ 90°　C.0° ~ 180°　D.0° ~ 90°

13．已知 *AB* 直线的坐标象限角为 SE30° 13¢，则 *BA* 的坐标方位角为（　）。

A.NW30° 13¢　B.329° 47¢　C.149° 47¢　D.30° 13¢

14．由标准方向北端起顺时针量到直线的水平夹角，其名称及取值范围是（　）。

A. 象限角、0° ~ 90°　B. 象限角、0° ~ ±90°

C. 方位角、0° ~ ±180°　D. 方位角、0° ~ 360°

15．方位角 α_{AB} =255°，右夹角 $\angle ABC$ =290°，则 α_{BA} 和 α_{BC} 分别为（　）。

A. − 255°、5°　B.105°、185°

C. − 105°、325°　D.75°、145°

16. 已知 *A*（10.00，20.00）和 *B*（20.00，30.00），则 D_{AB} =（　）。

A.14.14　B.28.28　C.42.42　D.56.56

17. 第Ⅲ象限直线，象限角 *R* 与方位角 *α* 的关系为（　）。

A. $R=180°-\alpha$　B. $R=\alpha$　C. $R=\alpha-180°$　D. $R=360°-\alpha$

18. 为了防止错误发生和提高丈量精度，一般需进行往返测量，其成果精度用（ ）表示。

A. 相对误差　B. 中误差　C. 限差　D. 往返丈量差

19. 用钢尺丈量某段距离，往测为 112.314 m，返测为 112.329 m，则相对误差为（ ）。

A.1/328 6　B.1/748 8　C.1/526 8　D.1/728 8

20. 坐标反算就是（ ）。

A. 根据边长和方位角计算坐标增量，再根据已知点高程计算待定点高程

B. 根据两点的坐标，计算边长和方位角

C. 根据水平角计算方位角

D. 以上都不对

21. 距离丈量的结果是求得两点间的（　）。

A. 斜线距离　B. 垂直距离　C. 坐标差值　D. 水平距离

22. 坐标方位角的取值范围为（　）。

A.0° ~ 270°　B.0° ~ 180°　C.0° ~ ±90°　D.0° ~ 360°

23. 某直线的坐标方位角为 121° 23′ 36″，则反坐标方位角为（　）。

A.238° 36′ 24″　B.301° 23′ 36″

C.58° 36′ 24″　D.–58° 36′ 24″

24. 在距离丈量中衡量精度的方法是用（　）。

A. 绝对误差　B. 相对误差　C. 闭合差　D. 往返较差

25. 为方便钢尺量距工作，有时要将直线分成几段进行丈量，这种把多根标杆标定在直线上的工作，称为（　）。

A. 定向　　B. 定线　　C. 定段　　D. 定点

26. 坐标方位角是以（ ）为标准方向，顺时针转到测线的夹角。

A. 真子午线方向　　B. 磁子午线方向　　C. 假定纵轴方向　　D. 坐标纵轴方向

27. 用钢尺丈量 AB 两点间的水平距离，其公式是（ ）。

A. $D_{AB}=n\cdot I+q$　　B. $D_{AB}=n\cdot I$　　C. $D_{AB}=k\cdot I$　　D. $D_{AB}=I+q$

28. 能测定直线磁方位角的仪器，是（ ）。

A. 经纬仪　　B. 陀螺仪　　C. 水准仪　　D. 罗盘仪

29. 若在 A 点测得 A、B 两点间斜距为 100 m，竖直角为 30°，则 AB 的平距为（　）。

A.100 m　　B.50 m　　C.86.60 m　　D.57.74 m

30. 距离丈量中，哪种工具精度最低（　）。

A. 钢尺　　B. 皮尺　　C. 光电测距仪　　D. 百米绳

31. 由于钢尺的尺长误差对距离测量所造成的误差是（ ）。

A. 偶然误差　　B. 系统误差

C. 可能是偶然误差也可能是系统误差　　D. 既不是偶然误差也不是系统误差

32. 某直线的坐标方位角为 45°，则下列象限角表示的直线和该直线重合的是（ ）。

A. 南偏西 45°　　B. 南偏东 45°　　C. 北偏西 45°　　D. 北偏东 45°

33. 已知 A、B 两点间边长 D_{AB} =185.35 m，AB 边的坐标方位角 α_{AB} =145° 36′，则 A、B 两点间的坐标增量 ΔX_{AB} 为（ ）m。

A.−152.93　　B.+104.72　　C.+152.93　　D.−104.72

34. 在测量学中，距离测量的常用方法有钢尺量距、电磁波测距和（ ）测距。

A. 普通视距法　　B. 经纬仪法　　C. 水准仪法　　D. 罗盘仪法

35. 当钢尺的实际长度大于名义长度时，其丈量的值比实际值要（　）。

A. 大　　B. 小　　C. 相等　　D. 不定

36. 目估定线时，由于已设定标杆对新立标杆的影响，导致定线准确度下降。下列关于走近定线法与走远定线法准确度比较的说法，正确的是（　）。

A. 走近定线法比走远定线法较为准确　　B. 走远定线法比走近定线法较为准确

C. 走近定线法与走远定线法准确度相同　　D. 走远定线法与走近定线法无可比性

37. 用尺长方程式为 I_t =30−0.0024+0.0000125・30（t −20 ℃）m 的钢尺丈量某段距离，量得结果为 121.409 m，丈量时温度为 28 ℃，则温度改正值为（　）m。

A.0　　B.0.042 4　　C.−0.121　　D.0.012 1

38. 钢尺量距时，量得倾斜距离为 123.456 m，直线两端高差为 1.987 m，则高差改正为（　）m。

A. −0.016　　B. 0.016　　C. −0.032　　D. 1.987

39．确定一直线与标准方向的夹角关系的工作称为（ ）。

A. 定位测量　　B. 直线定向　　C. 象限角测量　　D. 直线定线

40. PQ 的距离 D_{PQ} 和方位角 α_{PQ} 为（ ）时，则两点的坐标增量为 ΔXPQ =−74.894 m，ΔYPQ =+254.044 m。

A.179.150 m、163° 34′ 27″　　B.264.854 m、106° 25′ 33″

C.179.150 m、253° 34′ 27″　　D.264.854 m、286° 25′ 33″

二、多项选择题（每题 2 分，共 40 分）

1. 钢尺是建筑工地丈量长度最常用的工具，根据其零点位置的不同分为（ ）。

A. 端点尺　　B. 刻线尺　　C. 水准尺　　D. 皮尺

2. 确定直线的方向，通常用该直线的（ ）来表示。

A. 方位角　　B. 水平角　　C. 竖直角　　D. 象限角

3. 确定直线方向的标准方向有（ ）。

A. 真子午线方向　　B. 磁子午线方向　　C. 坐标纵轴方向　　D. 赤道方向

4. 确定直线的方向，通常用该直线的（ ）来表示。

A. 水平角　　B. 方位角　　C. 垂直角　　D. 象限角

E. 倾斜角

5. 关于标准方向的说法，正确的有（ ）。

A. 真子午线方向是通过地面某点并指向地磁南北极的方向

B. 磁子午线方向可用罗盘仪测定

C. 地面各点的真北（或磁北）方向互不平行

D. 标准方向不同对直线的方位角没有影响

E. 一般测量工作中常采用坐标纵轴作为标准方向

6. 关于直线方向的说法，正确的有（ ）。

A. 一条直线的方向是根据某一标准方向来确定的

B. 在测量工作中，直线是没有方向的

C. 坐标方位角是测量工作中表示直线方向的主要方法

D. 用象限角表示直线方向比用方位角表示要准确

E. 方位角和象限角均可以表示直线的方向

7. 关于钢尺量距的说法，正确的有（ ）。

A. 钢尺的名义长度总比实际长度长，量距时会产生尺长误差

B. 钢尺的长度随温度变化，量距时应测定尺温

C. 钢尺具有弹性，一般量距时应保持拉力均匀

D. 量距时钢尺偏离定线方向，导致量距结果偏大

E. 钢尺端点对不准属于系统误差，丈量时应尽量认真操作

8. 确定直线方向的标准方向有（ ）。

A. 中央子午线方向　B. 真子午线方向

C. 赤道方向　D. 磁子午线方向

E. 坐标纵轴方向

9. 关于光电测距的说法，错误的有（ ）。

A. 仪器长期不用时，应将电池取出

B. 镜站的后面应有反光源或强光源等背景

C. 大气条件稳定有利于提高测距精度

D. 强电磁场存在有利于提高测距精度

E. 测距时应防止阳光及其他强光直射接收物镜

10. 关于标准方向的说法，错误的有（ ）。

A. 真子午线方向是通过地面某点并指向地磁南北极的方向

B. 磁子午线方向可用罗盘仪测定

C. 地面各点的真北（或磁北）方向互不平行

D. 标准方向不同对直线的方位角没有影响

E. 一般测量工作中常采用坐标纵轴作为标准方向

11. 关于钢尺量距的说法，错误的有（ ）。

A. 钢尺的名义长度总比实际长度长，量距时会产生尺长误差

B. 钢尺的长度随温度变化，量距时应测定尺温

C. 钢尺具有弹性，一般量距时应保持拉力均匀

D. 量距时钢尺偏离定线方向，导致量距结果偏大

E. 钢尺端点对不准属于系统误差，丈量时应尽量认真操作

12. 下列关于直线定向的说法，正确的有（ ）。

A. 直线定向指的是确定直线与标准方向之间关系的一项工作

B. 直线定向的标准方向有真子午线方向、磁子午线方向和坐标纵轴方向

C. 坐标方位角是以坐标纵轴方向作为标准方向确定的

D. 象限角可以确定直线方向

E. 建筑坐标系的纵轴方向与测量坐标系的纵轴方向必须一致

13. 距离测量的方法有（ ）。

A. 钢尺量距　B. 普通视距　C.GPS 测距　D. 全站仪测距

E. 三角测距

14. 钢尺按照起点刻线位置可分为（ ）。

A.50 m　B.30 m　C. 端点尺　D. 刻划尺

E. 厘米分划尺

15. 倾斜地面丈量的方法有（ ）。

A. 平量法　B. 视距法　C. 斜量法　D. 三角法

E. 旋转法

16. 用视距法测量地面两点之间的高差，需要观测的数据是（ ）。

A. 上丝读数　　B. 中丝读数　　C. 下丝读数　　D. 仪器高

E. 水平度盘读数

17. 下列关于直线方位角说法正确的有（ ）。

A. 某直线的坐标方位角为 121° 23′ 36″ ，则反坐标方位角为 301° 23′ 36″

B. 直线正反方位角相差 180°

C. 坐标方位角是以坐标纵轴为标准方向的

D. 真方位角不能换算坐标方位角

E. 磁方位角不能换算坐标方位角

18. 用两点的平面直角坐标值来反算这两点所在边长的坐标方位角时，应给反算角度加一个常数才能转化为实际的坐标方位角。即（ ）。

A. 当 $\Delta x>0$，$\Delta y>0$ 时应加 360°　　B. 当 $\Delta x>0$，$\Delta y<0$ 时应加 360°

C. 当 $\Delta x<0$，$\Delta y>0$ 时应加 180°　　D. 当 $\Delta x<0$，$\Delta y<0$ 时应加 180°

E. 当 $\Delta x>0$，$\Delta y=0$ 时应加 360°

19. 坐标方位角的特性有（ ）。

A. 坐标方位角加上或减去 360° n，所指方位不变

B. 坐标方位角加上或减去 360° n，所指方位相反

C. 正反坐标方位角相差 180°

D. 正反坐标方位角相差 180° n

E. 坐标方位角加上或减去 180° n，所指方位不变

20. 偶然误差具有的特性有（ ）。

A. 有界性　　B. 集中性　　C. 对称性　　D. 抵偿性

三、判断题（正确涂 A，错误涂 B，每题 2 分，共 20 分）

1. 钢尺的基本分划为分米，在每分米和米处注有数字。（ ）

2. 钢尺抗拉强度高，不易拉伸，常用在精度较高的距离丈量中。（ ）

3. 距离丈量精度是用绝对误差来衡量。（ ）

4. 距离丈量时，后尺手持钢尺末端，前尺手持钢尺零端。（ ）

5. 视距测量的优点是精度高，操作简便，不受地形起伏限制。（ ）

6. 相对误差分母愈大，则相对误差 K 愈小，精度愈高。反之，相对误差分母愈小，则相对误差 K 愈大，精度愈低。（ ）

7. 距离丈量中，一般方法的精度要求不超过 1/3 000。（ ）

8. 同一直线的正反方位角相差 90° 。（ ）

9. 某一直线的坐标方位角为 246° 23′ 00″，其坐标象限角为 66° 23′ 00″。（ ）

10. 某直线的象限角为 NE60° 20′ 00″，该直线的坐标方位角是 240° 20′ 00″。（ ）

第五章 民用建筑施工测量

第一节 点平面位置的测设理论知识回顾

[实训指导]

一、目的与要求

（1）根据控制点的条件选择点平面位置测设方法。

（2）掌握测设数据的计算。

（3）了解点平面位置测设成果检验方法。

二、计划与设备

（1）实训时数安排 2 学时，以小班 6 人为一组。

（2）实训设备为钢尺、经纬仪、水准尺、测钎（或粉笔）、计算器、记录板等。

（3）巩固水平距离测设、水平角测设相关知识。

（4）实训结束时，每人上交一份实训报告。

三、方法与步骤

点的平面位置放样的常用方法有：直角坐标法、极坐标法、角度交会法、距离交会法和全站仪坐标放样法。放样时选用哪种方法，应根据控制网的形式、现场情况、建（构）筑物的大小和放样精度要求等因素，进行综合分析后确定。

（一）直角坐标法

建立施工控制网时，如果使相邻控制点的连线平行于坐标轴，那么用直角坐标法放样点的位置就比较方便，这时待放样的点与控制点之间的坐标差就是放样元素。

如图 5-1 所示，AB 为平行于坐标横轴的施工控制线，P 点为待放样的点。放样操作步骤如下。

（1）在 A 点架设经纬仪，瞄准 B 点确定方向后，测设距离 $\Delta y = y_P - y_A$，可得到 C 点。

（2）将经纬仪搬到 C 点，精平后瞄准 A 点，确定方向并使水平度盘归零，拨 90°角得 CP 方向，并在此方向上测设距离 $\Delta x = x_P - x_A$，即得待定点 P。

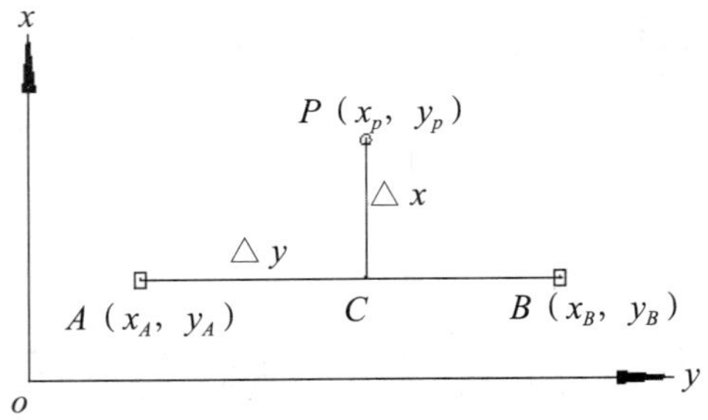

图 5-1 直角坐标放样点的平面位置

（二）极坐标法

极坐标法是根据水平角和水平距离来测设点的平面位置。适用于测设距离较短，且便于量距的情况。

如图 5-2 所示，A、B 是某建筑物的一条轴线的两个端点，附近有施工控制网点 1、2、3、4、5，可用下列公式计算测设数据 β_1、β_2 和 D_{2A}、D_{4B}。

设 α_{2A}、α_{4B}、α_{23}、α_{43} 表示相应直线的坐标方位角；控制网点 1、2、3、4、5 和建筑物角点 A、B 的坐标均为已知，则：

$$\alpha_{2A} = \arctan\frac{y_A - y_2}{x_A - x_2}, \quad \alpha_{4B} = \arctan\frac{y_B - y_4}{x_B - x_4},$$

$$\beta_1 = \alpha_{23} - \alpha_{2A}, \quad \beta_2 = \alpha_{4B} - \alpha_{43},$$

$$D_{2A} = \frac{y_A - y_2}{\sin\alpha_{2A}}, \quad D_{4B} = \frac{y_B - y_4}{\sin\alpha_{4B}},$$

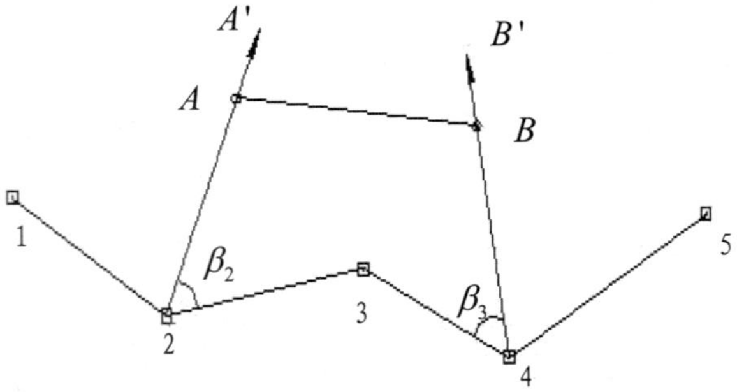

图 5-2 极坐标法放样点的平面位置

根据上式计算的 β 和 D，即可进行建筑物角点的放样。具体操作步骤如下：

（1）先在 2 点安置经纬仪，瞄准 3 点后，测设 β_1 角得方向 $2A'$，并在此方向上用钢尺

测设距离 D_{2A}，即得待定点 A。

（2）将经纬仪搬到 4 点，整平后瞄准 3 点，测设 β_2 角得方向 $4B'$，并在此方向上用钢尺测设距离 D_{4B}，即得待定点 B。

（3）测量 A、B 两点的距离，若与设计的长度不一致，则需复核调整，直至误差满足要求。

（三）角度交会法

角度交会法是在三个控制点上分别安置经纬仪，根据相应的已知方向放样出相应的角值，从三个方向交会确定出放样点的一种方法。此法适用于放样点离控制点较远或测量距离有困难的情况。

如图 5–3 所示，首先根据控制点 A，B，C 的已知坐标和放样点 P 的设计坐标，计算放样数据 β_1、β_2、β_3、β_4 角值。然后将经纬仪安置在 A 点，精平后瞄准 B 点并拨 β_1 角定出 AP_1 方向线，在 AP_1 方向线上的 P 点附近打上两个木桩（俗称骑马桩），桩上钉小钉以表示此方向，并用细线拉紧。再将经纬仪分别安置在 B，C 两点，用同样的方法测定出 BP_2，CP_3 方向线。若三条方向线交于一点，交点即为放样点。由于放样存在误差，三条方向线可能交出三点，此三点构成一个误差三角形。如果误差三角形的最大边长不超过 4 cm，内切圆直径不大于 2 cm 时，则取误差三角形的重心作为放样点 P 的位置。

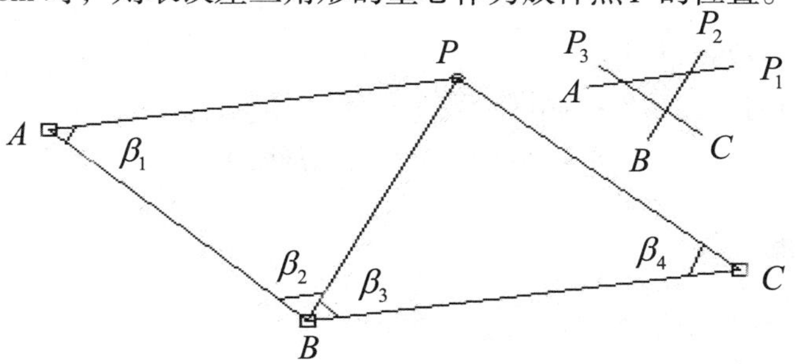

图 5–3 角度交会法放样点的平面位置

（四）距离交会法

距离交会法是通过测设已知距离定出点的平面位置的一种方法。当建筑场地平坦、便于量距且放样距离不超过钢尺一尺长，或场地不便于安置经纬仪的地方，用此法较为方便。

如图 5–4 所示，P 为待测设点，A、B 为测量控制点。测设前，应根据 P 点的设计坐标和 A、B 的已知坐标，分别算出测设距离 D_1、D_2。测设时，分别用两把钢尺的零点对准 A、B 两点，同时拉紧、拉平钢尺，以 D_1 和 D_2 为半径，在地面上画弧，两弧交点即为待测设的 P 点。

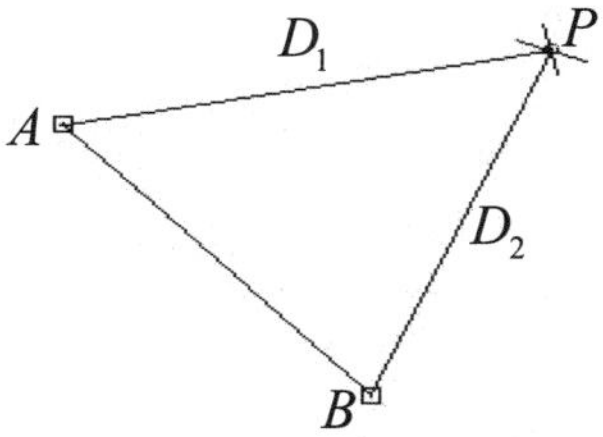

图 5–4 距离交会法放样点的平面位置

实训报告一　点平面测设知识练习

一、选择题

1. 施工测量的内容不包括（　）。

A. 控制测量　B. 放样　C. 测图　D. 竣工测量

2. 用角度交会法测设点的平面位置所需的测设数据是（　）。

A. 一个角度和一段距离　B. 纵横坐标差　C. 两个角度　D. 两段距离

3. 在一地面平坦、无经纬仪的建筑场地，放样点位应选用（　）。

A. 直角坐标法　B. 极坐标法　C. 角度交会法　D. 距离交会法

4. 建筑基线布设的常用形式有（　）。

A. 矩形、十字形、丁字形、L 形

B. 山字形、十字形、丁字形、交叉形

C. 一字形、十字形、丁字形、L 形

D.X 形、Y 形、O 形、L 形

5. 在施工控制网中，高程控制网一般采用（　）。

A. 水准网　B.GPS 网　C. 导线网　D. 建筑方格网

二、判断题

1. 局部精度往往高于整体定位精度。（　）

2. 当测设精度要求较低时，一般采用光电测距仪测设法。（　）

3. 建筑基线上的基线点应不少于三个，以相互检核。（　）

4. 待定点较远或无法量距时常采用极坐标法。（　）

5. 与测图控制网相比，施工控制网具有控制范围小、控制点密度大、精度要求高及使用频繁的特点。（　）

三、简答题。

1. 放样测量与测绘地形图有什么根本的区别？

2．建立施工控制网的主要目的是什么？

3．何谓施工测量？建筑施工测量的基本工作有哪些？

4．简述全站仪放样所需要的数据？

5．简述建筑基线的布设要求？

第二节 建筑物的定位

[实训指导]

一、目的与要求

（1）掌握点位放样的各种方法。

（2）掌握龙门桩、龙门板的测设方法及要求。

（3）具有分析问题、解决问题的能力。

（4）具有合作精神和管理协调能力，善于沟通，豁达、诚信、团结、乐于助人。

（5）具有良好的心理素质。

二、计划与设备

（1）实训时数安排 4 学时，以小班 6 人为一组。

（2）实训设备为钢尺、经纬仪、水准尺、测钎（或粉笔）、计算器、记录板等。

（3）巩固水平距离测设、水平角测设相关知识。

（4）实训结束时，每人上交一份实训报告。

三、方法与步骤

在训练场由实训指导老师假定原有建筑物和设定新建建筑尺寸，将新建建筑的外廓各交点桩（角桩）放样到相应地点。主要步骤如下：

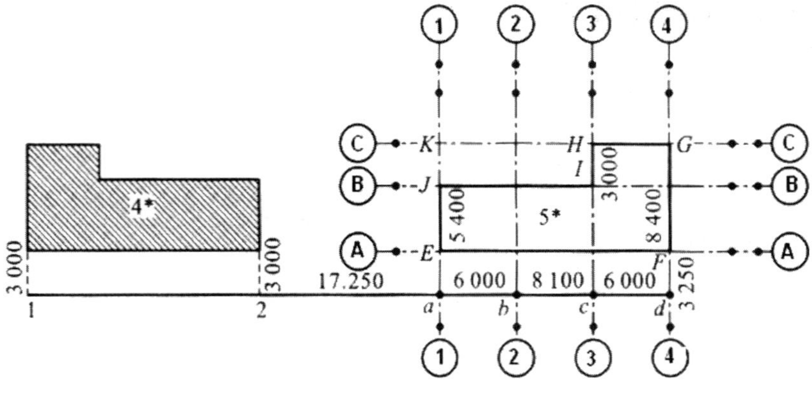

图 5-5 训练场（单位 m）

（1）借线。沿假定的原有建筑两端外墙向外量 3 m，定出 12 边。

（2）作辅助点。采用正倒镜延长法将 12 边延长，并在延长线上量取 17.250 m（轴线外墙厚 250 mm，新建房屋与原有房屋净间距 17 m）定出 *a* 和 *d* 辅助点。

（3）作定位点。分别在 *a* 和 *d* 点以 12 边为基准测设水平角 90°，在角度方向上量取 3+0.25 m 定出 *E* 和 *F* 点，再量取 11.4 m 定出 *K* 和 *G* 点。

（4）检查。检查远边边长 *KG* 是否为设计边长，∠*K* 和∠*G* 是否为 90°，误差控制在允许范围之内。

（5）细部放线。依据角桩其余各中心桩。并依据基础图撒白灰，确定基础开挖边界。

（6）设置轴线控制桩或龙门板。

四、注意事项

（1）组长要切实负责，合理安排，使每一同学都有练习的机会，不要单纯追求进度；组员之间应团结协作，密切配合，以确保实训任务顺利圆满完成。

（2）实训过程中,应严格遵守教材中“测量实训注意事项”与“测量仪器操作注意事项”中的有关规定。

（3）实训前要做好准备，随着实训进度阅读“实训指导书”及教材有关章节。

（4）每一项实训工作完成之后，要及时计算、整理观测成果。原始数据、资料、成果应及时妥善保存，不得丢失。

实训报告二　建筑物的定位

日期：__________天气：__________班级：__________小　　组：__________

观测：__________记录：__________成绩：__________指导教师：__________

一、数据记录表

表 5-1 工程测量定位放线记录表

<table>
<tr><td colspan="2">建设单位</td><td></td><td>工程名称</td><td></td><td>施工单位</td><td></td></tr>
<tr><td colspan="4">工程定位放线依据</td><td colspan="3" rowspan="12">附：定位放线示意图</td></tr>
<tr><td colspan="2">总平面图编号</td><td colspan="2"></td></tr>
<tr><td colspan="2">永久（临时）水准点名称位置</td><td colspan="2"></td></tr>
<tr><td colspan="2">永久（临时）水准点标高</td><td colspan="2"></td></tr>
<tr><td colspan="2">建筑物设计标高</td><td colspan="2">室内标高 ±0.000 相当于吴淞高程</td></tr>
<tr><td colspan="2">房屋朝向</td><td colspan="2"></td></tr>
<tr><td rowspan="3">纵轴线方位</td><td>轴　线
名　称</td><td colspan="2">A - K 轴</td></tr>
<tr><td>邻近建筑物名称</td><td colspan="2"></td></tr>
<tr><td>距　离
（角　度）</td><td colspan="2"></td></tr>
<tr><td rowspan="3">横轴线方位</td><td>轴　线
名　称</td><td colspan="2">1-50 轴</td></tr>
<tr><td>邻近建筑物名称</td><td colspan="2"></td></tr>
<tr><td>距　离
（角　度）</td><td colspan="2"></td></tr>
<tr><td colspan="2">定　位　放　线
日　期</td><td colspan="2">年　月　日</td><td>验收情况</td><td colspan="2"></td></tr>
</table>

建设单位驻工地代表：　　　　项目负责人：　　　　项目监理机构：

定位放线负责人：

二、考核技术要求和评价标准表

表 5-2 考核技术要求和评价标准表

<table>
<tr><td colspan="2">实训项目</td><td colspan="4"></td></tr>
<tr><td colspan="2">小组编号</td><td></td><td>场地号</td><td>实训者</td><td></td></tr>
<tr><td>序号</td><td>评估项目</td><td>分值</td><td colspan="2">实训要求</td><td>自我评定</td></tr>
<tr><td>1</td><td>任务完成情况</td><td>30</td><td colspan="2">按时按要求完成实训任务</td><td></td></tr>
<tr><td>2</td><td>测量精度</td><td>20</td><td colspan="2">成果符合限差要求</td><td></td></tr>
<tr><td>3</td><td>实训记录</td><td>20</td><td colspan="2">记录规范、完整，计算准确</td><td></td></tr>
<tr><td>4</td><td>实训纪律</td><td>15</td><td colspan="2">遵守课堂纪律，无事故，仪器未损坏</td><td></td></tr>
<tr><td>5</td><td>团队合作</td><td>15</td><td colspan="2">服从组长安排，能配合其他成员工作</td><td></td></tr>
</table>

三、教师评价

表 5-3 教师评价

<table>
<tr><td colspan="2">实训项目</td><td colspan="4"></td></tr>
<tr><td colspan="2">小组编号</td><td></td><td>场地号</td><td>实训者</td><td></td></tr>
<tr><td>序号</td><td>考核项目</td><td>分值</td><td colspan="2">实训要求</td><td>考核评定</td></tr>
<tr><td>1</td><td>操作程序</td><td>20</td><td colspan="2">操作动作规范，操作程序正确</td><td></td></tr>
<tr><td>2</td><td>操作速度</td><td>20</td><td colspan="2">按时完成实训</td><td></td></tr>
<tr><td>3</td><td>安全操作</td><td>10</td><td colspan="2">无事故发生</td><td></td></tr>
<tr><td>4</td><td>数据记录</td><td>10</td><td colspan="2">记录规范，无转抄、涂改、抄袭等</td><td></td></tr>
<tr><td>5</td><td>测量成果</td><td>30</td><td colspan="2">计算准确，精度符合规定要求</td><td></td></tr>
<tr><td>6</td><td>团队合作</td><td>10</td><td colspan="2">服从组长安排，能配合其他成员工作</td><td></td></tr>
<tr><td colspan="6">存在的问题：
指导老师：　　　　　　评价时间：</td></tr>
</table>

第三节　测设点的平面位置和高程

[实训指导]

一、目的与要求

（1）练习用一般方法测设水平角、水平距离和高程，以确定点的平面和高程位置。

（2）测设限差：水平角不大于 ±40″，水平距离的相对误差不大于 1/5 000，高程不大于 ±10 mm。

二、计划与设备

（1）实训安排 2 学时，每组 3 ~ 5 人。

（2）设备为每组 DJ_6 型光学经纬仪、DS_3 水准仪各 1 台，钢卷尺 1 把，水准尺 1 根，记录板 1 块，斧头 1 把，木桩（红色油漆或粉笔）、小钉、测钎数个。

（3）布置场地。每组选择间距为 30 m 的 A、B 两点，在点位上打木桩，桩上钉小钉（如果是水泥地面，可用红色油漆或粉笔在地面上画十字作为点位），以 A、B 两点的连线为测设角度的已知方向线，在其附近再布置一个临时水准点，作为测设高程的已知数据。

（4）实训结束后，每人上交“点的平面位置测设”“高程的测设”实训报告各一份。

三、方法与步骤

（1）测设水平角和水平距离，以确定点的平面位置（极坐标法）。设欲测设的水平角为 β，水平距离为 D。在 A 点安置经纬仪，盘左照准 B 点，置水平度盘为 0° 00′ 00″，然后转动照准部，使度盘读数为准确的 β 角；在此视线方向上，以 A 点为起点用钢卷尺量取预定的水平距离 D（在一个尺段以内），定出一点为 P'。盘右，同样测设水平角 β 和水平距离，再定一点为 P''；若 P'、P'' 不重合，取其中点 P，并在点位上打木桩、钉小钉（或用红色油漆，或用粉笔在水泥地面上画十字）标出其位置，即为按规定角度和距离测设的点位。最后以点位 P 为准，检核所测角度和距离，若与规定的 β 和 D 之差在限差内，则符合要求。测设数据：假设控制边 AB 起点 A 的坐标为 X_A =56.56 m，Y_A =70.65 m，控制边方位角 α_{AB} =90°，已知建筑物轴线上点 P_1、P_2 设计坐标为：X_1 =71.56 m，Y_1 =70.65 m；X_2 =71.56 m，Y_2 =85.65 m。

（2）测设高程。设上述 P 点的设计高程为 H_P。视线高 $H_1 = H_{水} + a$；同时计算 P 点的尺上读数 $b = H_1 - H_p$，即可在 P 点木桩上立尺进行前视读数。在 P 点上立尺时标尺要紧贴木桩侧面，水准仪瞄准标尺时要使其贴着木桩上下移动，当尺上读数正好等于 b 时，则沿尺底在木桩上画横线，即为设计高程的位置。在设计高程位置和水准点立尺，再前后视观测，以作检核。测设数据：假设 $H_{水}$=50.000 m，点 P_1、P_2 的设计高程为 H_{p1}=50.550 m，H_{p2}=49.850 m。

四、注意事项

（1）做好测设前的准备工作，正确计算测设数据。

（2）测设水平角时，注意对中整平，精确对准起始方向调 0° 00′ 00″，然后转动照准部旋转至 β 值附近制动水平螺旋，再缓缓旋转水平微动螺旋直至 β 精确值。

（3）量距时，注意钢尺的刻划注记规律，搞清零点位置。

（4）确定点的平面位置既要注意测设水平角的方向，又要注意量距精确，否则都将直接影响点的平面位置。

（5）钢尺性能脆，易折断，防止打结、扭曲、拖拉，并严禁车碾、人踏，以免损坏，用毕擦净。

（6）测设高程时，当尺上读数正好等于 b 时，应沿尺底在木桩上画横线。

（7）测设完毕要进行检测，测设误差超限时应重测，并做好记录。检测高程时，要将尺底对准木桩画的横线上。

（8）如果超限，及时分析原因，以利于总结经验重测。

（9）用全站仪坐标定位就不需要计算测设数据，可直接进行测量。

（10）在工程实践中，全站仪经常用在道路桥梁工程中，也用在建筑物的定位上。加密一些次要的点还是传统测量方法又快又方便。

实训报告三　测设点的平面位置和高程

日期：__________天气：__________班级：__________小　　组：__________
观测：__________记录：__________成绩：__________指导教师：__________

一、极坐标法测设数据计算

1. P_1点的测设数据。

2. P_2点的测设数据。

3. 测设后经检查，点 1 与点 2 的距离为多少？

4. 与已知距离值 15.000 m 相差多少米？

二、高程放样数据计算

1. 水准控制点 A 的高程 $H_{水}$ =50.000，可结合场地情况，测定出点 1 与点 2 的设计高程。计算前视尺读数 b_1， b_2。

2. 测设后经检查，点 1 和点 2 高差为多少？

3. 点 1 和点 2 与已知高差 −0.700 m 相差多少?

三、考核技术要求和评价标准表

表 5-4 考核技术要求和评价标准表

实训项目				
小组编号		场地号	实训者	
序号	评估项目	分值	实训要求	自我评定
1	任务完成情况	30	按时按要求完成实训任务	
2	测量精度	20	成果符合限差要求	
3	实训记录	20	记录规范、完整，计算准确	
4	实训纪律	15	遵守课堂纪律，无事故，仪器未损坏	
5	团队合作	15	服从组长安排，能配合其他成员工作	

四、教师评价

表 5-5 教师评价

实训项目				
小组编号		场地号	实训者	
序号	考核项目	分值	实训要求	考核评定
1	操作程序	20	操作动作规范，操作程序正确	
2	操作速度	20	按时完成实训	
3	安全操作	10	无事故发生	
4	数据记录	10	记录规范，无转抄、涂改、抄袭等	
5	测量成果	30	计算准确，精度符合规定要求	
6	团队合作	10	服从组长安排，能配合其他成员工作	
存在的问题: 指导老师: 评价时间:				

第四节　配套练习

一、单项选择题（每题 1 分，共 45 分）

1. 建筑工程施工测量的基本工作是（　）。

A. 测图　B. 测设　C. 用图　D. 识图

2. 在布设施工平面控制网时，应根据（　）和施工现场的地形条件来确定。

A. 建筑总平面图　B. 建筑平面图　C. 建筑立面图　D. 基础平面图

3. 施工测量中，（　）是测设放线的依据。

A. 建筑总平面图　B. 建筑平面图　C. 立面图　D. 基础详图

4. 对于建筑物多为矩形且布置比较规则和密集的工业场地，宜将施工平面控制网布设成（ ）。

A. 建筑方格网　B. 导线网　C. 三角网　D.GPS 网

5. 根据极坐标法测设点的平面位置时，若采用（　）则不需预先计算放样数据。

A. 水准仪　B. 经纬仪　C. 铅直仪　D. 全站仪

6. 布设高程施工控制网时，水准点距离基坑回填边线不应小于（　），以保证水准点的稳定，方便进行高程放样工作。

A.5 m　B.10 m　C.15 m　D.20 m

7. 施工时为了使用方便，一般在基槽壁各拐角处、深度变化处和基槽壁上每隔 3 ～ 4 m 测设一个（　），作为挖槽深度、修平槽底和打基础垫层的依据。

A. 水平桩　B. 龙门桩　C. 轴线控制桩　D. 定位桩

8. 采用设置轴线控制桩法引测轴线时，轴线控制桩一般设在开挖边线（ ）以外的地方，并用水泥砂浆加固。

A.1 m ～ 2 m　B.2 m ～ 4 m　C.4 m ～ 6 m　D.6 m ～ 8 m

9. 建筑物沉降观测常用的方法是（ ）。

A. 距离测量　B. 水准测量　C. 角度测量　D. 坐标测量

10. 关于施工测量原则的说法，错误的是（　）。

A. 应使用经过检校的仪器和工具进行测量作业

B. 测量人员应仔细复核放样数据，避免出现错误

C. 内业计算和外业测量时均应有步步检核

D. 测量时应采用精度较高的仪器，力求高精度测量

11. 关于建筑基线布设要求的说法，错误的是（ ）。

A. 建筑基线应平行或垂直于主要建筑物的轴线

B. 建筑基线点应不少于两个，以便检测点位有无变动

C. 建筑基线点应相互通视，且不易被破坏

D. 建筑基线的测设精度应满足施工放样的要求

12. 关于轴线控制桩设置的说法，错误的是（ ）。

A. 轴线控制桩是广义的桩，根据现场的条件可在墙上画标记

B. 地面上的轴线控制桩应位于基坑的上口开挖边界线以内

C. 为了恢复轴线时能够安置仪器，要求至少有一个控制桩在地面上

D. 地面轴线控制桩用木桩标记时，应在其周边砌砖保护

13. 关于建筑方格网布设的说法，错误的是（ ）。

A. 主轴线应尽量选在场地的北部　　B. 纵横主轴线要严格正交成 90°

C. 一条主轴线不能少于三个主点　　D. 主点应选在通视良好的位置

14. 在多层建筑施工中，向上投测轴线可以（ ）为依据。

A. 角桩　　B. 中心桩　　C. 龙门桩　　D. 轴线控制桩

15. 设计图纸是施工测量的主要依据，可以查取基础立面尺寸、设计标高的图纸是（ ）。

A. 建筑平面图　　B. 建筑立面图　　C. 基础平面图　　D. 基础详图

16. 基础高程测设的依据是从（ ）中查取的基础设计标高、立面尺寸及基础边线与定位轴线的尺寸关系。

A. 建筑平面图　　B. 基础平面图　　C. 基础详图　　D. 结构图

17. 下列关于施工测量的说法，错误的是（ ）。

A. 施工测量贯穿于整个施工过程中

B. 施工测量前应熟悉设计图纸，制定施工测量方案

C. 大中型的施工项目，应先建立场区控制网

D. 施工控制网点，应根据建筑设计平面图布置

18. 当施工建（构）筑物的轴线平行又靠近建筑基线或建筑方格网边线时，常采用（ ）测设点位。

A. 直角坐标法　　B. 极坐标法　　C. 距离交会法　　D. 角度交会法

19. 关于建筑物高程控制的说法，错误的是（ ）。

A. 建筑物高程控制，应采用水准测量

B. 水准点必须单独埋设，个数不应少于 2 个

C. 当高程控制点距离施工建筑物小于 200 m 时，可直接利用

D. 施工中高程控制点不能保存时，应将其引测至稳固的建（构）筑物上

20. 建筑物的定位是将建筑物的（ ）测设到地面上，作为基础放样和细部放样的依据。

A. 外墙轴线交点　　B. 内部轴线交点　　C. 基础边线交点　　D. 主轴线交点

21. 关于设置龙门板的说法，错误的是（　）。

A. 龙门桩要钉得竖直牢固，其外侧面应与基槽平行

B. 龙门桩的顶面标高一般是施工建筑物的 ±0 标高

C. 龙门板标高测定的容许误差一般为 ±5 mm

D. 机械化施工时，一般不设置龙门板和龙门桩

22. 下列测量方法中，不属于轴线投测方法的是（　）。

A. 吊线坠法　　B. 经纬仪投测法　　C. 激光铅直仪法　　D. 悬吊钢尺法

23. 工程竣工后，为了便于维修和扩建，必须测量出该工程的（　）。

A. 高程值　　B. 坐标值　　C. 变形量　　D. 竣工图

24. 直角坐标法测设设计平面点位，是根据已知点与设计点间的（　）进行测设。

A. 水平距离　　B. 水平角度　　C. 坐标增量　　D. 直线方向

25. 下列选项中，不属于施工测量内容的是（　）。

A. 建立施工控制网　　B. 建筑物定位和基础放线

C. 建筑物的测绘　　D. 竣工图的编绘

26. 在一地面平坦、无经纬仪的建筑场地，放样点位应选用（　）。

A. 直角坐标法　　B. 极坐标法　　C. 角度交会法　　D. 距离交会法

27. 建筑物的定位是指（　）。

A. 进行细部定位

B. 将地面上点的平面位置确定在图纸上

C. 将建筑物外廓的轴线交点测设在地面上

D. 在设计图上找到建筑物的位置

28. 在高程的向上传递中，对于钢尺的尺上间隔应（　）。

A. 加大　　B. 减小　　C. 无关　　D. 取平均值

29. 建筑方格网布网时，方格网的主轴线与主要建筑物的基本轴线平行，方格网之间应长期通视，方格网的折角应呈（　）。

A.45°　　B.60°　　C.90°　　D.180°

30. 建筑方格网布网时，方格网的边长一般为（　）。

A.80 ~ 120 m　　B.100 ~ 150 m　　C.100 ~ 200 m　　D.150 ~ 200 m

31. 设已知水准点 A 的高程 H_A =6.953 m，道路起点 B 的设计高程 H_B =7.381 m，若水准仪后视 A 点水准尺读数为 1.262 m，则 B 点的前视读数为（　）时，水准尺尺底就是 B 点设计标高位置。

A.0.834　　B.1.690　　C.1.262　　D.0.417

32. 建筑基线布设的常用形式有（　）。

A. 矩形、十字形、丁字形、L 形、工字型

B. 山字形、十字形、丁字形、交叉形、工字型

C. 一字形、十字形、丁字形、L 形、工字型

D.X 形、Y 形、O 形、L 形、工字型

33. 建筑物的定位依据必须明确，一般有以下三种情况：（1）城市规划部门给定的城市测量平面控制点；（2）城市规划部门给定的建筑红线或规划路中线；（3）（ ）。

A. 甲方在现场随意指定的位置　　B. 原有永久性建（构）筑物

C. 场地四周临时围墙　　D. 原有人行小路

34. 下列关于提高施工测量放样精度的说法中，错误的是（ ）。

A. 点位误差与定向边的距离成反比，应尽量利用长边进行定向

B. 点位误差与放样距离成正比，放样的距离不宜过长且要求放样边大于定向边

C. 点位误差与放样角成正比，应尽量将放样角控制在 0° ~ 90° 之间

D. 将安置仪器误差和放样点的标定误差控制在最小范围之内

35. 建筑施工测量中设置的龙门板的顶部应为（ ）位置。

A. 建筑物室外地面　　B. 建筑物室内地面

C. 建筑物相对标高　　D. 建筑物 ±0 标高

36. 在建筑物放线中，延长轴线的方法主要有两种，（ ）和轴线控制桩法。

A. 平移法　　B. 交桩法　　C. 龙门板法　　D. 顶管法

37. 如果施工场地已有建筑方格网或建筑基线时，可直接采用（ ）进行定位。

A. 直角坐标法　　B. 极坐标法　　C. 角度交会法　　D. 距离交会法

38. 用极坐标法测设点的平面位置所需的数据是（ ）。

A. 纵横坐标差　　B. 一个角度，一段距离

C. 两个角度　　D. 两端距离

39. 在高程的向下传递中，对于钢尺的尺上间隔应（ ）。

A. 加大　　B. 减小　　C. 无关　　D. 取平均值

40. 当测设的点与控制点的距离较近，不超过量距的一整尺长度，量距又较方便，可采用（ ）。

A. 角度交会法　　B. 距离交会法　　C. 直角坐标法　　D. 极坐标法

41. 将经纬仪安置于 A 点且照准 B 点时，水平度盘读数为 30°，现欲测设 45° 的水平角值于 AB 直线的左侧，则此时水平度盘的读数应为（ ）。

A.15°　　B.75°　　C.255°　　D.345°

42. 测设点平面位置的方法，主要有直角坐标法、极坐标法、（ ）和距离交会法。

A. 横坐标法　　B. 纵坐标法　　C. 左右交会法　　D. 角度交会法

43. 对于多层建筑物楼层轴线的测设中，常采用（ ）投测楼层轴线。

A. 吊垂球　　B. 吊钢尺　　C. 经纬仪　　D. 水准仪

44. 使用测量仪器和工具，根据已有的控制点或地物点，按照设计要求，采用一定的方法，将图纸上规划设计的建（构）筑物的位置标定到地面上，称为（ ）。

A. 测设　　B. 测定　　C. 测量　　D. 测图

45. 施工高程控制网，常采用（　）。

A. 导线网　B. 三角网　C. 三角高程网　D. 水准网

二、多项选择题（每题 3 分，共 45 分）

1. 关于施工测量的说法，正确的有（　）。

A. 施工测量是将设计的建（构）筑物由图上标定在施工作业面上

B. 施工测量不必遵循“从整体到局部、先控制后碎部”的原则

C. 施工测量的精度要求比地形测量的精度要求低

D. 施工现场各种测量标志容易破坏，因此应埋设稳固并易于恢复

E. 钢筋混凝土结构建筑物施工测量精度要求比钢结构建筑物高

2. 设计图纸是施工测量的主要依据，下列图纸中可以查取基础边线与定位轴线之间的尺寸关系的有（　）。

A. 建筑平面图　B. 建筑立面图　C. 基础平面图　D. 建筑总平面图

E. 基础详图

3. 下列选项中，属于施工测量的内容有（　）。

A. 建立施工控制网　B. 建筑物定位和基础放线

C. 建筑物的测绘　D. 竣工图的编绘

E. 已知坡度线的测设

4. 当测设的角度精度要求一般时，测设的具体步骤是（　）。

A. 设在地面上已有 AB 方向，要在 A 点以 AB 为起始方向，按设计图给出或计算出向右测设的水平角 β

B. 将经纬仪安置在 A 点，用盘左测设 β

C. 固定照准部，倒转望远镜成盘右，测设 β 角

D. 取盘左、盘右测设的中点，为所测设的 β 角

E. 测量 A 点水平角进行角度改正

5. 测量放线工作应遵循测量工作的一般程序是（　）这几项。

A. 从整体控制到局部放线或施测

B. 选用合适的仪器、工具和方法

C. 研究制定满足工程精度的措施

D. 严格遵守技术规范和操作规程，认真进行校核

E. 施工控制网容易被破坏，控制点可不保存，每次放样时重新布设

6. 平面点位的测设方法有（　）等。

A. 直角坐标法　B. 极坐标法　C. 角度交会法　D. 距离交会法

E. 图解法

7. 细部放样可采用（　）等方法。

A. 直角坐标法　B. 极坐标法

C. 长度交会法　　D. 方向线法以及角度前方交会法

E. 测回法

8. 建筑物放线时，为了便于恢复各轴线的位置，应把各轴线延长到基槽外安全地点，其方法有（ ）。

A. 轴线控制桩法　　B. 皮数杆法

C. 锤球悬吊法　　D. 龙门板法

E. 外控法

9. 建筑物施工中，可采用的高程传递的方法有（ ）。

A. 皮数杆法　　B. 钢卷尺丈量法

C. 吊线坠法　　D. 悬吊钢尺法

E. 铅直仪法

10. 关于施工控制网特点的说法，正确的有（ ）。

A. 施工控制网控制的范围较小

B. 施工控制测量的精度要求较高

C. 施工控制点的使用较频繁

D. 施工控制点的密度比较小

E. 施工控制点容易受施工影响

11. 关于建筑基线布设的说法，正确的有（ ）。

A. 建筑基线应平行于主要建筑物的轴线

B. 建筑基线点应不少于两个，以便检测

C. 建筑基线点间应相互通视，不易被破坏

D. 建筑基线的测设精度应满足施工放样要求

E. 建筑基线的布设形式应根据基础平面图确定

12. 关于场区控制测量的说法，正确的有（ ）。

A. 控制网点位应选在通视良好、土质坚实、便于施测、利于长期保存的地点

B. 建筑方格网点的布设，应与建（构）筑物的设计轴线平行

C. 当采用导线网作为场区控制网时，导线相邻边的长度之比不宜超过 1∶4

D. 场区高程控制网，应布设成闭合环线、附合路线或结点网

E. 场区水准点应单独布设在场地相对稳定的区域，不得设在平面控制点的标石上

13. 下列关于平面点位放样方法的说法，正确的有（ ）。

A. 平面点位放样方法有直角坐标法、极坐标法 、交会法

B. 建筑施工控制采用方格网布设，常选用直角坐标法放样

C. 为了避免错误，放样时选用高精度仪器及方法，力求高精度

D. 只有经纬仪时，选用角度交会法放样

E. 采用全站仪极坐标法放样时，可不计算放样数据

14. 测设的三项基本工作是（ ）。

A. 已知水平距离的测设　　B. 已知坐标的测设

C. 已知坡度的测设　　D. 已知水平角的测设

E. 已知设计高程的测设

15. 全站仪在现代工程测量中得到了广泛的应用，借助于机内固化的软件，可以组成多种测量功能，有（　）。

A. 计算并显示平距　　B. 进行偏心测量

C. 进行对边测量　　D. 进行面积计算

E. 自动绘图

三、判断题（正确涂 A，错误涂 B 每题 1 分，共 10 分）

1. 建筑基线的控制点点数不能少于 4 点，建筑基线的边与边之间应组成平角。（　）

2. 建筑基线的边长按规定应在 100 ~ 200 m 之间为宜。（　）

3. 测设的三项基本工作与测量的三项基本工作相同。（　）

4. 测设已知水平距离中，一般方法的精度要求是 1/3 000 以内。（　）

5. 测设已知水平角，按精度要求测设方法有一般方法和精密方法两种。（　）

6. 建筑平面图是测设放线和总体定位的依据。（　）

7. 施工测量是设计与施工之间必不可少的中间工作，它使设计图纸得以实施，也使施工得以连续进行。（　）

8. 轴线控制桩距离基槽开挖边界线 1 ~ 2 m 设置。（　）

9. 水平桩距离槽底 0.4 ~ 0.5 m 设置。（　）

10. 建筑物的不均匀沉降的观测是通过多次水准测量，求得建筑物不同位置的沉降量来衡量的。（　）

第六章　全站仪的使用

第一节　全站仪的理论知识回顾

[实训指导]

一、目的与要求

（1）认识全站仪的构造及功能键。

（2）熟悉距离、角度、高程测量。

二、仪器与工具

（1）由仪器室借领：全站仪 1 套、对讲机 1 对、棱镜 1 套、测伞 1 把、记录板等。

（2）自备：铅笔、小刀、草稿纸。

三、基础知识

（一）全站仪的发展简况

全站仪是全站型电子速测仪（Electronic Total Station）的简称，可在一个测站上同时完成测角（水平角、竖直角）、测距（斜距、平距和高差），并能自动计算出待定点的三维坐标（X，Y，H）。由于只安置一次仪器就可以完成本站所有的测量工作，故称“全站仪”。

全站仪按数据存储方式分为内存型和电脑型两种。内存型全站仪的所有程序都固化在仪器的存储器中，不能添加或改写，其功能无法扩充；而电脑型全站仪内置操作系统，所有的程序均运行于其上，使用者可根据实际需要添加相应程序来扩充其功能。

全站仪由电源、测角、测距、中央处理器（微型机）、输入输出接口几个部分组成。电源是可充电电池，供各部分运转及望远镜十字丝和显示器的照明；测角部分相当于电子经纬仪，用来测水平角、竖直角，设置方位角；测距部分就是测距仪，一般用红外光源测量仪器到反射棱镜间的斜距、平距和高差；中央处理器用于接收指令、分配各种作业、进行测量数据运算，还包括运算功能更完善的各种软件；输入输出部分包括操作键盘、显示屏和通信接口，键盘可输入操作指令、数据，以及设置参数；显示屏可显示当前所处的工作模式、状态、观测数据和运算结果；通信接口使全站仪与微机交互通信、传输数据。具体工作原理见图 6-1。

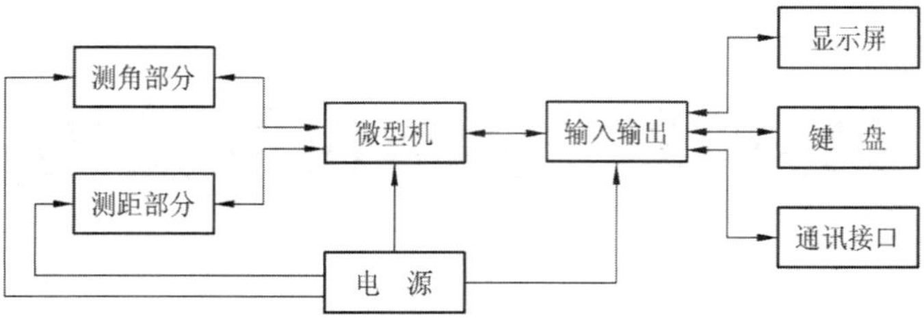

图 6-1 全站仪工作原理

全站仪除具有测角（水平角、竖直角）、测距（斜距、平距和高差）、自动计算出待定点的三维坐标（X，Y，H）功能外，还有对边测量、悬高测量、偏心测量、后方交会、放样测量、面积计算、线路计算、地形测图等一些特殊功能。

随着电子科技技术的发展，全站仪仪器本身也发生着重大的变革，图 6-2 是几款常见的全站仪。

徕卡 TPS700 系列

拓普康 GTS332W

索佳 10 系列

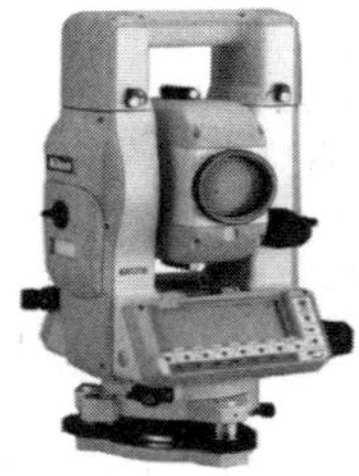
尼康 DTM801 系列

宾得全站仪 TPS-V2

南方 NTS202/205

图 6-2 常见的全站仪

（二）全站仪结构

1. 全站仪组成

电子全站仪主要由电源部分、测角系统、测距系统、数据处理部分、通信接口、显示屏及键盘等组成。

① 采集数据的专用设备主要有电子测角系统、电子测距系统、数据存储系统及自动补偿设备等。

② 过程控制机包括与测量数据相连接的外围设备及进行计算、产生指令的微处理机。它主要用于有序地实现每一专用设备的功能。

2．全站仪的分类

全站仪根据系统组合不同分为组合式和整体式两类。

（1）组合式。也称积木式，它是指电子经纬仪和测距仪既可以分离也可以组合。用户可以根据实际工作的要求，选择测角、测距设备进行组合。

（2）整体式。也称集成式，它是指将电子经纬仪和测距仪集成为一个整体，共用一个望远镜，外壳内还装有包括数据储存器和微处理器在内的电子器（组）件。这类仪器使用非常方便，一次瞄准就能同时测出方向和距离，其结果自动显示和记录，避免了人为读数差错。精度好、效率高，几乎是同时获得平距、高差和点的坐标。

20 世纪 90 年代以来，全站仪基本上都发展为集成式全站仪。随着计算机技术和电子技术不断发展，全站仪不仅满足了不同用户的特殊要求，而且伴随在其他工业技术应用的同时，使之进入一个新的发展时期，其在各项测绘工作中发挥着越来越大的作用。

3．全站仪各部件名称及其功能

（1）部件名称，图 6-3 所示为 ATS-320 海星达全站仪的部件名称。

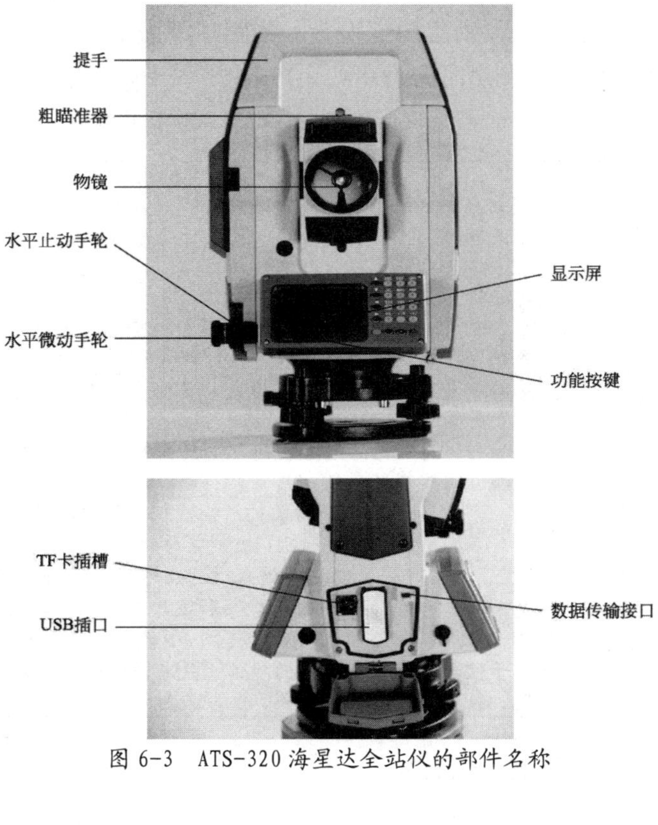

图 6-3　ATS-320 海星达全站仪的部件名称

（2）键盘功能，图 6–4 所示为 ATS–320 海星达全站仪键盘功能信息。

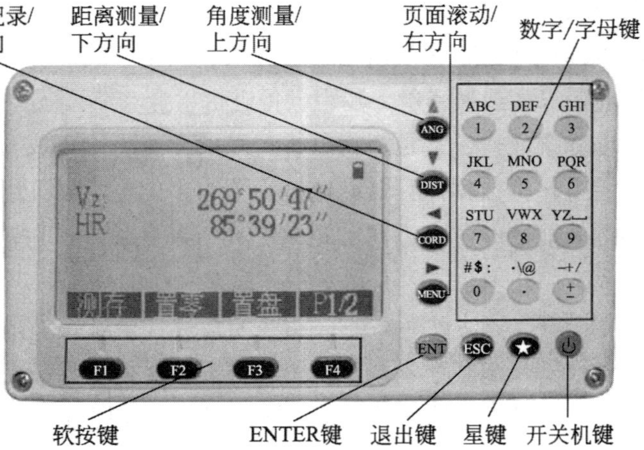

图 6–4　ATS–320 海星达全站仪键盘功能信息

表 6–1 为 ATS–320 海星达全站仪键盘符号信息。角度测量采用绝对编码数字角度测量系统，角度显示最小读数为 1″，测角精度为 2″。测距精度为 ±（2 mm+2×$10^{-6}D$，D 为实测距离），最小读数为 1 mm，测量时间为 2.4 s。

表 6–1　ATS–320 海星达全站仪键盘符号信息

按键	名称	功能
ANG	角度测量	基本测量功能中进入角度测量模式，在其他模式下，光标上移或向上选取选择项
DIST	距离测量	基本测量功能中进入距离测量模式，在其他模式下，光标下移或向下选取选择项
CORD	坐标测量	基本测量功能中进入坐标测量模式，其他模式中，光标左移、向前翻页或辅助字符输入
MENU	菜单键	基本测量功能中进入菜单模式，其他模式中，光标右移、向后翻页或辅助字符输入
ENT	回车键	接受并保存对话框的数据输入并结束对话，在基本测量模式下具有打开关闭直角蜂鸣的功能
ESC	退出键	结束对话框，但不保存其输入
开关键	电源开关	控制电源的开 / 关
F1 ~ F4	软按键	显示屏最下一行与这些键正对的反转显示字符指明了这些按键的含义
0 ~ 9	数字键	输入数字和字母或选取菜单项
-	符号键	输入符号，小数点，正负号
★	星键	用于仪器若干常用功能的操作，凡有测距的界面，星键都进入显示对比度、夜照明、补偿器开关、测距参数和文件选择对话框

（二）全站仪的主要性能指标

衡量一台全站仪的主要性能指标有测角精度、测距精度、测程、补偿器范围、测距时间及工作温度等。表 6–2 列出的是三种型号的全站仪的主要性能指标，仅供参考。

表 6-2 三种型号全站仪的主要性能指标

性能指数		索佳 SET210K	拓普康 GTS-311	徕卡 TC1700
望远镜放大倍数		30×	30×	30×
最短视距 /m		1.0	1.3	1.7
角度最小限制		1″	1″	1″
测角精度		±2″	±2″	±1.5″
双轴自动补偿范围		±3′	±3′	±3′
最大测程 /m	单棱镜	2.4	2.7	2.5
	三棱镜	3.1	3.6	3.5
测距精度（精测）/mm		±（$2+2\times10^{-6}D$）	±（$2+2\times10^{-6}D$）	±（$2+2\times10^{-6}D$）
测距视距（精测）/m		2.8	3	4
使用温度 /℃		-20 ～ 50	-20 ～ 50	-20 ～ 50

实训报告一　全站仪知识练习

日期：__________天气：__________班级：__________小　　组：__________
观测：__________记录：__________成绩：__________指导教师：__________

一、完成下列苏 - 光 RTS630 型全站仪各部件名称的填写

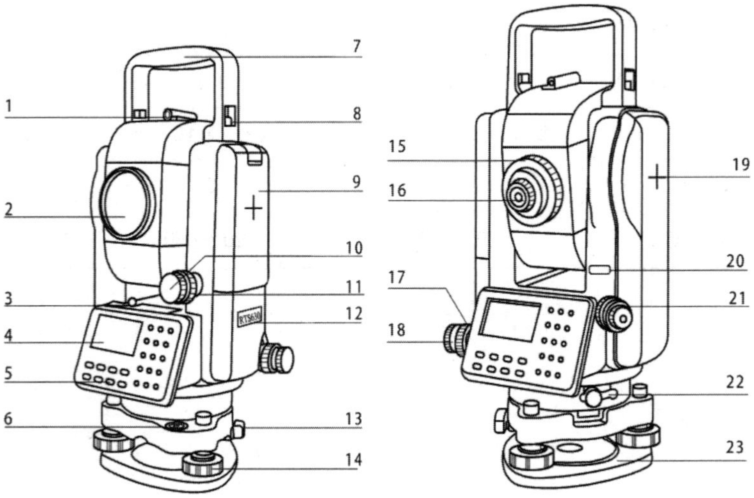

图 6-5 苏 - 光 RTS630 型全站仪构造

1（　　　）、2（　　　）、3（　　　）、4（　　　）、5（　　　）、6（　　　）、7（　　　）、
8（　　　）、9（　　　）、10（　　　）、11（　　　）、12（　　　）、13（　　　）、14（　　　）、
15（　　　）、16（　　　）、17（　　　）、18（　　　）、19（　　　）、20（　　　）、
21（　　　）、22（　　　）、23（　　　）

二、单项选择题

1. 全站仪有三种常规测量模式，下列选项不属于全站仪的常规测量模式的是（　）。

A. 角度测量模式　　B. 方位测量模式
C. 距离测量模式　　D. 坐标测量模式

2. 全站仪在测站上的操作步骤主要包括：安置仪器、开机自检、（　）、选定模式、后视已知点、观测前视欲求点位及应用程序测量。

A. 输入风速　　B. 输入参数　　C. 输入距离　　D. 输入仪器名称

3. 若用（　）根据极坐标法测设点的平面位置，则不需预先计算放样数据。

A. 全站仪　　B. 水准仪　　C. 经纬仪　　D. 测距仪

4. 下列哪项不是全站仪能够直接显示的数值（ ）。

A. 斜距　　B. 天顶距　　C. 水平角度　　D. 坐标

5. 用全站仪进行测距前，不仅要设置正确的大气改正数，还要设置（ ）。

A. 乘常数　　B. 湿度　　C. 棱镜常数　　D. 仪器高

6. 下列选项中不属于全站仪测距模式的是（ ）。

A. 精测　　B. 快测　　C. 跟踪测量　　D. 复测

7. 全站仪代替水准仪进行高程测量中，下列选项中说法错误的是（ ）。

A. 全站仪的设站次数为偶数，否则不能把转点棱镜高抵消

B. 起始点和终点的棱镜高应该保持一致

C. 转点上的棱镜高在仪器搬站时，可以变换高度

D. 仪器在一个测站的观测过程中保持不变

8. 下列关于全站仪使用时注意事项的说法中，属于错误说法的是（ ）。

A. 禁止在高粉尘、无通风等环境下使用仪器

B. 禁止坐在仪器箱上或者使用锁扣、背带和手提柄损坏的仪器箱

C. 严禁用望远镜观测太阳，以免造成电路板烧坏或眼睛失明

D. 在观测过程中，仪器连接在三脚架上时，观测者可以离开仪器

9. 下列关于全站仪使用时注意事项的说法中，属于错误说法的是（ ）。

A. 自行拆卸和重装仪器

B. 禁止将三脚架的脚尖对准别人

C. 禁止用湿手拔插电源插头

D. 禁止使用电压不符的电源或受损的电线插座

10. 下列选项中，不包括在全站仪的测距类型当中的是（ ）。

A. 倾斜距离　　B. 平面距离　　C. 高差　　D. 高程

11. 全站仪的主要技术指标有最大测程、测角精度、放大倍率和（ ）。

A. 最小测程　　B. 自动化和信息化程度　C. 测距精度　　D. 缩小倍率

12. 全站仪分为基本测量功能和程序测量功能，下列属于基本测量功能的是（ ）。

A. 坐标测量　　B. 距离测量　　C. 角度测量和距离测量　D. 面积测量

13. 使用全站仪进行坐标测量或者放样前，应先进行测站设置，其设置内容包括（ ）。

A. 测站坐标与仪器高

B. 后视点与棱镜高

C. 测站坐标与仪器高、后视点方向与棱镜高

D. 后视方位角与棱镜高

14. 全站仪的竖轴补偿器是双轴补偿，可以补偿竖轴倾斜对（ ）带来的影响。

A. 水平方向　　B. 竖直角　　C. 视准轴　　D. 水平和竖直角

15. 全站仪由光电测距仪、电子经纬仪和（ ）组成。

A. 电子水准仪　　B. 坐标测量仪　　C. 读数感应仪　　D. 数据处理系统

16. 利用全站仪检定立式油罐，主要利用的是全站仪（　）和数据自动处理等功能。

A. 电子测角、测距　　B. 电子测边、测距

C. 电子测长、测直径　　D. 电子测直角、测半径

17. 全站仪显示屏显示“HR”代表（　）。

A. 盘右水平角读数　　B. 盘左水平角读数

C. 水平角（右角）　　D. 水平角（左角）

18. 使用全站仪进行坐标放样时，屏幕显示的水平距离差为（　）。

A. 设计平距减实测平距　　B. 实测平距减设计平距

C. 设计平距减实测斜距　　D. 实测斜距减设计平距

19. 全站仪可以同时测出水平角、斜距和(　),并通过仪器内部的微机计算出有关的结果。

A. ΔY、ΔX　　B. 竖直角　　C. 高程　　D. 方位角

20. 在全站仪观测前，应进行仪器参数设置，一般应输入 3 个参数——棱镜常数、(　) 及气压，以使仪器对测距数进行自动改正。

A. 仪器高　　B. 温度　　C. 前视读数　　D. 风速

21. 下列关于全站仪角度测量功能说明错误的是（　）。

A. 全站仪只能测量水平角　　B. 全站仪测角方法与经纬仪相同

C. 当测量精度要求不高时，只需半测回　　D. 当精度要求高时可用测回法

22. 下列关于全站仪的应用说法错误的是（　）。

A. 在地形测量过程中，可以将图根控制测量和地形测量同时进行

B. 在施工放样测量中，可以将设计好的管道、道路、工程建筑的位置测设到地面上

C. 在变形观测中，可以对建筑的变形、地质灾害进行实时动态监测

D. 在同一测站点不能同时完成角度、距离、高差测量

23. 全站仪显示屏显示“HD”代表（　）。

A. 斜距　　B. 水平距离　　C. 水平角（右角）　　D. 水平角（左角）

24. 全站仪显示屏显示“VD”代表（　）。

A. 斜距　　B. 水平距离　　C. 高程　　D. 垂直距离

25. 全站仪不可以测量（　）。

A. 磁方位角　　B. 水平角　　C. 水平方向值　　D. 竖直角

三、多项选择题

1. 用全站仪进行距离或坐标测量前，需要设置（　）。

A. 乘常数　　B. 湿度　　C. 棱镜常数　　D. 风速

E. 大气改正值

2. 全站仪主要由以下（　）部分组成。

A. 测量部分　　B. 中央处理单元　　C. 输入　　D. 输出以及电源

E. 激光发射

3. 全站仪在测量中有广泛应用，主要有（　）。
A. 坐标测量　B. 导线测量　C. 数字测图　D. 放样测量
E. 海洋测量
4. 全站仪的主要技术指标有（　）。
A. 测程　B. 标称测距精度　C. 测角精度　D. 放大倍率
E. 信息化程度
5. 全站仪由（　）组成。
A. 电子测距仪　B. 光学经纬仪　C. 电子经纬仪　D. 电子记录装置
E. 水准器
6. 全站仪可以测量（　）。
A. 磁方位角　B. 水平角　C. 水平方向值　D. 竖直角
E. 距离
7. 全站仪的常规测量模式一般有（　）。
A. 角度测量模式　B. 距离测量模式　C. 高程测量模式　D. 坐标测量模式
E. 方位测量模式
8. 全站仪除能自动测距、测角外，还能快速完成一个测站所需完成的工作，包括（　）。
A. 计算平距、高差　B. 计算三维坐标
C. 按水平角和距离进行放样测量　D. 将任一方向的水平方向值置为 0°
E. 按方位角进行放样
9. 全站仪除能自动测距、测角外，还能快速完成一个测站所需完成的工作，包括（　）。
A. 计算平距、高差　B. 计算三维坐标
C. 按水平角和距离进行放样测量　D. 按坐标进行放样
E. 方位角测量
10. 全站仪能同时显示和记录（　）。
A. 水平角、垂直角　B. 水平距离、斜距
C. 高差　D. 点的坐标数值
E. 方位角
11. 全站仪除能自动测距、测角外，还能快速完成一个测站所需完成的工作，包括（　）。
A. 计算平距、高差　B. 计算磁方位角
C. 按水平角和距离进行放样测量　D. 按坐标进行放样
E. 将任一方向的方向值置为 0° 00′ 00″
12. 全站仪在现代工程测量中得到了广泛的应用，借助于机内固化的软件，可以组成多种测量功能，有（　）。
A. 计算并显示平距　B. 进行偏心测量
C. 进行对边测量　D. 进行面积计算
E. 自动绘图

13. 全站仪可以实现的功能有（ ）。

A. 测角度　B. 测距离　C. 测坐标　D. 测方位角

E. 放样

14. 全站仪由（ ）四大部分组成。

A. 电子经纬仪　B. 电子测距仪　C. 电子补偿器　D. 电源部分

E. 数据处理部分

15. 全站仪角度测量，由于仪器原因引起的误差主要有（ ）。

A. 视准轴误差　B. 横轴误差　C. 竖轴误差　D. 对中误差

E. 目标偏心误差

16. 用全站仪进行坐标测量时，要先设置（ ），然后便可在坐标测量模式下通过已知站点测量出未知点的平面坐标。

A. 测站点坐标　B. 测站仪器高　C. 棱镜高　D. 前视方位角

E. 后视方位角

17. 全站仪的主要技术指标有（ ）。

A. 最大测程　B. 自动化和信息化程度

C. 测距标称精度　D. 放大倍率

E. 测角精度

18. 全站仪在测量工作中的应用有（ ）。

A. 控制测量　B. 倾斜测距　C. 地形测量　D. 工程放样

E. 变形观测

19. 全站仪除能自动测距、测角外，还能快速完成一个测站所需完成的工作，包括（ ）。

A. 计算平距、高差　B. 计算三维坐标

C. 按水平角和距离进行放样测量　D. 将任一方向的水平方向值置为 0°

E. 内控法高层建筑物轴线的竖向投测

20. 全站仪可以测量（ ）。

A. 磁方位角　B. 水平角　C. 水平方向值　D. 竖直角

E. 坐标方位角

21. 下列关于全站仪的说法，正确的有（ ）。

A. 全站仪可以直接得到水平距离

B. 全站仪采用方位角定向，应设置测站至后视点方位角

C. 全站仪可以用来测量高差

D. 全站仪可以进行极坐标放样

E. 全站仪可以直接测得方位角

22. 下列关于 GPS 测量说法，正确的有（ ）。

A.GPS 指的是全球定位系统

B.GPS 分为空间部分、地面部分和用户终端部分

C.GPS 测量不受外界环境影响

D.GPS 可用于平面控制测量

E.GPS 分为静态测量和动态测量

23. 用全站仪进行坐标测量时，要先设置（ ），然后便可在坐标测量模式下通过已知站点测量出未知点的三维坐标。

A. 测站点坐标

B. 测站仪器高

C. 棱镜高

D. 前视点方位角

E. 后视点方位角

第二节　全站仪距离、角度测量

[实训指导]

一、目的与要求

（1）认识全站仪的构造及功能键。

（2）熟悉距离、角度、高程测量。

二、仪器与工具

（1）由仪器室借领：全站仪 1 套、对讲机 1 对、棱镜 1 套、测伞 1 把、记录板等。

（2）自备：铅笔、小刀、草稿纸。

三、实训方法与步骤

下面以南方全站仪为例叙述全站仪的一般操作方法。

1. 安置仪器

（1）在测站点 *A* 安置全站仪，对中、整平。

（2）在测点安置三脚架，进行对中、整平，并将安装好棱镜的棱镜架安装在三脚架上。通过棱镜上的缺口使棱镜对准望远镜，在棱镜架上安装照准用觇板。

2. 检测

开机，检测电源电压，看是否满足测距要求。

3. 测前准备

（1）对全站仪进行设定

①设定距离单位为 m。②设定角度单位为六十进制度（360^{2}），设定角度的小数位数为 4 位（最小显示为 1^{2}）。③设定气温单位为℃，设定气压单位与所用气压计的单位一致。④输入全站仪的测距加常数（测距加常数由仪器检定确定）。

（2）设定显示格式

①设定显示格式一的内容为：Hz、V、⊿、⊿。

②设定显示格式二的内容为：⊿|、E、N、H。也可设定显示格式二到九的内容。

（4）测角

与用光学经纬仪测角的不同之处：照准目标后，水平度盘读数 Hz 及竖直度盘读数 V 即直接显示在屏幕上（只要当前显示格式中包含 Hz、V）。

（5）测定距离：◿、◿l。

四、注意事项

（1）不同厂家生产的全站仪，其功能和操作方法也会有较大的差别，实训前须认真阅读其中的有关内容或全站仪的操作手册。

（2）全站仪是很贵重的精密仪器，在使用过程中要十分细心，以防损坏。

（3）在测距方向上不应有其他的反光物体（如其他棱镜、水银镜面、玻璃等），以免影响测距成果。

（4）不能把望远镜对向太阳或其他强光，在测程较大、阳光较强时要给全站仪和棱镜分别打伞。

（5）全站仪的电池在充电前须先放电，充电时间也不能过长，否则会使电池容量减小，寿命缩短。

（6）电池应在常温下保存，长期不用时应每隔 3 ~ 4 个月充电一次。

（7）外业工作时应备好外接电源，以防电池不够用。

实训报告二　全站仪距离、角度测量

日期：__________天气：__________班级：__________小　　组：__________

观测：__________记录：__________成绩：__________指导教师：__________

一、全站仪距离记录表

表 6-3 全站仪距离记录表

线段	观测次数	水平距离	倾斜距离	高差距离	水平距离平均值 /m
A–*B*	1				
	2				

二、全站仪测水平角记录计算

表 6-4 全站仪测回法测水平角记录计算表

测站	目标	竖盘位置	水平度盘读数（°　′　″）	半测回角值（°　′　″）	一测回角值（°　′　″）	各测回平均角值（°　′　″）
第一测回O	A	盘左				
	B					
	A	盘右				
	B					
第二测回O	A	盘左				
	B					
	A	盘右				
	B					
第三测回O	A	盘左				
	B					
	A	盘右				
	B					
第四测回O	A	盘左				
	B					
	A	盘右				
	B					

三、全站仪测竖直角记录计算

表 6-5 全站仪测竖直角记录计算

测站	目标	竖盘位置	竖盘读数（° ′ ″）	坡度	半测回竖直角（° ′ ″）	一测回竖直角（° ′ ″）
O	A	左				
		右				

四、比较经纬仪与全站仪在功能上的异同？

五、考核技术要求和评价标准

表 6-6 仪器操作部分技术要求和评价标准

评分标准	次（站）数	扣分
全站仪及棱镜摔倒落地，一次扣 10 分		
阻挡或妨碍其他队观测，裁判劝阻无效，一次扣 5 分		
记录转抄或使用橡皮，一次扣 5 分		
测站重测不变换仪度盘或不重新照准，一次扣 2 分		
每半测回观测中，盘左照准目标前先顺时针旋转一周或以上，盘右照准目标前先逆时针旋转一周或以上，违反一次扣 1 分		
每测站起始观测从盘左开始或照准目标顺序按规定进行，违反一次扣 2 分		
迁站时仪器未装箱，一次扣 3 分		
对中误差大于 2 mm，一次扣 2 分		
水准管气泡整平偏差大于 1 格，一次扣 2 分		
仪器 2 m 内无人看管或结束后未装箱归位，一次扣 1 分		
脚架架设不稳定或有碰动（骑马观测）1 次扣 2 分		
换站时不顾安全地狂跑或穿越草地，一次扣 2 分		
记录者无回报读数或观测过程中有其他明显违规或不安全现象等一次扣 1 分		
上下半测回、两测回较差或测距差等不超限为了不扣分而重新观测的，一次扣 2 分		

表 6-7 导线测量及放样评分表

评分标准	次（站）数	扣分
每个测站应按规定编号进行观测和记录，“空站”“跳站记录”等一处扣 5 分		
各半测回观测中，盘左、盘右读数相应的秒值全部相同，扣 20 分；仅 1～2 处不相同扣 10 分		
转抄成果或厘米、毫米及秒改动或涂改、就字改字或连环涂改或用橡皮擦、刀刮或观测与计算数据不一致等，一处扣 5 分		
手簿计算错误或不注错误原因或记录、计算的占位“0”未填写，一处扣 1 分；坐标增量“±”未填写，一处扣 2 分；一处划改扣 0.5 分		
每测站记录表格没有填写完整或缺少计算项或字迹模糊影响识读等，或以上之外的违规情况，一次扣 1 分		
伪造数据，取消赛项成绩		
说明：记录规范性共 20 分，扣完为止	记录部分扣分合计	
水平角：上下半测回、两测回较差≥12″或测距 3 次读数差≥5 mm，一次扣 20 分；上下半测回、两测回较差＜12″不扣分		
方位角闭合差计算错误或≥20″扣 45 分；方位角闭合差 15″～19″扣 5 分；≤14″不扣分		
相对闭合差：≥1 / 15 000 扣 40 分；1 / 15 000～1 / 24 999 扣 5 分；≤1/25 000 不扣分		
待测点、放样点坐标平差计算错误或超限（±20 mm）一点扣 20 分（计算毫米错误的，一点扣 2 分）		
待测点、放样点坐标值 ±15 mm～±20 mm，一点扣 5 分；≤14 mm 不扣分		
计算表作废一张扣 2 分，其他不整洁或以上之外的违规情况，一处扣 1 分；一处划改扣 0.5 分		
说明：成果精度共 45 分，扣完为止	成果精度扣分合计	
完成时间≤55 分钟不扣分；在 55～70 分钟完成的，每 1 分钟时段扣 1 分；完成时间超过 70 分钟，该导线测量项比赛成绩零分		
说明：时间共 15 分，扣完为止	时间扣分合计	

第三节　全站仪平面坐标测量

[实训指导]

一、目的与要求

（1）熟悉全站仪平面坐标测量操作流程；

（2）能规范操作全站仪；

（3）能熟练进行测站设置；

（4）能正确测出并记录待测点平面坐标。

二、仪器与工具

（1）由仪器室借领：全站仪 1 套、对讲机 1 对、棱镜 1 套、测伞 1 把、记录板等。

（2）自备：铅笔、小刀、草稿纸。

三、实训方法与步骤

现场标定三点 M、N 和 P，其中，第一个点 M 为测站点，已知平面坐标，第二个点 N 为后视点，给出测站点 M 与后视点 P 连线的坐标方位角，利用全站仪测定第三点 P（待测点）的平面坐标。

（一）安置仪器

（1）在测站点 A 安置全站仪，对中、整平。

（2）在测点安置三脚架，进行对中、整平，并将安装好棱镜的棱镜架安装在三脚架上。通过棱镜上的缺口使棱镜对准望远镜，在棱镜架上安装照准用觇板。

（二）检测

开机，检测电源电压，看是否满足测距要求。

（三）测定坐标及高程

（1）输入测站点 A 的东坐标 E_0、北坐标 N_0。

（2）照准控制点 B（可假定），将 AB 方向的水平度盘读数设定为直线 AB 的方位角（可假定，但应尽可能与实际方位一致），或输入测站点 B 的东坐标 E_1、北坐标 N_2。

（3）要先设置测站坐标，输入测站坐标。

（4）瞄准后视点，输入后视点坐标。

（5）进行待测点测量，并记录数据。

四、记录表模板（技能高考）

表 6-8 记录表模板

单位： m

测站点		后视点	待测点	
		（备用列）		

注：以下工作在学生考试结束后，由考评员填写和计算完成。考生填写无效并将作扣分处理。

（1）P点已知平面坐标值：$X_{P已知}$ =_________m；$Y_{P已知}$ =_________m。

（2）ΔX =________mm；ΔY =________mm。其中：$\Delta X = X_{P测} - X_{P已知}$；$\Delta Y = Y_{P测} - Y_{P已知}$。

（3）$\varDelta = \sqrt{\Delta X^2 + \Delta Y^2}$ =________mm，精度得分：（ ）分。

实训报告三　全站仪平面坐标测量（技能高考应会）

日期：＿＿＿＿＿天气：＿＿＿＿＿班级：＿＿＿＿＿小　组：＿＿＿＿＿

观测：＿＿＿＿＿记录：＿＿＿＿＿成绩：＿＿＿＿＿指导教师：＿＿＿＿＿

技能操作（应会）选择测量工为考试工种，设置“全站仪坐标测量”考试项目，分值总分为150分。

考试项目　全站仪坐标测量

现场标定三点M、N和P，其中，第一个点M为测站点，已知平面坐标，第二个点N为后视点，给出测站点M与后视点P连线的坐标方位角，利用全站仪测定第三点P（待测点）的平面坐标。

一、考核目标

（1）综合考查考生的专业技能素养，包括仪器操作和记录的规范性，兼顾时间效率；

（2）综合考查考生的职业心理素质。

二、技能考核要求

（1）熟悉全站仪平面坐标测量操作流程；

（2）能规范操作全站仪；

（3）能熟练进行测站设置；

（4）能正确测出并记录待测点平面坐标。

三、考试设备及工具

（1）考生所在学校自备测角精度不低于2″级（含）的全站仪、脚架；考生自带签字笔、铅笔、小刀。

（2）考场提供记录板、记录表格，以及后视点、待测点的脚架、带基座和觇牌的棱镜组（棱镜常数给定），以及备用的全站仪。

四、考试时间与组织

（1）考试时间：总共25分钟，其中进场检录、准备5分钟，退场5分钟。正式考试时间15分钟，超过15分钟即终止考试。

（2）考试组织：采用现场实际操作形式，考生独立完成所有考核内容。考场地面设置测量对中标志。

五、评分项目及总体要求

本项目满分150分。

（1）仪器操作及观测过程（70分）：主要考核仪器操作及观测过程中的规范性。

（2）记录与成果精度（60分）：主要考核记录的工整、规范性，以及成果精度。

（3）考核时间（20分）：在规定的时间内，根据完成时间快慢分段按梯度计成绩。

（4）因超时终止考试的考生，按实际完成内容计成绩。

（5）考生申请放弃考试的，在试卷上写明并签字，全站仪坐标测量项目记0分。

六、考核技术要求和评价标准

表6-9 考核技术要求和评价标准

评分标准	次（站）数	扣分
全站仪及棱镜摔倒落地，一次扣10分		
阻挡或妨碍其他队观测，裁判劝阻无效，一次扣5分		
记录转抄或使用橡皮，一次扣5分		
测站重测不变换仪度盘或不重新照准，一次扣2分		
每半测回观测中，盘左照准目标前先顺时针旋转一周或以上，盘右照准目标前先逆时针旋转一周或以上，违反一次扣1分		
每测站起始观测从盘左开始或照准目标顺序按规定进行，违反一次扣2分		
迁站时仪器未装箱，一次扣3分		
对中误差大于2 mm，一次扣2分		
水准管气泡整平偏差大于1格，一次扣2分		
仪器2 m内无人看管或结束未装箱归位，一次扣1分		
脚架架设不稳定或有碰动（骑马观测）1次扣2分		
换站时不顾安全地狂跑或穿越草地，一次扣2分		
记录者无回报读数或观测过程中有其他明显违规或不安全现象等一次扣1分		
上下半测回、两测回较差或测距差等不超限为了不扣分而重新观测的，一次扣2分		

表 6-10 导线测量及放样评分表

评分标准	次（站）数	扣分
每个测站应按规定编号进行观测和记录，“空站”“跳站记录”等一处扣 5 分		
各半测回观测中，盘左、盘右读数相应的秒值全部相同，扣 20 分；仅 1～2 处不相同扣 10 分		
转抄成果或厘米、毫米及秒改动或涂改、就字改字或连环涂改或用橡皮擦、刀刮或观测与计算数据不一致等，一处扣 5 分		
手簿计算错误或不注错误原因或记录、计算的占位“0”未填写，一处扣 1 分；坐标增量 “±” 未填写，一处扣 2 分；一处划改扣 0.5 分		
每测站记录表格没有填写完整或缺少计算项或字迹模糊影响识读等，或以上之外的违规情况，一次扣 1 分		
伪造数据，取消赛项成绩		
说明：记录规范性共 20 分，扣完为止	记录部分扣分合计	
水平角：上下半测回、两测回较差 ≥ 12″ 或测距 3 次读数差 ≥ 5 mm，一次扣 20 分；上下半测回、两测回较差 < 12″ 不扣分		
方位角闭合差计算错误或 ≥ 20″ 扣 45 分；方位角闭合差 15″ ～ 19″ 扣 5 分；≤ 14″ 不扣分		
相对闭合差：≥ 1 / 15 000 扣 40 分；1 / 15 000 ～ 1 / 24 999 扣 5 分；≤ 1/25 000 不扣分		
待测点、放样点坐标平差计算错误或超限（±20 mm）一点扣 20 分（计算毫米错误的，一点扣 2 分）		
待测点、放样点坐标值 ±15 mm ～ ±20 mm，一点扣 5 分；≤ 14 mm 不扣分		
计算表作废一张扣 2 分，其他不整洁或以上之外的违规情况，一处扣 1 分；一处划改扣 0.5 分		
说明：成果精度共 45 分，扣完为止	成果精度扣分合计	
完成时间 ≤ 55 min 不扣分；在 55 ～ 70 min 完成的，每 1 min 时段扣 1 分；完成时间超过 70 min，该导线测量项比赛成绩零分		
说明：时间共 15 分，扣完为止	时间扣分合计	

第四节　全站仪三维坐标测量

[实训指导]

一、目的与要求

（1）熟悉全站仪三维坐标测量操作流程；

（2）能规范操作全站仪；

（3）能熟练进行测站设置；

（4）能正确测出并记录待测点三维坐标。

二、仪器与工具

（1）由仪器室借领：全站仪 1 套、对讲机 1 对、棱镜 1 套、测伞 1 把、记录板等。

（2）自备：铅笔、小刀、草稿纸。

三、实训方法与步骤

现场标定三点 M、N 和 P，其中，第一个点 M 为测站点，已知三维坐标，第二个点 N 为后视点，给出测站点 M 与后视点 P 连线的坐标方位角，利用全站仪测定第三点 P（待测点）的三维坐标。

（一）安置仪器

（1）在测站点 A 安置全站仪，对中、整平，测量全站仪仪器高。

（2）在测点安置三脚架，进行对中、整平，并将安装好棱镜的棱镜架安装在三脚架上。通过棱镜上的缺口使棱镜对准望远镜，在棱镜架上安装照准用觇板，测量待测点棱镜高。

（二）检测

开机，检测电源电压，看是否满足测距要求。

（三）测定坐标及高程

（1）输入测站点 A 的东坐标 E_0、北坐标 N_0、高程 H_0。

（2）照准控制点 B（可假定），将 AB 方向的水平度盘读数设定为直线 AB 的方位角（可假定，但应尽可能与实际方位一致），或输入测站点 B 的东坐标 E_1、北坐标 N_2。

（3）量仪器高 H_r 并输入全站仪。

（4）量棱镜高 H_r 并输入全站仪。

（5）要先设置测站坐标，输入测站坐标。

（6）瞄准后视点，输入后视点坐标。

（7）进行待测点测量，并存储数据。

实训报告四　全站仪坐标测量

日期：__________天气：__________班级：__________小　　组：__________

观测：__________记录：__________成绩：__________指导教师：__________

一、数据记录表

表 6-11 全站仪坐标测量表

单位：m

测站点：			后视点：	待测点：		
			（备用列）			

二、考核技术要求和评价标准

表 6-12 仪器操作部分技术要求和评价标准

评分标准	次（站）数	扣分
全站仪及棱镜摔倒落地，一次扣 10 分		
阻挡或妨碍其他队观测，裁判劝阻无效，一次扣 5 分		
记录转抄或使用橡皮，一次扣 5 分		
测站重测不变换仪度盘或不重新照准，一次扣 2 分		
每半测回观测中，盘左照准目标前先顺时针旋转一周或以上，盘右照准目标前先逆时针旋转一周或以上，违反一次扣 1 分		
每测站起始观测从盘左开始或照准目标顺序按规定进行，违反一次扣 2 分		
迁站时仪器未装箱，一次扣 3 分		
对中误差大于 2 mm，一次扣 2 分		
水准管气泡整平偏差大于 1 格，一次扣 2 分		
仪器 2 m 内无人看管或结束未装箱归位，一次扣 1 分		
脚架架设不稳定或有碰动（骑马观测）1 次扣 2 分		

（续表）

评分标准	次（站）数	扣分
换站时不顾安全地狂跑或穿越草地，一次扣 2 分		
记录者无回报读数或观测过程中有其他明显违规或不安全现象等一次扣 1 分		
上下半测回、两测回较差或测距差等不超限为了不扣分而重新观测的，一次扣 2 分		

表 6-13 导线测量及放样评分表

评分标准	次（站）数	扣分
每个测站应按规定编号进行观测和记录，“空站”“跳站记录”等一处扣 5 分		
各半测回观测中，盘左、盘右读数相应的秒值全部相同，扣 20 分；仅 1～2 处不相同扣 10 分		
转抄成果或厘米、毫米及秒改动或涂改、就字改字或连环涂改或用橡皮擦、刀刮或观测与计算数据不一致等，一处扣 5 分		
手簿计算错误或不注错误原因或记录、计算的占位“0”未填写，一处扣 1 分；坐标增量 “±”未填写，一处扣 2 分；一处划改扣 0.5 分		
每测站记录表格没有填写完整或缺少计算项或字迹模糊影响识读等，或以上之外的违规情况，一次扣 1 分		
伪造数据，取消赛项成绩		
说明：记录规范性共 20 分，扣完为止	记录部分扣分合计	
水平角：上下半测回、两测回较差≥ 12″ 或测距 3 次读数差≥ 5 mm，一次扣 20 分；上下半测回、两测回较差＜ 12″ 不扣分		
方位角闭合差计算错误或≥ 20″ 扣 45 分；方位角闭合差 15″ ～ 19″ 扣 5 分；≤ 14″ 不扣分		
相对闭合差：≥ 1 / 15 000 扣 40 分；1 / 15 000 ～ 1 / 24 999 扣 5 分；≤ 1/25 000 不扣分		
待测点、放样点坐标平差计算错误或超限（±20 mm），一点扣 20 分（计算毫米错误的，一点扣 2 分）		
待测点、放样点坐标值 ±15 mm ～ ±20 mm，一点扣 5 分；≤ 14 mm 不扣分		
计算表作废一张扣 2 分，其他不整洁或以上之外的违规情况，一处扣 1 分；一处划改扣 0.5 分		
说明：成果精度共 45 分，扣完为止	成果精度扣分合计	
完成时间≤ 55 分钟不扣分；在 55 ～ 70 分钟完成的，每 1 分钟时段扣 1 分；完成时间超过 70 分钟，该导线测量项比赛成绩零分		
说明：时间共 15 分，扣完为止	时间扣分合计	

第五节　全站仪测量坐标放样

[实训指导]

一、目的与要求

（1）熟悉全站仪的基本操作。

（2）掌握极坐标法测设点平面位置的方法。

（3）要求每组用极坐标法放样至少 4 个点。

二、仪器与工具

（1）由仪器室借领：全站仪 1 套、对讲机 1 对、棱镜 1 套、测伞 1 把、记录板 1 块。

（2）自备：铅笔、小刀、草稿纸。

三、实训方法与步骤

（一）测设元素计算

如图 6–4 所示，A、B 为地面控制点，现欲测设房角点 P，则首先根据下面的公式计算测设数据：

计算 AB、AP 边的坐标方位角 $\alpha_{AB}=\arctan\dfrac{\Delta y_{AB}}{\Delta x_{AB}}$　$\alpha_{AP}=\arctan\dfrac{\Delta y_{AP}}{\Delta x_{AP}}$

$\beta=\alpha_{AB}-\alpha_{AP}$ 计算 AP 与 AB 之间的夹角。

计算 A、P 两点间的水平距离：

$$D_{AP}=\sqrt{(x_P-x_A)^2+(y_P-y_A)^2}=\sqrt{\Delta x_{AP}{}^2+\Delta y_{AP}{}^2}$$

注：以上计算可由全站仪内置程序自动进行。

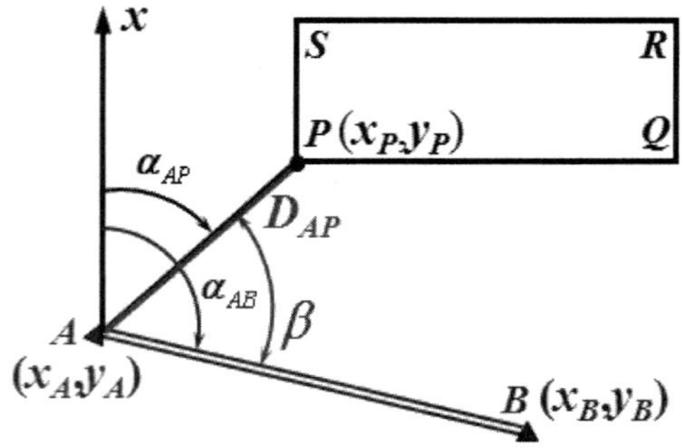

图 6–4　测量坐标系

（二）实地测设

（1）仪器安置：在A点安置全站仪，对中、整平。

（2）定向：在B点安置棱镜，用全站仪照准B点棱镜，拧紧水平制动和竖直制动。

（3）数据输入：把控制点A、B和待测点P的坐标分别输入全站仪。全站仪便可根据内置程序计算出测设数据D及β，并显示在屏幕上。

（4）测设：把仪器的水平度盘读数拨转至已知方向β上，拿棱镜的同学在已知方向线上在待定点P的大概位置立好棱镜，观测仪器的同学立刻便可测出目前点位与正确点位的偏差值ΔD及$\Delta\beta$（仪器自动显示），然后根据其大小指挥拿棱镜的同学调整其位置，直至观测的结果恰好等于计算得到的D和β，或者当ΔD及$\Delta\beta$为一微小量（在规定的误差范围内）时方可。

四、注意事项

（1）不同厂家生产的全站仪在数据输入、测设过程中的某些操作可能会稍不一样，实际工作中应仔细阅读说明书。

（2）在实训过程中，测设点的位置是由粗到细的过程，要求同学在实训过程中应有耐心，相互配合。

（3）测设出待定点后，应用坐标测量法测出该点坐标与设计坐标进行检核。

（4）实训过程中应注意保护仪器和棱镜的安全，观测的同学不应擅自离开仪器。

实训报告五　全站仪坐标测量和坐标放样

日期：__________天气：__________班级：__________小　组：__________
观测：__________记录：__________成绩：__________指导教师：__________

一、用全站仪测定坐标

用全站仪根据已知测站点*A*坐标（500.00，500.00），后视点*B*坐标（510.00，510.00），测定待定点*C*、*D*的坐标。

二、用全站仪坐标放样

用全站仪根据已知测站点*A*坐标（500.00，500.00），后视点*B*坐标（510.00，510.00），测设一个四边形*CDEF*，其坐标为*C*（510.00，515.00），*D*（530.00，515.00），*E*（530.00，545.00），*F*（510.00，545.00），放样结束后用钢尺检查四边距离，并比较与理论值的差距。

三、考核技术要求和评价标准

表 6-14 仪器操作部分技术要求和评价标准

评分标准	次（站）数	扣分
全站仪及棱镜摔倒落地，一次扣 10 分		
阻挡或妨碍其他队观测，裁判劝阻无效，一次扣 5 分		
记录转抄或使用橡皮，一次扣 5 分		
测站重测不变换仪度盘或不重新照准，一次扣 2 分		
每半测回观测中，盘左照准目标前先顺时针旋转一周或以上，盘右照准目标前先逆时针旋转一周或以上，违反一次扣 1 分		
每测站起始观测从盘左开始或照准目标顺序按规定进行，违反一次扣 2 分		
迁站时仪器未装箱，一次扣 3 分		
对中误差大于 2 mm，一次扣 2 分		
水准管气泡整平偏差大于 1 格，一次扣 2 分		
仪器 2 m 内无人看管或结束未装箱归位，一次扣 1 分		
脚架架设不稳定或有碰动（骑马观测），1 次扣 2 分		
换站时不顾安全地狂跑或穿越草地，一次扣 2 分		

（续表）

评分标准	次（站）数	扣分
记录者无回报读数或观测过程中有其他明显违规或不安全现象等，一次扣1分		
上下半测回、两测回较差或测距差等不超限为了不扣分而重新观测的，一次扣2分		

表6-15 导线测量及放样评分表

评分标准	次（站）数	扣分
每个测站应按规定编号进行观测和记录，“空站”“跳站记录”等，一处扣5分		
各半测回观测中，盘左、盘右读数相应的秒值全部相同，扣20分；仅1～2处不相同扣10分		
转抄成果或厘米、毫米及秒改动或涂改、就字改字或连环涂改或用橡皮擦、刀刮或观测与计算数据不一致等，一处扣5分		
手簿计算错误或不注错误原因或记录、计算的占位“0”未填写，一处扣1分；坐标增量“±”未填写，一处扣2分；一处划改扣0.5分		
每测站记录表格没有填写完整或缺少计算项或字迹模糊影响识读等，或以上之外的违规情况，一次扣1分		
伪造数据，取消赛项成绩		
说明：记录规范性共20分，扣完为止	记录部分扣分合计	
水平角：上下半测回、两测回较差≥12″或测距3次读数差≥5 mm，一次扣20分；上下半测回、两测回较差＜12″不扣分		
方位角闭合差计算错误或≥20″扣45分；方位角闭合差15″～19″扣5分；≤14″不扣分		
相对闭合差：≥1/15 000扣40分；1/15 000～1/24 999扣5分；≤1/25 000不扣分		
待测点、放样点坐标平差计算错误或超限（±20 mm）一点扣20分（计算毫米错误的，一点扣2分）		
待测点、放样点坐标值±15 mm～±20 mm，一点扣5分；≤14 mm不扣分		
计算表作废一张扣2分，其他不整洁或以上之外的违规情况，一处扣1分；一处划改扣0.5分		
说明：成果精度共45分，扣完为止	成果精度扣分合计	
完成时间≤55分钟不扣分；在55～70分钟完成的，每1分钟时段扣1分；完成时间超过70分钟，该导线测量项比赛成绩零分		
说明：时间共15分，扣完为止	时间扣分合计	

第六节　全站仪数据采集

[实训指导]

一、目的与要求

（1）使用全站仪和棱镜进行野外数据采集

（2）在指导老师指导下传输野外采集数据，并用 CASS 成图软件绘图。

（3）在使用过程中应保护好仪器，避免损坏仪器。

二、仪器与工具

（1）由仪器室借领：全站仪 1 套、对讲机 1 对、棱镜 2 套、测伞 1 把、记录板。

（2）自备：铅笔、小刀、草稿纸。

三、实训方法与步骤

（1）在测站点安置全站仪，并对全站仪进行对中、整平。在另一个测站点架设棱镜，并进行对中、整平。

（2）设置测量参数

① 在全站仪测量程序功能中建立项目文件名，野外采集的数据全部储存在该文件下，在建立的项目文件中输入测站点名，测站点坐标，高程，仪器高。

② 定向，在全站仪中键入后视点坐标，仪器高。照准后视点棱镜，仪器会显示后视点的坐标和高程，对照准确后进行测量。

③ 将棱镜放在标杆上，找到一个碎部点，在全站仪中键入标杆和棱镜高，和碎部点编号，仪器显示结果后确认，同时画出草图。

④ 移动棱镜至下一个碎部点，重复照准，测量过程同上，自上一个碎部点起，后续碎部点的编号按流水自动编排，且棱镜高不变。

当换到下一个测站点时，在上一个项目文件中重复上述③ ~ ④过程。

⑤ 完成数据采集后，将仪器立即收起，归还仪器并下载数据。

四、注意事项

（1）不同厂家生产的全站仪在数据输入、测设过程中的某些操作可能会稍不一样，实际工作中应仔细阅读说明书。

（2）在实训过程中，测设点的位置是由粗到细的过程，要求同学在实训过程中应有耐心，相互配合。

（3）测设出待定点后，应用坐标测量法测出该点坐标与设计坐标进行检核。

（4）实训过程中应注意保护仪器和棱镜，观测的同学不应擅自离开仪器。

（5）迁站时，注意测站和后视点设置，防止迁站出现错误。

实训报告六　全站仪数据采集

日期：__________天气：__________班级：__________小　　组：__________

观测：__________记录：__________成绩：__________指导教师：__________

一、数据记录表

表 6-16 水平角观测记录表

测站	竖盘位置	目标	水平度盘读数	半测回角值	一测回平均角值	二测回平均值	备注
			° ′ ″	° ′ ″	° ′ ″	° ′ ″	

注：角度取位至 1″。

表 6-17 导线测量水平距离观测记录表

边名	测量	读数	备注	边名	测量	读数	备注
	平均				平均		
往返测平均值							
边名	测量	读数	备注	边名	测量	读数	
	平均				平均		
往返测平均值							
边名	测量	读数	备注	边名	测量	读数	
	平均				平均		
往返测平均值							
边名	测量	读数	备注	边名	测量	读数	
	平均				平均		
往返测平均值							
边名	测量	读数	备注	边名	测量	读数	
	平均				平均		
往返测平均值							

注：距离取位至 1 mm。

表 6-18 放样测站计算表

点号	观测角	坐标方位角	距离/m	坐标增量ΔX	坐标增量ΔY	纵坐标 X /m	横坐标 Y /m
	° ′ ″	° ′ ″		计算值/m	计算值/m		

表 6-19 导线内业计算手簿

点名	观测角	角度改正数	改正后角值	坐标方位角	边长/m	坐标增量ΔX			坐标增量ΔY			坐标值/m	
	° ′ ″	° ′ ″	° ′ ″	° ′ ″		计算值/m	改正值/mm	改正后值/m	计算值/m	改正值/mm	改正后值/m	X	Y
1	2	3	4	5	6	7		8	9		10	11	12
Σ													
辅助计算	$f_\beta=\sum\beta_{测}-360°$ $f_x=\sum\Delta X=$ $f_y=\sum\Delta Y=$ $f_{\beta允}=\pm16\sqrt{n}$ $f=\sqrt{f_x^2+f_y^2}=$ $K_{允}=\frac{1}{10000}$ $K=\frac{f}{\sum D}$												

注：角度及改正数的计算取位至1″，距离、坐标及相关改正数的计算取位至1 mm。

二、考核技术要求和评价标准

表 6-20 仪器操作部分技术要求和评价标准

评分标准	次（站）数	扣分
全站仪及棱镜摔倒落地，一次扣 10 分		
阻挡或妨碍其他队观测，裁判劝阻无效，一次扣 5 分		
记录转抄或使用橡皮，一次扣 5 分		
测站重测不变换仪度盘或不重新照准，一次扣 2 分		
每半测回观测中，盘左照准目标前先顺时针旋转一周或以上，盘右照准目标前先逆时针旋转一周或以上，违反一次扣 1 分		
每测站起始观测从盘左开始或照准目标顺序按规定进行，违反一次扣 2 分		
迁站时仪器未装箱，一次扣 3 分		
对中误差大于 2 mm，一次扣 2 分		
水准管气泡整平偏差大于 1 格，一次扣 2 分		
仪器 2 m 内无人看管或结束未装箱归位，一次扣 1 分		
脚架架设不稳定或有碰动（骑马观测），1 次扣 2 分		
换站时不顾安全地狂跑或穿越草地，一次扣 2 分		
记录者无回报读数或观测过程中有其他明显违规或不安全现象等，一次扣 1 分		
上下半测回、两测回较差或测距差等不超限为了不扣分而重新观测的，一次扣 2 分		

表 6-21 导线测量及放样评分表

评分标准	次（站）数	扣分
每个测站应按规定编号进行观测和记录，“空站”“跳站记录”等，一处扣 5 分		
各半测回观测中，盘左、盘右读数相应的秒值全部相同，扣 20 分；仅 1～2 处不相同扣 10 分		
转抄成果或厘米、毫米及秒改动或涂改、就字改字或连环涂改或用橡皮擦、刀刮或观测与计算数据不一致等，一处扣 5 分		
手簿计算错误或不注错误原因或记录、计算的占位“0”未填写，一处扣 1 分；坐标增量 “±” 未填写，一处扣 2 分；一处划改扣 0.5 分		
每测站记录表格没有填写完整或缺少计算项或字迹模糊影响识读等，或以上之外的违规情况，一次扣 1 分		
伪造数据，取消赛项成绩		

（续表）

评分标准	次（站）数	扣分
说明：记录规范性共 20 分，扣完为止	记录部分扣分合计	
水平角：上下半测回、两测回较差≥12″或测距 3 次读数差≥5 mm，一次扣 20 分；上下半测回、两测回较差＜12″不扣分		
方位角闭合差计算错误或≥20″扣 45 分；方位角闭合差 15″～19″扣 5 分；≤14″不扣分		
相对闭合差：≥1 / 15 000 扣 40 分；1 / 15 000～1 / 24 999 扣 5 分；≤1/25 000 不扣分		
待测点、放样点坐标平差计算错误或超限（±20 mm），一点扣 20 分（计算毫米错误的，一点扣 2 分）		
待测点、放样点坐标值 ±15 mm～±20 mm，一点扣 5 分；≤14 mm 不扣分		
计算表作废一张扣 2 分，其他不整洁或以上之外的违规情况，一处扣 1 分；一处划改扣 0.5 分		
说明：成果精度共 45 分，扣完为止	成果精度扣分合计	
完成时间≤55 min 不扣分；在 55～70 min 完成的，每 1 min 时段扣 1 分；完成时间超过 70 min，该导线测量项比赛成绩零分		
说明：时间共 15 分，扣完为止	时间扣分合计	

第七节　全站仪一级导线测量及单点放样（省技能大赛）

一、导线形式

一个已知点及已知方向和三个未知点（3 号点待放样）组成的闭合导线，如图 6–6 所示。四条边总长约 450 m。（点号以最终裁判组确定的为准）

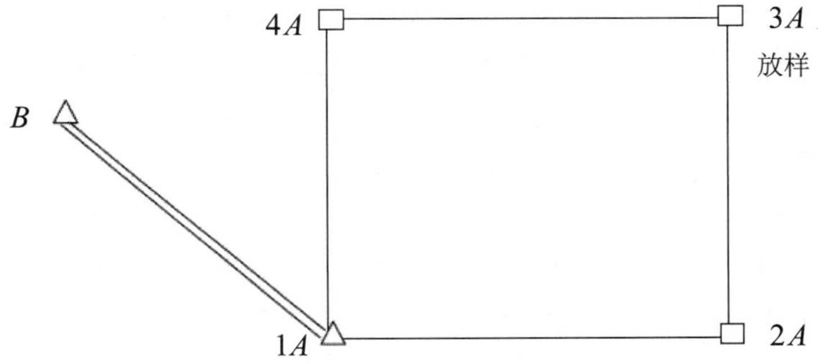

图 6–6　导线形式

二、竞赛具体内容

参赛队在规定时间内按一级导线精度要求独立完成抽签指定的闭合导线测量外业观测及 3 号点的放样和内业计算。外业观测包括一个连接角和四个转折角（左角）测量（5 个角度均采用测回法二测回进行观测）以及四条导线边测量（每条导线边水平距离采用往返测各一测回），内业计算根据给定的已知点 *A* 点的坐标和 *AB* 边的坐标方位角，经平差计算出 3 个指定未知点的平面坐标。

三、竞赛技术规则

（1）各参赛队按比赛报名表中的顺序将选手分别编号为 1、2、3、4 号（比赛过程中不得变更），按规则要求独立完成指定闭合导线的测量任务。

（2）闭合导线的起始点及待定点由赛项执委会事先确定，赛前抽签确定各参赛队的观测路线。

（3）每位选手完成一个测站的观测和记录计算，具体方案如下：

1*A* 测站点由本队 4 号选手独立进行仪器安置、观测，1 号选手进行记录、计算，2、3

号选手负责安置棱镜；

2A测站点由本队1号选手独立进行仪器安置、观测，2号选手进行记录、计算（由二测回联接角平均值及导线边水平距离往返平均值推算2号测站点坐标，根据设计坐标放样3号点，再进行一级闭合导线测量），3、4号选手负责安置棱镜；

3A测站点由本队2号选手独立进行仪器安置、观测，3号选手进行记录、计算，1、4号选手负责安置棱镜；

4A测站点由本队3号选手独立进行仪器安置、观测，4号选手进行记录、计算，1、2号选手负责安置棱镜。

（4）外业观测时水平角观测第1测回，起始方向水平度盘须设置为0°02′ 30″附近；水平角观测第2测回，起始方向水平度盘须设置为90°17′ 30″附近，角度观测和计算单位取至秒；导线边水平距离往返各测量1测回，读数3次，边长取至0.001 m。如果该测回需要重测，起始方向读数根据前一设置读数递增1′ 10″。

（5）数据记录使用赛项执委会盖章的导线测量观测记录表（水平角测量记录、水平距离测量记录），由负责记录的选手用铅笔当场准确无误地填写到相应栏内，并及时计算和填写表中其他数据。要求记录规范完整、符合记录规定、计算准确；水平角观测数据不得改动秒值，度、分不得连环涂改，如有违反均须扣分。观测数据必须原始真实，严禁弄虚作假，否则取消参赛资格。

（6）各参赛队由1号和2号参赛选手分别独立进行导线平差内业计算。内业计算所用的闭合导线测量成果计算表由赛项执委会提供，计算表的辅助计算栏中必须填入导线的方位角闭合差、坐标增量闭合差、导线全长相对闭合差和精度是否合格的结论。

（7）外业观测和内业计算总的规定时间为70分钟，其中外业观测不得超过60分钟。超出规定时间将终止比赛，该一级导线测量和放样及计算赛项成绩零分。

一级导线测量和放样及计算完成时间在60分钟以内不扣分；60 ~ 70分钟完成，超过60分钟的部分按1分钟扣1分（不足1分钟按1分钟记）；时间分10分，扣完为止。

（8）仪器操作应符合要求。导线测量不得使用三联脚架法观测，观测顺序按先测连接角，再分别按序号进行导线前进方向左角的测量。每测站起始观测应从盘左开始，盘左照准目标是先起始目标后终始目标，盘右照准目标是先终始目标后起始目标；即盘左顺时针旋转，盘右逆时针旋转。全站仪迁站时仪器必须关机装箱，带觇牌的棱镜可不装箱但棱镜不得从觇牌上卸下。

（9）观测采用所有测站连续计时的方法，即观测时间为裁判宣布比赛开始（选手拿到题目）到选手上交观测成果、并将仪器装箱放回原处后结束。除复印原始记录表的时间外比赛须连续进行，竞赛一旦计时开始不能无故终止比赛。选手在竞赛过程中不得擅自离开赛场，如有特殊情况，须经裁判员报裁判长（副裁判长）同意后作特殊处理。竞赛过程中，选手若休息、饮水或上洗手间，一律计算在操作比赛时间内。如果选手提前结束竞赛，应举手向裁判员示意。竞赛终止时间由裁判员记录在案，选手提前结束比赛后不得再进行任何操作和计算，经裁判同意可提前离开赛场。

（10）观测结束后，仪器装箱收回到出发处，记录表格交给裁判员，裁判员暂停计时，将原始记录数据交工作人员复印 2 份后分别交给 1、2 号选手，继续计时。1 号和 2 号选手现场分别独立进行闭合导线平差计算，角度闭合差分配采取“整数分配，大角分大，小角分小”的原则，计算所用计算器由执委会提供或自备，但不得带程序计算功能。

（11）1 号、2 号选手内业计算完成后交 4 号选手核对，如计算结果一致并符合技术要求，上交成果计算表和本队外业观测记录表后结束比赛。如不对应查明原因，在规定时间内可重算或重测直到计算结果一致并符合技术要求。重新观测结束记录数据复印和计时参照上条规定执行，重算或重测的时间一律计算在比赛时间内。

（12）参赛选手应规范作业，注意测量安全及仪器保护，不允许妨碍或阻挡其他选手的观测。迁站时不允许出现不顾安全的狂跑现象，必须沿水泥或沥青路面稳步前进，不允许穿越草地。

（13）参赛选手应严格遵守赛场纪律，操作技能比赛除携带比赛必备的用具（如笔、尺、普通计算器等）外，不得带入任何技术资料和工具书。所有通信工具、摄像工具一律不得带入竞赛现场。

（14）如果在比赛期间测量仪器发生非人为故障，致使比赛不能继续进行，须经裁判长（或副裁判长）确认并批准，比赛可暂停计时，待测量仪器修复或更换仪器后，比赛恢复计时或重新开始。

（15）记录和计算表格，不得带离比赛场地，否则成绩无效。

（16）比赛过程中现场裁判监督仪器使用、观测、记录、计算的规范性，防止出现人员、仪器安全事故，经提醒恶意不改者，现场裁判有权取消其比赛成绩。

四、主要技术要求

（1）根据国家标准《工程测量规范》（GB50026 — 2007），一级导线测量及单点放样主要技术要求如表 6-22 所示。

表 6-22 导线测量技术要求

等级	测回数	水平角上下半测回较差 /（"）	两测回角度差 /（"）	距离一测回三次读数较差 /mm	往返测距离差 /mm	方位角闭合差	导线相对闭合差
一级	2	12	12	5	10	$10\sqrt{n}$	≤1/15 000

注：表中 n 为转折角的个数。

（2）仪器和觇牌的对中误差不得超过 2 mm，整平水准管气泡偏差不得超过 1 格。

（3）各参赛队所测导线点点位误差不得超过 20 mm。

（4）记录字迹工整、清晰，不得任意修改，记录者必须回报读数。

（5）角度、距离的计算采用“奇进偶舍”的原则，记录、计算时的占位“0”及“±”必须填写。

五、观测记录表及内业计算表样表如下

表 6-23 导线测量水平角观测记录表

测站	竖盘位置	目标	水平度盘读数	半测回角值	一测回平均角值	备注二测回平均角值
2 第 1 测回	左	1B	0° 02′ 32″	85° 34′ 12″	85° 35′ 09″	85° 35′ 13″
		3B	85° 36′ 44″			
	右	1B	180° 02′ 36″	85° 34′ 06″		
		3B	265° 36′ 42″			
2 第 2 测回	左	1B	90° 17′ 28″	85° 34′ 18″	85° 35′ 17″	
		3B	175° 51′ 46″			
	右	1B	270° 17′ 34″	85° 34′ 16″		
		3B	355° 51′ 50″			

注：角度取位至 1"。

表 6-24 导线测量水平距离观测记录表

边名	测量	读数	备注	边名	测量	读数	备注
2A-2B	1	89.500		2B-2A	1	89.501	
	2	89.502			2	89.502	
	3	89.501			3	89.502	
	平均	89.501			平均	89.502	
往返测平均						89.502	

注：距离取位至 1 mm。

表 6-25 放样测站计算表

点号	观测角	坐标方位角	距离 /m	坐标增量 Δx 计算值 /m	坐标增量 Δy 计算值 /m	纵坐标 x/m	横坐标 y/m
B							
1A	138° 50′52″	45° 49′57″				9 746.395	5 936.479
2A		4° 40′49″	255.839	+254.986	+20.875	10 001.381	5 957.354

注：角度计算取位至 1"，距离、坐标计算取位至 1 mm。

6-26 导线测量成果计算表

点号	观测角	度数改正数	改正后角度值	坐标方位角	距离 /m	坐标增量 Δx			坐标增量 Δy			纵坐标 x/m	横坐标 y/m
						计算值 /m	改正值 /mm	改正后的值 /m	计算值 /m	改正值 /mm	改正后的值 /m		
B													
A	138°50′52″		138°50′52″	45°49′57″	255.839	254.986	+3	254.989	20.875	−1	20.874	9 746.395	5 936.479
1	93°14′04″	+1″	93°14′05″	4°40′49″	211.674	29.148	+3	29.151	−209.657	0	−209.657	10 001.384	5 957.353
2	95°40′35″	+1″	95°40′36″	277°54′54″	251.292	−244.255	+3	−244.252	−59.054	−1	−59.055	10 030.535	5 747.696
3	85°33′06″	+1″	85°33′07″	193°35′30″	251.028	−39.891	+3	−39.888	247.838	0	247.838	9 786.283	5 688.641
A	85°32′11″	+1″	85°32′12″	99°08′37″								9 746.395	5 936.479

（续表）

点号	观测角	度数改正数	改正后角度值	坐标方位角	距离/m	坐标增量 Δx 计算值/m	坐标增量 Δx 改正值/mm	坐标增量 Δx 改正后的值/m	坐标增量 Δy 计算值/m	坐标增量 Δy 改正值/mm	坐标增量 Δy 改正后的值/m	纵坐标 x/m	横坐标 y/m
1				4° 40′49″（检核）									
$\sum$	359° 59′56″	+4	360° 00′00″		969.833	−0.012	+12	0	+0.002	−2	0		
辅助计算	$f_\beta=\sum\beta_{测}-360°=-4''$；$f_x=\sum\Delta x=-0.012\ \text{m}$；$f_y=\sum\Delta y=+0.002\ \text{m}$；$f_\beta=\pm10\sqrt{n}=\pm20''$；$f=\sqrt{f_x^2+f_y^2}=0.012\text{m}$；$k=\frac{f}{\sum D}=\frac{1}{80819}$；$k_{允}=\frac{1}{15000}$												

注：角度及改正数的计算取位至1"，距离、坐标及相关改正数的计算取位至1 mm。

实训报告七　全站仪数据记录表

日期：__________天气：__________班级：__________小　　组：__________

观测：__________记录：__________成绩：__________指导教师：__________

一、数据记录表

表 6-27 水平角观测记录表

测站	竖盘位置	目标	水平度盘读数	半测回角值	一测回平均角值	二测回平均值	备注
			° ′ ″	° ′ ″	° ′ ″	° ′ ″	

注：角度取位至 1"。

表 6-28 导线测量水平距离观测记录表

边名	测量	读数	备注	边名	测量	读数	备注
	平均				平均		
往返测平均值							
边名	测量	读数	备注	边名	测量	读数	
	平均				平均		
往返测平均值							
边名	测量	读数	备注	边名	测量	读数	
	平均				平均		
往返测平均值							
边名	测量	读数	备注	边名	测量	读数	
	平均				平均		
往返测平均值							
边名	测量	读数	备注	边名	测量	读数	
	平均				平均		
往返测平均值							

注：距离取位至 1 mm。

表 6-29 放样测站计算表

点号	观测角	坐标方位角	距离/m	坐标增量 Δx	坐标增量 Δy	纵坐标 x/m	横坐标 y/m
	° ′ ″	° ′ ″		计算值/m	计算值/m		

表 6-30 导线内业计算手簿

点名	观测角	角度改正数	改正后角值	坐标方位角	边长/m	坐标增量 Δx			坐标增量 Δy			坐标值/m	
	° ' "	"	° ' "	° ' "		计算值/m	改正值/mm	改正后值/m	计算值/m	改正值/mm	改正后值/m	x	y
1	2	3	4	5	6	7		8	9		10	11	12
Σ													
辅助计算	$f_\beta=\sum\beta_{测}-360°$ $f_{\beta允}=\pm16\sqrt{n}$ $K=\frac{f}{\sum D}$					$f_x=\sum\Delta x=$ $f=\sqrt{f_x^2+f_y^2}=$				$f_y=\sum\Delta y=$ $K_{允}=\frac{1}{10000}$			

注：角度及改正数的计算取位至 1"，距离、坐标及相关改正数的计算取位至 1 mm。

二、考核技术要求和评价标准

表 6-31 仪器操作部分技术要求和评价标准

评分标准	次（站）数	扣分
全站仪及棱镜摔倒落地，一次扣 10 分		
阻挡或妨碍其他队观测，裁判劝阻无效，一次扣 5 分		
记录转抄或使用橡皮，一次扣 5 分		
测站重测不变换仪度盘或不重新照准，一次扣 2 分		
每半测回观测中，盘左照准目标前先顺时针旋转一周或以上，盘右照准目标前先逆时针旋转一周或以上，违反一次扣 1 分		
每测站起始观测从盘左开始或照准目标顺序按规定进行，违反一次扣 2 分		
迁站时仪器未装箱，一次扣 3 分		
对中误差大于 2 mm，一次扣 2 分		
水准管气泡整平偏差大于 1 格，一次扣 2 分		
仪器 2 m 内无人看管或结束未装箱归位，一次扣 1 分		
脚架架设不稳定或有碰动（骑马观测），1 次扣 2 分		
换站时不顾安全地狂跑或穿越草地，一次扣 2 分		
记录者无回报读数或观测过程中有其他明显违规或不安全现象等，一次扣 1 分		
上下半测回、两测回较差或测距差等不超限为了不扣分而重新观测的，一次扣 2 分		

表 6-32 导线测量及放样评分表

评分标准	次（站）数	扣分
每个测站应按规定编号进行观测和记录“空站”“跳站记录”等，一处扣 5 分		
各半测回观测中，盘左、盘右读数相应的秒值全部相同，扣 20 分；仅 1～2 处不相同扣 10 分		
转抄成果或厘米、毫米及秒改动或涂改、就字改字或连环涂改或用橡皮擦、刀刮或观测与计算数据不一致等，一处扣 5 分		
手簿计算错误或不注错误原因或记录、计算的占位“0”未填写，一处扣 1 分；坐标增量 “±”未填写，一处扣 2 分；一处划改扣 0.5 分		
每测站记录表格没有填写完整或缺少计算项或字迹模糊影响识读等，或以上之外的违规情况，一次扣 1 分		
伪造数据，取消赛项成绩		

（续表）

评分标准		次（站）数	扣分
说明：记录规范性共 20 分，扣完为止	记录部分扣分合计		
水平角：上下半测回、两测回较差≥12″或测距 3 次读数差≥5 mm，一次扣 20 分；上下半测回、两测回较差＜12″不扣分			
方位角闭合差计算错误或≥20″扣 45 分；方位角闭合差 15″～19″扣 5 分；≤14″不扣分			
相对闭合差：≥1 / 15 000 扣 40 分；1 / 15 000～1 / 24 999 扣 5 分；≤1/25 000 不扣分			
待测点、放样点坐标平差计算错误或超限（±20 mm），一点扣 20 分（计算毫米错误的，一点扣 2 分）			
待测点、放样点坐标值为 ±15 mm～±20 mm，一点扣 5 分；≤14 mm 不扣分			
计算表作废一张扣 2 分，其他不整洁或以上之外的违规情况，一处扣 1 分；一处划改扣 0.5 分			
说明：成果精度共 45 分，扣完为止	成果精度扣分合计		
完成时间≤55 min 不扣分；在 55～70 min 完成的，每 1 min 时段扣 1 分；完成时间超过 70 min，该导线测量项比赛成绩零分			
说明：时间共 15 分，扣完为止	时间扣分合计		

附录

附录1　2022年全国职业院校技能大赛中职组工程测量赛项技术规范

本次竞赛以教育部发布的中等职业学校土建类专业教学指导方案为依据，结合建筑行业职业技能要求，参照中华人民共和国建设部2020年11月10日发布、2021年6月1日实施的国家标准《工程测量标准》（GB50026 — 2020）及中华人民共和国建设部2011年11月22日发布、2012年6月1日实施的行业标准《城市测量规范》（CJJ/T8—2011），制定本技术文件。

一、理论知识考试

理论知识竞赛试题由赛项执委会从2022年全国职业院校技能大赛中职组工程测量赛项理论考试题库中抽取。

（1）理论知识考试采用机考（闭卷）方式进行，考试时间100分钟。

（2）试题类型为单项选择题（120题，每题0.5分）和多项选择题（40题，每题1分），试题满分100分。

（3）试题范围参考附件1：2022年全国职业院校技能大赛中职组工程测量赛项理论考试大纲。

（4）考试时可使用普通型计算器。

二、四等水准测量

（一）水准路线形式

由一个已知点和三个未知点组成的闭合水准路线，水准路线总长约为 ×××m。

（二）竞赛内容

参赛队在规定时间内按四等水准测量精度要求，独立完成指定路线的水准测量外业观测和内业计算工作。

（三）主要技术要求

（1）根据国家标准《工程测量标准》（GB50026—2020）、行业标准《城市测量规范》（CJJ/T8–2011），四等水准测量基本技术要求如表 7–1 所示。

表 7–1 水准测量基本技术要求

等级	项目						
	视线长度/m	前后视的距离较差/m	前后视的距离较差累积/m	黑红面读数较差/mm	黑红面所测高差较差/mm	环线闭合差/mm	视线高度
四等	≤100	≤5.0	≤10.0	≤3.0	≤5.0	$\leqslant 20\sqrt{L}$	三丝能读数

注：L 为水准路线长度，以 km 计。

（2）观测时前、后视距离必须读取上、下丝读数计算，上、下丝读数应记录在手簿中。

（3）观测顺序按“后—后—前—前”进行，在没有换站时，后视尺不得移动。

（4）各参赛队所测水准点高程误差不得超过 ±20 mm。

（5）记录字迹工整、清晰，不得任意修改，记录者必须回报读数。

（6）水准测量各测段设站数不限，但每测段测站数必须为偶数。

（7）高差的计算采用“奇进偶舍”的原则；记录、计算时的占位“0”及“±”必须填写。

（四）评分标准

四等水准测量总分值 100 分，其中仪器操作 20 分，记录计算 20 分，成果精度 45 分，测量时间 15 分。具体评分见：四等水准测量评分表。

三、一级导线测量及单点放样

（一）导线形式

由一个已知点及已知方向和三个未知点（3 号点待放样）组成的闭合导线（见图 7–1），四条边总长约 ×××m。

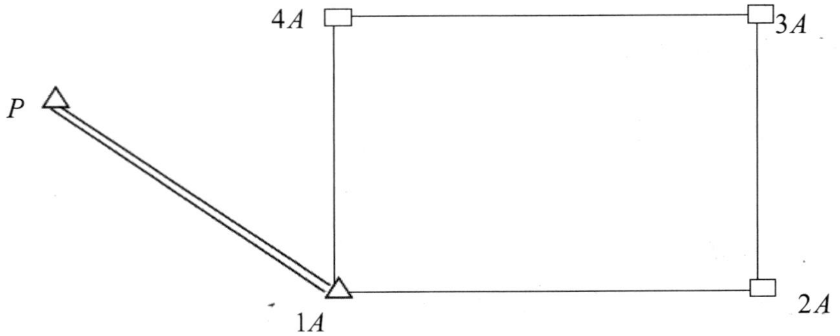

图 7–1 闭合导线示意图

（二）竞赛内容

参赛队在规定时间内按一级导线精度要求独立完成抽签指定的闭合导线测量外业观测及 3 号点的放样和内业计算。外业观测包括一个连接角和四个转折角（左角）测量（5 个角度均采用测回法二测回进行观测）以及四条导线边测量（每条导线边水平距离采用往返测各一测回），内业计算根据给定的已知点 A 点的坐标和 A 点到 P 点的坐标方位角（或 P 点的坐标），经平差计算出 3 个指定未知点（含 3 号点）的平面坐标。

（三）主要技术要求

（1）根据国家标准《工程测量标准》（GB50026—2020）、行业标准《城市测量规范》（CJJ/T8—2011），一级导线测量及单点放样主要技术要求如表 7-2 所示。

表 7-2 导线测量技术要求

等级	测回数	水平角上下半测回较差 /（″）	两测回角度差 /（″）	距离一测回三次读数较差 /mm	往返测距离差 /mm	方位角闭合差 /（″）	导线相对闭合差
一级	2	12	12	5	10	$10\sqrt{n}$	≤1/15 000

注：表中 n 为转折角的个数。

（2）仪器和觇牌的对中误差不得超过 2 mm，整平水准管气泡偏差不得超过 1 格。

（3）各参赛队所测导线点的点位误差不得超过 20 mm。

（4）记录字迹工整、清晰，不得任意修改，记录者必须回报读数。

（5）角度、距离的计算采用“奇进偶舍”的原则，记录、计算时的占位“0”及“±”必须填写。

（四）评分标准

一级导线测量及单点放样总分值 100 分，其中仪器操作 20 分，记录计算 20 分，成果精度 45 分，测量时间 15 分。具体评分见：一级导线测量及单点放样评分表。

附录2　2021年山东省职业院校技能大赛“工程测量”赛项规程

第一部分　1:500数字测图

测图面积不超过200 m×200 m，通视条件良好，地物、地貌要素齐全，难度适中，

能多个队同时开始测图竞赛。大赛为每个参赛队提供2个控制点和1个检查点，控制点之间可能互不通视，参赛队利用GNSS流动站在已知点上测量确定坐标系转换参数后测图。

对于测区内GNSS卫星定位仪不能直接测定的地物，需要用全站仪测定。

内业编辑成图在规定的机房内完成，赛项执委会提供安装有中望CAD平台的数字测图软件SouthMap的计算机。

一、测量及绘图要求

（1）各参赛队小组成员共同完成规定区域内碎部点数据采集和编辑成图，队员的工作可以不轮换。

（2）竞赛过程中选手不得携带仪器设备跑步。

（3）碎部点数据采集模式只限“草图法”，不得采用其他方式。

（4）用GNSS接收机确定全站仪的测站点时必须使用脚架。

（5）必须采用GNSS接收机配合全站仪的测图模式，全站仪测量的点位不少于15点。上交的绘图成果上不得填写参赛队及观测者、绘图者姓名等信息。

（6）GNSS设备和全站仪不能同时使用，不使用的一种设备应放置在规定的位置。

（7）草图必须绘在赛项执委会配发的数字测图野外草图本上。

（8）按规范要求表示高程注记点，除指定区域外，其他地区不表示等高线。

（9）绘图：按图式要求进行点、线、面状地物绘制和文字、数字、符号注记。注记的文字字体采用绘图软件默认字体。

（10）图廓整饰内容：采用任意分幅（四角坐标注记坐标单位为m，取整至50 m）、图名、测图比例尺、内图廓线及其四角的坐标注记、外图廓线、坐标系统、高程系统、等高距、图式版本和测图时间。（图上不注记测图单位、接图表、图号、密级、直线比例尺、附注及其作业员信息等内容。）

二、上交成果

（1）dat 格式的原始测量数据文件 2 个：全站仪测点和 GNSS 测点的数据文件。

（2）野外草图。

（3）dwg 格式的地形图数据文件。

第二部分 二等水准测量

水准路线为闭合路线，全长不超过 2.0 km，1 个已知点和三个待定点，分为 4 个测段。参赛队应完成现场抽签点位组合成的水准路线。

一、观测与计算要求

（1）观测使用赛项执委会规定的仪器设备，3 m 标尺，测站视线长度、前后视距差及其累计、视线高度和数字水准仪重复测量次数等表 7-3 规定。

表 7-3 二等水准测量技术要求（3 m 水准标尺）

视线长度/m	前后视距差/m	前后视距累积差/m	视线高度/m	两次读数所得高差之差/mm	水准仪重复测量次数	测段、环线闭合差/mm
≥3 且≤50	≤1.5	≤6.0	≤2.80 且≥0.55	≤0.6	≥2 次	$\leqslant 4\sqrt{L}$

注：L 为路线的总长度，以 km 为单位。

（2）参赛队信息只在竞赛成果资料封面规定的位置填写，成果资料内部的任何位置不得填写与竞赛测量数据无关的信息。

（3）竞赛使用 3 kg 尺垫，可以不使用撑杆，也可以自带撑杆。

（4）竞赛过程中不得携带仪器或标尺跑步。

（5）观测前 30 min，应将仪器置于露天阴影下，使仪器与外界温度一致，竞赛前须对数字水准仪进行预热测量，预热测量不少于 20 次。

（6）竞赛记录及计算均须使用赛项执委会统一提供的《二等水准测量记录计算成果》本。记录及计算一律使用铅笔填写，记录完整。

表 7-4 二等水准测量手簿示例（示例）

测站编号	后距	前距	方向及尺号	标尺读数		两次读数之差	备注
	视距差	累积视距差		第一次读数	第二次读数		
1	31.5	31.6	后 A1	153 969	153 958	+11	
			前	139 269	139 260	+9	
	-0.1	-0.1	后－前	+14 700	+14 698	+2	
			h	+0.146 99			
2	36.9	37.2	后	137 400	137 411 137 351	-11	测错
			前	114 414	114 400	+14	
	-0.3	-0.4	后－前	+22 986	+23 011	-25	
			h	+0.229 98			

（续表）

测站编号	后距	前距	方向及尺号	标尺读数		两次读数之差	备注
	视距差	累积视距差		第一次读数	第二次读数		
3	41.5	41.4	后	113 916	143 906	+10	
			前	109 272	139 260	+12	
	+0.1	−0.3	后—前	+464 4	+464 6	−2	
			h	+0.046 45			
4	46.9	46.5	后	139 411	139 400	+11	
			前 B1	144 150	144 140	+10	
	+0.4	+0.1	后—前	−473 9	−474 0	+1	
			h	−0.047 40			
5	23.5	24.4	后 B1	135 306	135 815	−9	超限
			前	134 615	134 506	+109	
	−0.9	−0.8	后—前	+691	+130 9		
			h				
5	23.4	24.5	后 B1	142 306	142 315	−9	重测
			前	137 615	137 606	+9	
	−1.1	−1.9	后—前	+469 1	+470 9	−18	
			h	+0.047 00			

记录要求：观测记录的数字与文字力求清晰，整洁，不得潦草；按测量顺序记录，不空栏；不空页、不撕页；不得转抄成果；不得涂改、就字改字；不得连环涂改；不得用橡皮擦，刀片刮。

（7）水准路线采用单程观测，每测站读两次高差，奇数站观测水准尺的顺序为：后—前—前—后；偶数站观测水准尺的顺序为：前—后—后—前。

（8）仪器显示的中丝读数必须是两次测量的平均值。

（9）同一标尺两次读数不设限差，但两次读数所测高差之差应满足表 7–4 规定。

（10）观测记录的错误数字与文字应单横线正规划去，在其上方写上正确的数字与文字，并在备考栏注明原因："测错"或"记错"，计算错误不必注明原因。

（11）因测站观测误差超限，在本站检查发现后可立即重测，重测必须变换仪器高。若迁站后才发现，应退回到本测段的起点重测。超限成果应当正规划去，并在备考栏注明"超限"，重测成果在备考栏注明"重测"。

（12）无论何种原因使尺垫移动或翻动，应退回到本测段的起点重测。

（13）仪器转站过程中观测者必须手托水准仪，不得肩扛仪器。

（14）观测记录的计算由记录员独立完成，且不得使用计算器。

（15）每测站的记录和计算全部完成后方可迁站。

（16）测量员、记录员、扶尺员必须轮换，每人观测 1 测段、记录 1 测段。

（17）现场完成高程误差配赋计算。

（18）竞赛结束，参赛队上交成果的同时，应将仪器脚架收好，计时结束。

（19）从领取仪器开始，只要仪器或标尺摔落掉地，取消比赛资格。

（20）高程误差配赋计算，按照测绘规定的"4 舍 6 进、5 看奇偶"的取舍原则，距离取位到 0.1 m，高差及其改正数取位到 0.000 01 m，高程取位到 0.001 m。计算格式见表 7–5。表中必须写出闭合差和闭合差允许值。

二、上交成果

每个参赛队完成外业观测后，完成高程误差配赋计算，并填写高程点成果表。上交成果为：外业原始观测数据及《二等水准测量竞赛成果资料》，高程误差配赋表如表 7–5 所示。

表 7–5 高程误差配赋表

点名	距离 /m	观测高差 /m	改正数 /m	改正后高差 /m	高程 /m
BM1	435.1	0.124 6	−0.001 19	0.123 41	182.034
B1	450.3	−0.011 5	−0.001 23	−0.012 73	182.157
B2	409.6	0.023 8	−0.001 12	0.022 68	182.145
B3	607	−0.131 7	−0.001 66	−0.133 36	182.167
$\sum$	190 2	0.005 2	−0.005 2	0	182.034
W =+5.2 mm　$W_{允}$ =±5.5 mm					

说明：平差计算表中数字与文字力求清晰，整洁，不得潦草；可以用橡皮擦，但必须保持整洁，字迹清晰，不得划改。

第三部分 导线测量竞赛

竞赛的导线测量设计为附合路线，导线路线经过 2 个指定未知点，赛项执委会为每队提供两个互相通视的平面控制点，作为附合导线的起、闭点，并互相作为定向点。导线边长不超过 150 m。

赛项执委会事先设计多条竞赛路线，各队现场抽签确定自己的竞赛路线。

要求参赛队在规定的时间内，完成竞赛路线测量，计算出待定点的坐标。观测记录及坐标计算均在赛项执委会发的《导线测量记录计算成果》上进行，现场完成所有计算，竞赛结束上交《导线测量记录计算成果》。

一、测量及计算要求

（1）竞赛时每队只能使用三个脚架，可以不用三联脚架法施测，但所有点位都必须使用脚架，不得采用其他对中装置。

（2）参赛队员轮流完成导线的全部观测，每人观测 1 测站、记录 1 测站。

（3）竞赛过程中选手不得携带仪器设备（包括脚架和棱镜）跑步。

（4）转站时仪器必须装箱，但棱镜可以不装箱放在起点处。测量过程中仪器棱镜必须始终有人看守，岗位轮换时选手可以短暂离开脚架，但最多不得超过 2 min

（5）只在《导线测量记录计算成果》封面规定的位置填写参赛队的有关信息，成果资料内部任何位置不得填写与竞赛测量数据无关的信息。

（6）现场完成导线成果计算。

（7）观测按方向观测法观测，按规定安置度盘：第一测回大于 0° 00′，第二测回：大于

90° 00′。限差见表 7–6。

表 7–6 一级导线测量基本技术要求

水平角测量（2" 级仪器）			距离测量		
测回数	同一方向值各测回较差	一测回内 2C 较差	测回数	读数	读数差
2	9"	13"		4	5 mm
闭合差					
方位角闭合差		$10\sqrt{n}$			
导线相对闭合差		≤1/14 000			

（8）距离测量时，温度及气压等气象改正由仪器自动设置，观测者可不记录气象数据也不必在仪器中设置。

（9）角度及距离测量成果使用铅笔记录计算，应记录完整，记录的数字与文字清晰，整洁，不得潦草；按测量顺序记录，不空栏；不空页、不撕页；不得转抄；不得涂改、就字改字；不得连环涂改；不得用橡皮擦、刀片刮。

（10）错误成果与文字应单横线正规划去，在其上方写上正确的数字与文字，并在备考栏注明原因："测错"或"记错"，计算错误不必注明原因。

（11）角度记录手簿中秒值读记错误应重新观测，度、分读记错误可在现场更正，但不得连环涂改。

（12）距离测量的厘米和毫米读记错误应重新观测，分米以上（含）数值的读记错误可在现场更正。

（13）测站超限可以重测，重测必须变换起始度盘位置，新的起始度盘位置与原起始度盘位置至少相差 30°以上，但不得相差整分。错误成果应当正规划去，并应在备考栏注明"超限"。

（14）坐标计算：角度及角度改正数取位至整秒，边长、坐标增量及其改正数、坐标计算结果均取位至 0.001 m。

导线近似平差计算表中必须写出方位角闭合差、相对闭合差。相对闭合差必须化为分子为 1 的分数。计算表可以用橡皮擦，但必须保持整洁，字迹清晰。

二、技术平台

竞赛使用的所有仪器、附件及计算工具均由承办校提供。包括：

（一）计算工具

每个参赛队配备：计算器 2 个（ CASIO fx–5800P，见图 7–2 ）、三角板 1 副，铅笔 4 支，削笔刀 1 个和橡皮 1 块。

（二）水准测量仪器设备

（1）国产电子水准仪（南方测绘 DL–2007，见图 7–3（a））：高程测量精度（每千米往返测标准差）± 1 mm/km，含木制脚架 1 个、3 m 数码标尺 1 对、撑杆 2 个及尺垫（3 kg）2 个。

（2）50 m 测绳（根据参赛队的要求配发）。

（三）导线测量仪器设备

国产全站仪南方测绘 NTS-552R20 全站仪 1 台，见图 7-3（b）参数：测角精度 2″，有棱镜测距精度 $\pm(2+2\times10^{-6}\times D)$ mm，免棱镜测距精度 $\pm(3+2\times10^{-6}\times D)$ mm，D 为并测量的基线长度。及配套棱镜（含基座）2 个、3 个木质脚架。

（四）数字测图仪器设备

（1）国产北斗 GNSS 接收机流动站一套（创享 RTK 移动站 1 套，见图 7-3（c）配南方测绘 H6 手簿，参数：平面精度：$\pm(8+1\times10^{-6}\times D)$ mm；高程精度：$\pm(15+1\times10^{-6}\times D)$ mm）。所需手机卡各参赛队自备。

（2）安装数字测图软件 SouthMap 2.0、中望 CAD 及其配套软件的计算机 1 台。

（3）5 m 钢卷尺 1 个。

（4）当地 CORS 工作站及其配套设备。

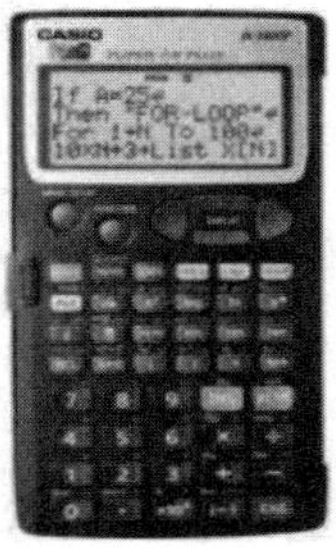

图 7-2 CASIO fx-5800P

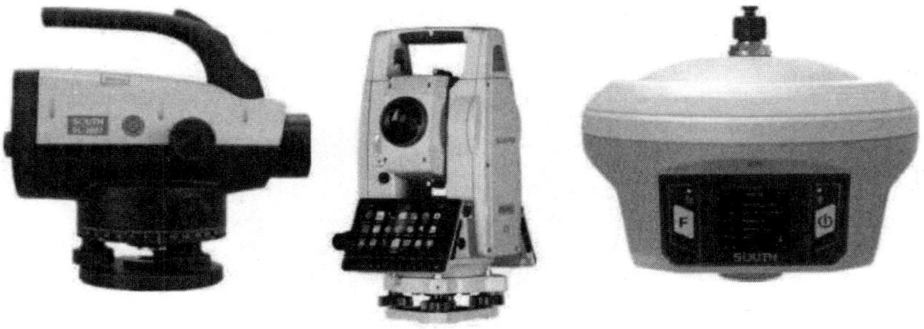

(a) 南方测绘 DL-2007　(b) 南方测绘 NTS-552R20 全站仪　(c) 创享 RTK 移动站测量系统

图 7-3　仪器设备

三、成绩评定

（一）评分标准

1. 实操项目竞赛用时成绩评分标准

三个独立分赛项时间分占 30%，质量分占 70%。数字测图 160 min 完成，二等水准测量 80 min，一级导线测量 80 min 完成。

各队的作业速度得分 S_i 计算公式为：

$$S_i=\left(1-\frac{T_i-T_1}{T_n-T_1}\times 40\%\right)\times 30$$

式中：S_i 为所有参赛队中用时最少的竞赛时间；

T_n 所有参赛队中不超过规定最大时长的队伍中用时最多的竞赛时间；

T_i 为各队的实际用时。

2. 实操项目竞赛成果质量评分标准

数字测图成果质量成绩评分标准成果质量成绩主要从参赛队的仪器操作、测图精度和地形图编绘等方面考虑，包括：

① 取消比赛资格

下列情况之一取消竞赛资格：

A. 故意遮挡其他参赛队观测。

B. 携带非赛项执委会配发的仪器设备。

C. 不采用“草图法”采集碎部点。

D. GNSS 接收机、全站仪、棱镜及其配套设备摔倒落地。

E. 使用非赛项执委会提供的草图纸。

F. 使用电话、对讲机等通信工具。

② 野外数据采集

A. 全站仪和 GNSS 设备不得同时使用，违规一次扣 5 分。

B. 指导教师及其他非参赛人员入场、指导、协助操作，违规一次扣 5 分。

C. 仪器操作违反操作规程或者其他不安全操作行为，违规一次扣 2 分。

D. 全站仪测点不少于 15 点，每少一点扣 0.5 分。

③ 测图精度

测图精度评分标准如下：

A. 过程评分，详见表 7-7。

表 7-7 1:500 数字测图成果评分表（测量过程）

评测内容	评分标准	处理
故意遮挡其他参赛队观测	不听裁判劝阻	取消资格
使用非赛会提供的设备	违规	取消资格
全站仪、棱镜、GNSS 接收机	摔倒落地	取消资格
使用电话、对讲机等通信工具	违规	取消资格
使用非赛会提供的草图纸	违规	取消资格
测定全站仪测站点和定向点不用脚架	违规 1 次扣 3 分	
全站仪和 GNSS 接收机不得同时使用	违规一次扣 5 分	
指导教师及其他非参赛人员入场	出现一次扣 5 分	
携带仪器设备跑步	警告无效，跑 1 步扣 1 分	
仪器设备不安全操作行为	每一次扣 2 分	
其他特殊情况记录		
合计扣分		

注：测量过程扣分直接在总成绩中减。

B. 质量评分，详见表 7-8。

表 7-8 1:500 数字测图成果评分表（成果质量）

项目与分值	评分标准		扣分
方法完整性（5 分）	全站仪测点不少于 15 点，每少 1 点扣 0.5 分		
点位精度（10 分）	要求误差小于 0.15 m。检查 10 处，每超限 1 处扣 1 分		
边长精度（5 分）	要求误差小于 0.15 m。检查 5 处，每超限 1 处扣 1 分		
高程精度（5 分）	要求误差小于 1/3 等高距（0.15 m）检查 5 处，每超限 1 处扣 1 分		
错误或违规（10 分）	重大错误或违规扣 10 分；一般错误或违规扣 1～5 分		
完整性（15 分）	图上内容取舍合理，主要地物漏测 1 项扣 2 分，次要地物漏测 1 项扣 1 分		
符号和注记（12 分）	地形图符号和注记用错 1 项扣 1 分		
整饰（3 分）	地形图整饰应符合规范要求，缺、错少 1 项扣 1 分		
等高线（5 分）	未绘制等高线扣 5 分。等高线与高程发生矛盾，1 处扣 1 分		
合计扣分		合计得分	

注：各项扣分最高为设定值。

（二）二等水准测量成果质量评分标准

成果质量从观测质量和测量成果精度等方面考虑进行分类：合格成果和二类成果（不合格成果）。

1. 二类成果

凡原始观测记录用橡皮擦、每测段测站数非偶数，视线长度、视线高度、前后视距差及其累计差、两次读数所得高差之差超限，原始记录连环涂改，水准路线闭合差超限等，违反其中之一即为二类成果。凡是手簿内部出现与测量数据无关的文字、符号等内容，也会被定为二类成果。

2. 观测与记录评分标准

（1）过程部分，详见附录表 7-9。

表 7-9 二等水准测量成果评分表（测量过程）

评测内容	评分标准	扣分
携带仪器设备（标尺）跑步	警告无效，跑 1 步扣 1 分	
观测、记录轮换	违规 1 次扣 2 分	
骑在脚架腿上观测	违规 1 次扣 1 分	
测站上计算使用计算器	违规 1 次扣 1 分	
非记录员参与计算	违规 1 次扣 1 分	
在标尺上粘贴物品	违规扣 2 分	
后视、前视必须各 2 次高差读数	读数少测 1 次（后视或前视）扣 5 分	
视距读数故意读错或不读	违规 1 次扣 2 分（超过 2 次取消资格）	
测站记录计算未完成就迁站	违规 1 次扣 2 分	
记录转抄	违规 1 次扣 2 分	
违规显示高差	违规 1 次扣 2 分	
测量不按规定路线	离开规定路线 1 次扣 5 分	
使用电话、对讲机等通信工具	违规 1 次扣 2 分	
干扰别人测量	造成重测后果的扣 10 分	
观测记录不同步	违规 1 次扣 2 分	
观测手簿用橡皮擦	违规	二类
仪器设备	水准仪及标尺摔倒落地（从领取仪器开始）	取消资格
合计扣分		
其他违规情况记录		

注：违规情况记录：1. 用橡皮等现象。 2. 本标准未列出的违规情况。 3. 测量过程扣分直接在总成绩中减。

（2）质量评分，详见附录表 7-10 。

附录表 7-10 二等水准测量成果评分表（成果质量）

评测内容		评分标准	扣分
观测与记录40分	每测段测站数为偶数	奇数测站	二类
	测站限差	视线长度、视线高度、前后视距差、前后视距累计差、高差较差等超限	二类
	观测记录	连环涂改或用橡皮擦	二类
	记录手簿	记录计算簿出现与测量数据无关的文字符号等	二类
	手簿记录空栏或空页	空 1 栏扣 2 分，空 1 页扣 5 分	
	手簿计算	每缺少 1 项或错误 1 处扣 1 分	
	记录规范性	就字改字、字迹模糊影响识读 1 处扣 1 分，最多扣 4 分	
	划改不用尺子或多线	违规 1 处扣 1 分，最多扣 4 分	
	同一数据划改超过 1 次	违规 1 处扣 1 分，扣完为止	
	划改后不注原因或原因不规范	1 处扣 0.5 分，最多扣 2 分	
	手簿整测站划改	整测站划去超过有效成果记录的 1/3 扣 5 分	
	观测手簿用橡皮擦	违规	二类
	重测应变换仪器高	违规 1 次扣 3 分	
	应填写点名	违规 1 处扣 1 分，最多扣 4 分	
内业计算30分	计算取位（4 分）	违规 1 处扣 1 分，最多扣 4 分	
	水准路线闭合差	超限	二类
	平差计算（20 分）	1 处计算错误扣 1+0.1 n 分，n 为影响后续计算的项目数，$n \leqslant 5$	
		全部未计算扣 20 分；只计算路线闭合差扣 15 分未计算闭合差限差扣 3 分其他计算缺项或未完成酌情扣分	
	待定点高程检查	与标准值比较不超过 ±5 mm 不超限，超限 1 点扣 2 分	
		不填写成果表扣 2 分；填写错误每点扣 1 分	
	计算表整洁		
合计扣分		合计得分	

（三）导线测量成果质量成绩评分标准

成果质量从观测质量和计算成果等方面考虑。

1. 不合格成果

不合格成果称为二类成果。原始观测成果用橡皮擦、2C 较差和 2 测回方向值较差超限、原始记录连环涂改、角度观测记录改动秒值、距离测量记录改动厘米或者毫米、方位角闭合差超限、相对闭合差超限等，只要违反其中 1 项即为二类成果。为了保证公平竞赛，凡是手簿内部出现与测量数据无关的字体、符号等内容，也将被视为不合格的二类成果。

2. 观测与记录评分标准

（1）测量过程（如表 7–11 所示）

表 7-11　测量过程

评测内容	评分标准	扣分
携带仪器设备（脚架棱镜）跑步	警告无效，每跑一步扣 1 分	
观测、记录按规定轮换	违规 1 次扣 2 分	
测站重测不变换度盘或变换不合要求	违规 1 次扣 2 分	
记录者引导观测者读数	违规 1 次扣 1 分	
用橡皮擦擦手簿	违规	二类
测站记录计算未完成就迁站	每出现 1 次扣 2 分	
骑在脚架腿上观测	违规一次扣 1 分	
记录成果转抄	违规 1 次扣 2 分	
影响其他队测量	造成必须重测后果的扣 10 分	
仪器设备	全站仪及棱镜摔倒落地	取消资格
其他违规记录		
合计扣分		

（2）成果质量（如表 7–12 所示）

表 7-12　成果质量

评测内容		评分标准	处理
观测与记录	测站限差	同一方向各测回较差或者 2C 超限	二类
	角度观测记录	角度改动秒值或连环涂改	二类
	距离观测记录改动厘米、毫米	违规	二类
	手簿内部写与测量数据无关内容	违规	二类
	记录规范性（4 分）	就字改字或字迹模糊，1 处扣 2 分	
	手簿缺项或计算错误（10 分）	每出现一次扣 1 分，扣完为止	
	手簿划改（4 分）	非单线或者不用尺子的划线，1 处扣 1 分，扣完为止	
	同一位置划改超过 1 次（4 分）	违规 1 处扣 1 分	
	划改后不注明原因或不规范（2 分）	违规 1 处扣 1 分，扣完为止	
内业计算	方位角闭合差或相对闭合差限差	超限	二类
	平差计算（20 分）	一处计算错误扣 0.5 n 分，n 为影响后续计算的项目数	
		全部未计算扣 20 分；只计算方位角闭合差扣 15 分；其他计算缺项或未完成酌情扣分	
	坐标检查（6 分）	与标准值比较超过 5 cm 为超限，每超限 1 点扣 3 分	
	计算表整洁（2 分）	每 1 处非正常污迹扣 0.5 分，扣完为止	
合计扣分			

（四）评分方法

（1）实操竞赛成绩主要从参赛队的作业速度、成果质量两个方面计算，采用百分制。其中成果质量总分 70 分，按评分标准计算；作业速度总分 30 分，按各组竞赛用时计算。两项成绩相加成绩高者优先。

（2）实际操作成绩按参赛队三个单项比赛成绩加权求和计算，其中“1∶500 数字测图”权重为 0.4，“二等水准测量”和“一级导线测量”的权重均为 0.3。即：实际操作总成绩 = 数字测图成绩 ×0.4+ 二等水准测量成绩 ×0.3+ 一级导线测量成绩 ×0.3。

在两队成绩完全相同时，分别按以下顺序排名：

A. 数字测图：① 质量成绩高；② 精度检查分高；③ 漏测地物少；④ 图面整饰美观。

B. 水准测量：① 质量成绩高，② 重测次数少，③ 划改次数少，④ 记录、计算成果表整洁。

C. 导线测量：① 质量成绩高，② 重测次数少，③ 划改次数少，④ 记录、计算成果表整洁。

（3）在规定时间内完成竞赛，且成果符合要求者按竞赛评分成绩确定名次。凡因超限或其他原因被定性为二类成果的不参加评奖。

（4）对于竞赛过程中伪造数据者，取消该队全部竞赛资格。并报请山东省职业院校技能大赛办公室通报批评。

（五）成绩评定

成绩评定根据竞赛考核内容和要求对参赛队竞赛最终成果做出评价：

（1）实操各项竞赛的作业过程成绩由现场裁判根据各队的竞赛表现评定，由单项裁判组长审核确定。

（2）二等水准测量和一级导线测量成果质量成绩由计算裁判组按照评分内容分工负责评定，由计算裁判组长审核并汇总。数字测图质量成绩由绘图裁判组按照评分内容分工负责评定，由绘图裁判组长审核并汇总。

（3）各队在各单项竞赛的时间成绩由评分裁判计算，评分裁判组长审核。

（4）各队的团体总成绩由总裁判长审核。

（5）成绩产生、审核和公布由裁判组、督导组和仲裁组按照大赛制度《成绩管理办法》执行。

（6）各类裁判人员按照分工各司其职，开展加密解密、现场执裁、内业评判、时间分计算、成绩汇总和公布等工作。总裁判长负责协调指挥。

（六）成绩公示

各单项及总成绩汇总后，经裁判长、监督组签字后进行公示。公示时间为 2 小时。成绩公示无异议后，由仲裁长和监督组长在成绩单上签字，并在闭幕式上公布竞赛成绩。

本赛项设团体总成绩奖，总成绩由团体总成绩决定。获奖比例按照参赛队总数确定，其中一等奖 10%，二等奖 20%，三等奖 30%（小数点后四舍五入）。

凡是获得团体总成绩一等奖的参赛队指导教师由组委会颁发优秀指导教师证书。

附录3 北京××家园住宅小区测量实例

一、编制依据

（1）工程测量规范（GB50026 — 93）。

（2）北京市第一测绘分院提供的工程测量成果 20×× 普测 0668 号。

（3）×× 家园住宅小区施工图纸。

（4）×× 家园住宅小区施工组织总设计。

二、工程概况

北京市 ×× 家园住宅小区工程位于北京市朝阳区 ** 桥路 ** 号，地处四环以外。总建筑面积 109 271 m^2，分主楼和裙房（裙房主要为地下车库），主楼地下二层，车库地下一层，结构形式为全现浇框架、抗震剪力墙结构，地基为 CFG 桩复合地基，基础为筏板基础，埋深 -10.55 m。

地上结构：1 # 楼地上 21 层，建筑檐高为 65.3 m，主楼长 57.98 m，宽 25.2 m。2 #、3 # 楼地上 20 层建筑檐高为 62.4 m，长 70.5 m，宽 34.9 m。标准层高均为 2.900 m。±0.000 相当于绝对标高 35.10 m，室内外高差 0.3 m。

三、施工准备

（一）场地准备

本工程施工时拆迁工作已基本结束，现场地势基本平坦，定位测量施工前先进行场地平整、清除障碍物后并可进行施工定位放线工作。

（二）测量仪器准备

根据本工程的规模、质量要求、施工进度确定所用的测量仪器，所有测量器具必须经专业法定检测部门检验合格后方可使用。使用时应严格遵照工程测量规范（GB50026 — 93）要求操作、保管及维护，并设立测量设备台帐。如表 7-13 所示。

表 7-13 测量仪器配备一览表

序号	测量仪器名称	型号规格	单位	数量	备注
1	光学经纬仪	J_2	台	2	
2	自动安平水准仪	DZS3-1	台	3	
3	激光铅垂仪	JDA-96	台	1	
4	全站仪	BTS-3082C 型	台	1	
5	钢卷尺	50 m	把	4	
		7.5 m	把	4	
		5.5 mm	把	20	
6	塔尺	5 m	把	2	

（三）技术准备

1. 施测组织

（1）本项目部特派专业测量人员成立测量小组，根据北京市第一测绘分院提供的工程测量成果 20×× 普测 0668 号测定的坐标点和高程控制点进行施测，并按规定程序检查验收，对施测组全体人员进行详细的图纸交底及方案交底，明确分工，所有施测的工作进度逐日安排，由组长根据项目的总体进度计划进行安排。

（2）测量人员及组成：

测量负责人：1 名。测量技术员：2 名。测量员：4 名。

2. 技术要求

（1）所有参加施工测量人员、验线人员必须持证上岗，施工放线人员要固定，不能随便更换，如有特殊需要必须由现场技术负责人同意后负责调换，以保证工程正常施工。

（2）测量人员必须熟悉图纸，了解设计意图，学习测量规范，充分掌握轴线、尺寸、标高和现场条件，对各设计图纸的有关尺寸及测设数据应仔细校对，必要时将图纸上主要尺寸摘抄于施测记录本上，以便随时查找使用。

（3）测量人员测量前必须到现场踏勘，全面了解现场情况，复核测量控制点及水准点，保证测设工作的正常进行，提前编制施工测量方案。

（4）测量人员必须按照施工进度计划要求，施测方案，测设方法，测设数据计算和绘制测设草图，以此来保证工程各部位按图施工。

3. 施测原则

（1）认真学习执行国家法令，政策与法规。明确一切为工程服务，按图施工，质量第一的宗旨。

（2）遵守“先整体后局部”的工作程序，先确定“平面控制网”，后以控制网为依据，进行各细部轴线的定位放线。

（3）必须严格审核测量原始依据的正确性，坚持“现场测量放线”与“内业测量计算”工作步步校核的工作方法。

（4）测法要科学、简捷，仪器选用要恰当，使用要精心，在满足工程需要的前提下，力争做到省工、省时、省费用。

（5）定位工作必须执行自检、互检合格后再报检的工作制度。

（6）紧密配合施工，发扬团结协作、实事求是、认真负责的工作作风。

四、主要施工测量方法

（一）坐标及高程引入

1. 坐标点、水准点引测依据

根据北京市第一测绘分院提供的工程测量成果 20×× 普测 0668 号，得知场外坐标控制点和水准控制点分别见表 7–14 和表 7–15。

表 7–14 建筑物外侧坐标控制点

点号	纵坐标（X）	横坐标（Y）
2[1]1	310 905.237	511 596.028
2[1]2	310 900.050	511 509.940
2[1]6	310 984.939	511 633.622

表 7–15 建筑物外侧高程控制点

点号	高程 /m	点号	高程 /m	点号	高程 /m
BMA	35.314	BMB	35.097	B4C	35.385

2. 场区平面控制网布设原则

平面控制应先从整体考虑，遵循先整体、后局部，高精度控制低精度的原则，布设平面控制网形首先根据设计总平面图，现场施工平面布置图，选点应选在通视条件良好、安全、易保护的地方，本工程各楼座控制桩布设在混凝土护坡坡顶上，并用红油漆作好测量标记。

3. 引测坐标点、水准点，建立局域控制测量网

（1）坐标点

从现场场地的实际情况来看，整个基槽采取大开挖，现场可用场地较狭小。所以布设的控制点要求通视，便于保护施工方便。

根据设计图纸、施工组织设计对楼层进行网状控制，兼顾 ±0.000 以上施工，确定控制控轴线为：

1 # 楼 1–A，1–3，1–D，1–2，1–15，1–D^1，1–13，1–A^1；

2 # 楼 2–1，2–49，2–H，2–T；

3 # 楼 3–1，3–50，3–H，3–T。

第一步，施测时，首先，采用全站仪置于“规 6 点”，对中整平，后视照准“规 2 点”，前视“规 8 点”，校核测绘院提供的这几点相对距离、夹角是否符合。

第二步，采用极坐标的施测方法，测设各楼座的定位点，全站仪置于“规 6 点”，对中整平，后视照准“规 2 点”，前视“各楼座定位点”，各楼座的控制轴线坐标点见表 7–16。

表 7-16 建筑物定位主轴线交点坐标一览表

点号	纵坐标（X）	横坐标（Y）
1	310990.911	511424.676
2	311002.847	511427.253
3	311002.847	511474.107
4	310990.908	511476.679
5	310957.796	511551.280
6	310957.796	511480.980
7	310935.696	511480.980
8	310935.696	511551.280
9	311007.086	511622.446
10	311007.086	511552.146

第三步，采用全站仪坐标测量功能，复查各楼座定位点。全站仪置于“规6点”，对中整平，输入规6点的绝对坐标，前置光靶于各楼座定位点，测读各楼座的坐标，复查校核各楼座坐标数据。

至此，建立了本工程各楼座测量的控制轴线网，如图 7-4 所示。

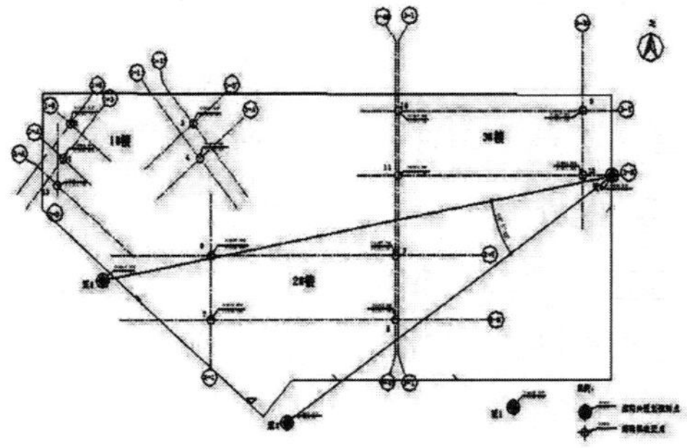

图 7-4　本工程各楼座测量的控制轴线网

（2）水准点

高程控制点根据测绘院提供的 BMA、BMB 及 BMC 三个高程控制点，采用环线闭合的方法，将外侧水准点引测至场内，向建筑物四周围墙上引测固定高程控制点为 35.100 m，东侧设一个，南侧设四个点。

根据引测结果，确定高程点布置位置并绘制水准点控制图如图 7-5 所示。

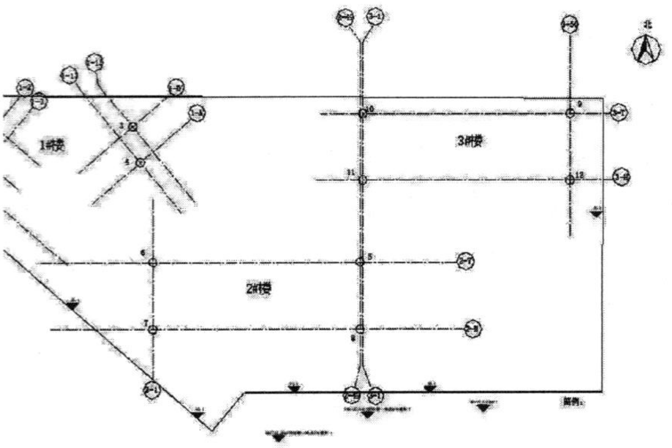

图 7-5　确定高程点布置位置并绘制水准点控制图

（二）测量控制方法

1. 轴线控制方法

基础部位主要采用“轴线交会法”，主体结构主要为“内控天顶法”。

2. 高程传递方法

基础部位主要采取“钢尺挂垂球法”，主体结构为“钢尺垂直传递法”。

3. 轴线及高程点放样程序

（1）基础工程（如图 7–6 所示）

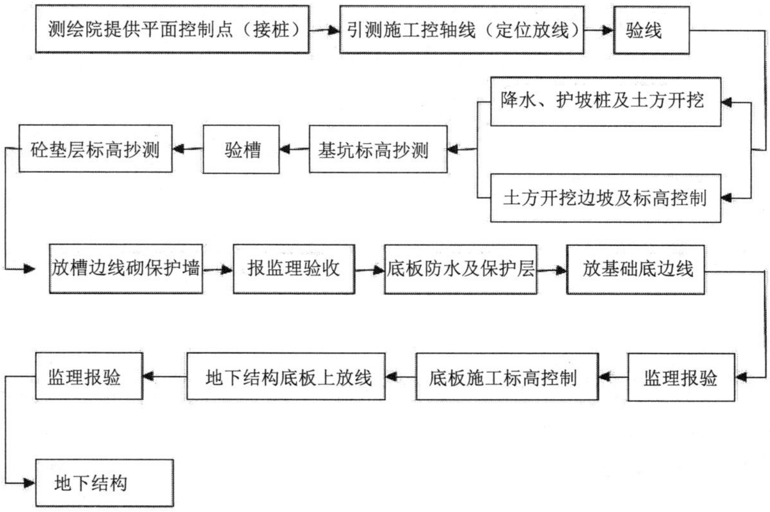

图 7–6　基础工程步骤图

（2）地下结构工程（如图 7–7 所示）。

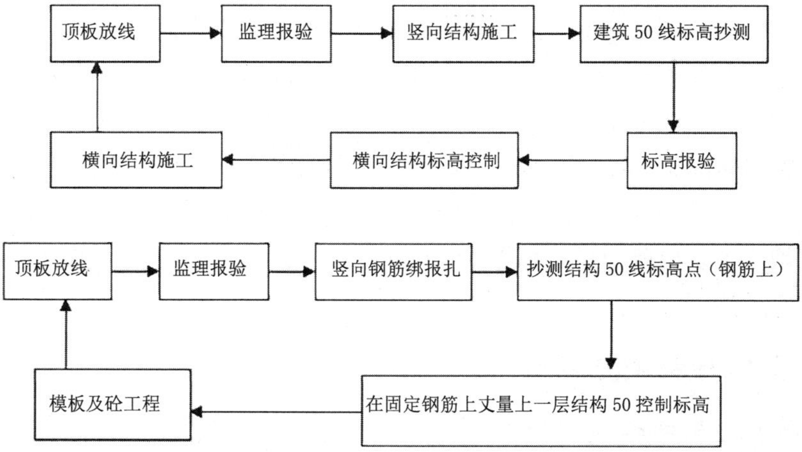

图 7–7　地下结构工程步骤图

（三）基础测量放线

1. 轴线投测

（1）土方开挖：由于本工程基础土方为大开挖，开挖前根据控制桩放出槽边上口线，在挖出工作面后，先钉出距槽边 1 m 控制桩，以此控制槽的开挖尺寸和边坡坡度。

（2）垫层混凝土浇筑后，根据轴线控制网将轴线投测到垫层面上，在垫层上弹出十字控制墨线，并进行校测后，计算出基础大方脚的外皮线，弹上墨线，作为砖砌胎模的依据。砖砌胎模距基础大方脚的外皮线 40 mm，用于抹灰层、防水层及保护层施工。

（3）基础施工轴线控制，直接采用基坑外控制桩两点通视直线投测法，向基础平台投测轴线，为防止轴线上墙、柱钢筋、模板影响测量观测，故采取轴线偏离 80 ~ 100 cm 设定施工观测控制线。再按施工观测控制线引放其他细部施工控制线，且每次施工观测控制线的放样必须独立施测两次，经校核无误后方可使用。

（4）基础部分电梯井、集水坑，根据其与主控线关系确定其长短边方向的中心线对称放样，以便复核。

（5）基础底板施工完毕后，将施工观测控制线弹设到基础底板面上，在控制线交点上设钢板标志。

2. 标高控制

（1）高程控制点的联测：在向基坑内引测标高时，首先联测高程控制网点，以判断场区内水准点是否被碰动，经联测确认无误后，方可向基坑内引测所需的标高。

（2）标高的施测：为保证竖向控制的精度要求，对每层所需的标高基准点，必须正确测设，在同一平面层上所引测的高程点，不得少于 3 个。并作相互校核，校核后 3 点的偏差不得超过 3 mm，取平均值作为该平面施工中标高的基准点，基准点应标在边坡立面位置上，所标部位应先用水泥砂浆抹成一个竖平面，在该竖平面上测设定施工用基准标高点，用红色三角作标志，并标明绝对高程和相对标高，便于施工中使用。

（3）为了控制基槽的开挖深度，当基槽快挖到槽底设计标高时，用水准仪在槽壁上测设一些水平木桩，使木桩的上表面离槽底的标高为一固定值。为施工时方便，一般在槽壁各拐角处和槽壁每隔 3 ~ 4 m 均测设一水平桩。必要时可沿水平桩上表面挂线检查槽底标高。

（4）根据标高线分别控制垫层标高和混凝土底板标高，墙、柱模板支好检查无误后，用水准仪在模板上定出墙、柱标高线。拆模后，抄测结构 1 m 线控制顶板高度，在此基础上，用钢尺作为传递标高的工具。

（四）主体结构测量放线

1. 楼层主控轴线传递控制

（1）在首层平面复测校核楼层施工主控轴线，并按照施工流水段划分要求细分二级控制点。在首层平面施工时留置二级控制线交叉内控点，预埋钢板（200 mm × 200 × 8 mm），在内控线的钢板交点上用手提电钻打 ϕ 1 mm 小坑并点上红漆作为向上传递轴线的内控点。

以后所有上层结构板均在同一位置预留 200 mm×200 mm 的洞口，作为依次向上传递轴线的窗口，照准点投测到作业层后，校核距离，用钢尺丈量，校核垂直度，以一排三个点是否在同一条直线上，其精度误差不超过 2 mm。

（2）激光控制线投测方法：在首层控制点上架设激光经纬仪或激光铅垂仪，调置仪器对中整平后启动电源，使激光经纬仪或激光铅垂仪发射出可见的红色光束，投射到上层预留孔的接受靶上，查看红色光斑点离靶心最小点，将仪器旋转 4 个 90° 画圆，将 4 点连成十字，其中 0 点即为圆心，此点即作为第二层上的一个控制点，其余控制点可用同样的方法向上传递，弹出控制线。

（3）根据内控主轴线进行楼内细部放样，统一以墙中心线外侧 0.5 m 控制模板边线。

2．楼层标高传递控制

（1）高程控制网的布置：本工程高程控制网采用水准法建立，现场共设置 5 个 ±0.000 水准点（绝对高程为 35.1 m）。控制 1 #楼、2 #楼，3 #楼，分别设在现场周围的围墙和永久的建筑物上，点距约 30 m。

（2）标高传递：主体上部结构施工时采用钢尺直接丈量垂直高度传递高程。首层施工完后，应在结构的外墙面抄测 +50 cm 交圈水平线，在该水平线上方便于向上挂尺的地方，沿建筑物的四周均匀布置 4 个点，作出明显标记，作为向上传递基准点，这 4 点必须上下通视，结构无突出点为宜。以这几个基准点向上拉尺到施工面上以确定各楼层施工标高。在施工面上首先应闭合检查 4 点标高的误差，当相对标高差小于 3 mm 时，取其平均值作为该层标高的后视读数，并抄测该层 +50 cm 水平标高线。

（3）由于钢尺长度有限，因此向上传递高程时采取接力传递的方法，传递时应在钢尺的下方悬挂配重（要求轻重适宜）以保持钢尺的垂直。

（4）每层标高允许误差 3 mm，全层标高允许误差 15 mm，施工时严格按照规范要求控制，尽量减少误差。

（五）安装工程标高控制

（1）主体结构施工时以该楼层钢筋上 50 cm 线为准。装修时安装以该层室内墙面 50 cm 线为准。

（2）装饰工程施工放线

室内装饰面施工时，平面控制仍以结构施工控制线为依据，标高控制引测建筑 50 标高线，要求交圈闭合，误差在限差范围内。

外墙四大角以控制线为准，保证四大角垂直方正，经纬仪投测上下贯通，竖向垂直线供贴砖控制校核。

外墙饰面施工时，以放样图为依据，以外门窗洞口、四大角上下贯通控制线为准，弹出方格网控制线（方格网大小以饰面石材尺寸而定）。

（六）测量注意事项

（1）仪器限差符合同级别仪器限差要求。

（2）钢尺量距时，对悬空和倾斜测量应在满足限差要求的情况下考虑垂曲和倾斜改正。

（3）标高抄测时，采取独立施测二次法，其限差为 ±3 mm，所有抄测应以水准点为后视。

（4）垂直度观测，若采取吊垂球时应在无风的情况下，如有风而不得不采取吊垂球时，可将垂球置于水桶内。

（七）细部放样的要求

（1）用于细部测量的控制点或线必须经过检验。

（2）细部测量坚持由整体到局部的原则。

（3）方向控制尽量使用距离较长的点。

（4）所有结构控制线必须清楚明确。

五、质量标准

工程测量应以中误差作为衡量测绘精度的标准，二倍误差作为极限误差。为保证误差在允许限差内，各种控制测量必须按《工程测量规范》执行，操作按规范进行，各项限差必须达到下列要求。

（1）建筑物控制网允许误差 1/15 000，（边长相对中误差）±20''。

（2）竖向轴线允许偏差，每层 3 mm，全高 15 mm。

（3）标高竖向传递允许偏差，每层 ±3 mm，全高 ±15 mm。

六、沉降观测与变形观测

本工程沉降观测、变形观测由业主委托相应资质的测量单位进行。

（一）建筑物自身的沉降观测

以建设单位聘请的有资质的测绘院施测数据为准。要求“三定”即定人、定点、定仪器。

（1）应设计要求，本建筑物做沉降观测，要求在整个施工期间至沉降基本稳定停止进行观测。

（2）本建筑物施工时沉降观测按二等水准测量进行，观测精度如表 7–17 所示。

表 7–17 沉降观测精度参考表

等级	标高中误差 mm	相邻高差中误差 mm	观测方法	往返校差附合或环线闭合差 mm
二等	±0.5	±0.3	二等水准测量	$0.6n^{1/2}$（n 为测站数）

（3）沉降观测点设置：根据设计要求布设沉降观测点，用于沉降观测的水准点必须设在便于保护的地方。

（4）当浇筑基础垫层时，在垫层平面位置埋设临时观测点，待稳定后及时进行观测。

（5）待基础结构施工完成后将临时观测点移至基础底板上埋设，并及时进行观测。

（6）直到 ±0.000 0 时按平面布置位置埋设永久性观测点，每施工一层附测一次，直至竣工。

（7）工程竣工后，第一年测四次，第二年测两次，第三年后每年测一次，直至沉降稳定为止，一般为五年。

（8）观测资料及时整理，并与土建施工技术人员一同分析成果。

（二）护坡桩的位移观测

（1）在基坑开挖后，在护坡桩顶帽梁上布设变形点（变形点间隔 10 m 左右）。并在护坡桩基坑一侧 500 mm 左右设置平面控制点线（即一点为置仪点，一点为后视点），用经纬仪视准线法，以各变形点的角度变化为依据进行观测，判别其变形位移量。

（2）基坑外观测用点必须设置永久性固定位置，且应深埋于冻土层下 0.5 m。

（3）变形点观测频率为每月三次，雨、雪后加测一次，直至地下工程完工为止。

（4）做好变形观测数据资料的整理，及时分析和处理成果。

七、测量复核和资料的整理

（1）工程定位、测量工作完成后，由监理单位和业主参加验线，验线方法和验线仪器与放线时程序相同，以确保验线工作的检查独立性。

（2）楼层验线由现场质量员及专职验线员复验各楼层的放线结果合格后，报监理工程师抽查复验。

（3）外业记录采用统一格式，装订成册，回到内业及时整理并填写有关表格，并由不同人员将原始记录及有关表格进行复核，对于特殊测量要有技术总结和相关说明。

（4）有高差作业和重大项目的要报请相关部门或上级单位复核认可。

（5）对各层放样轴线间距离等采用钢尺复核，达到准确无误。

（6）所有测量资料统一编号，分类装订成册。

八、施工管理措施

（一）保证质量措施

（1）为保证测量工作的精度，应绘制放样简图，以便现场放样。

（2）对仪器及其他用具定时进行检验，以避免仪器误差造成的施工放样误差。测量工作是一个极为烦琐的工作，任务大、精度高，因此必须按《工程测量规范》要求，对测量仪器、量具按规定周期进行检定，在周期内的经纬仪与水准仪的主要轴线关系还应每 2 ~ 3 个月进行定期校验。此外，还应做好测量辅助工具的配备与校验工作。

（3）每次测角都应精确对中，误差在 ±0.5 mm 范围内，并采用正倒镜取中数。

（4）高程传递水准仪应尽量架设在两点的中间，消除视准轴不平行于水准轴的误差。

（5）使用仪器时在阳光下观测应用雨伞遮盖，防止气泡偏离造成误差，雨天施测要有

防雨措施

（6）每个测角、丈量、测水准点都应施测两遍以上，以便校准。每次均应作为原始记录登记，以便能及时查找。

（二）安全技术措施

（1）轴线投测到边轴时，应将轴线偏离边轴 1 m 以外，防止高空坠落，保证人员及仪器安全。

（2）每次架设仪器，螺旋松紧适度，防止仪器脱落下滑。

（3）较长距离搬运，应将仪器装箱后再重新架设。

（4）轴线引测预留洞口 200 mm × 200 mm 后，除引测时均要用木板盖严密，以防落物打击伤人或踩空，并设安全警示牌。

（5）向上引测时，要对工地工人进行宣传，不要从洞口向下张望，以防落物打中。

（6）外控引测投点时要注意临边防护、脚手架支撑是否安全可靠。

（7）遵守现场安全施工规程。

九、仪器保养和使用制度

（1）仪器实行专人负责制，建立仪器管理台帐，由专人保管、填写。

（2）所有仪器必须每年鉴定一次，并经常进行自检。

（3）仪器必须置于专业仪器柜内，仪器柜必须干燥、无尘土。

（4）仪器使用完毕后，必须进行擦拭，并填写使用情况表格。

（5）仪器在运输过程中，必须手提抱等，禁止置于振动的车上。

（6）仪器现场使用时，司仪人员不得离开仪器。使用过程中防爆晒、防雨淋，正确使用仪器，严格按照仪器的操作规程使用。

（7）水准尺不得躺放，三脚架、水准尺不得做工具使用。

附录 4　某某市某工程测量施工方案编写案例

一、编制依据

（1）由某某设计有限公司设计的《某某住宅楼施工图纸》。

（2）《某某住宅楼施工组织设计》。

（3）某某市测绘设计研究院提供的《测量成果报告书》。

（4）土建工程施工涉及的国家建筑工程施工质量验收规范和规程:《工程测量规范》（GB50026—93）、《建筑施工测量手册》。

二、工程概况

（1）本工程位于某某北路南侧,建筑面积 10 636.0 m^2,地下面积 1 047.0 mm^2；地上十层，地下一层，东西长 88.40 m，南北进深 12.6 m，檐口高度 29.2 m，层高 2.8 m，墙厚 200 cm。地下室设有消防水池，人防区和非人防区，风机房，4 个集水坑。

（2）± 0.000 m 相当于绝对标高 46.10 m，室内外高差为 0.60 m；建筑楼面标高与结构楼面标高相差 0.07 m，建筑做法为 70 mm 厚。

（3）全现浇钢筋混凝土墙、板结构形式，外墙外侧粘贴 40 mm 厚聚苯板保温；在一层至二层外墙外侧镶贴面砖，以上部位为装饰涂料。

三、施工部署

由项目技术部专业测量人员成立测量小组，根据某某市测绘研究院给定的坐标点和高程控制点进行工程定位、建立轴线控制网。按规定程序检查验收，对施测组全体人员进行详细的图纸交底及方案交底，明确分工，所有施测的工作进度及逐日安排，由组长根据项目的总体进度计划进行安排。

四、施工测量的基本要求

（一）施测原则

（1）严格执行测量规范；遵守先整体后局部的工作程序，先确定平面控制网，后以控制网为依据，进行各局部轴线的定位放线。

（2）必须严格审核原始测量数据的准确性，坚持测量放线与计算工作同步校核的工作方法。

（3）定位工作执行自检、互检合格后再报检的工作制度。

（4）测量方法要简捷，仪器使用要熟练，在满足工程需要的前提下，力争做到省工省时省费用。

（5）明确为工程服务，按图施工，质量第一的宗旨。紧密配合施工，发扬团结协作、实事求是、认真负责的工作作风。

（二）准备工作

1. 全面了解设计意图，认真熟悉与审核图纸。

施测人员通过对总平面图和设计说明的学习。首先了解工程总体布局，工程特点，周围环境，建筑物的位置及坐标；其次了解现场测量坐标与建筑物的关系，水准点的位置和高程以及首层 ±0.000 的绝对标高。在了解总图后认真学习建筑施工图，及时校对建筑物的平面、立面、剖面的尺寸、形状、构造，它是整个工程放线的依据，在熟悉图纸时，着重掌握轴线的尺寸、层高，对比基础，楼层平面，建筑、结构几者之间轴线的尺寸，查看其相关之间的轴线及标高是否吻合，有无矛盾存在。

2. 测量仪器的选用。

测量中所用的仪器和钢尺等器具，根据有关规定，送具有某某市仪器校验资质的检测厂家进行校验，检验合格后方可投入使用。见表 7–18.

表 7-18 现场测量仪器一览表

序号	器具名称	型号	单位	数量
1	经纬仪	J_2	台	1
2	水准仪	DS_3	台	2
3	激光经纬仪	DJ_2	台	1
4	激光接受靶		个	1
5	钢尺	50 m	把	2
6	钢尺	30 m	把	2
7	盒尺	5 m	把	2
8	对讲机		个	3
9	墨斗		只	4

3. 测量的基本要求

测量记录必须原始真实、数字正确、内容完整、字体工整；测量精度要满足要求。根据现行测量规范和有关规程进行精度控制。

根据工程特点及《工程测量规范》，此工程设置精度等级为二级，测角中误差为 20 秒，边长相对误差为 1/5 000。

五、工程定位与控制网测设

（一）工程定位

根据某某市测绘规化部门提供的定位桩、红线桩和水准点。按照所计算的建筑物主轴线坐标点进行轴线定位。

（二）平面控制网测设

1. 平面控制网布设原则

（1）平面控制应先从整体考虑，遵循先整体后局部、高精度控制低精度的原则。

（2）平面控制网的坐标系统与工程设计所采用的坐标系统相一致。布设呈矩形。

（3）平面控制网首先根据设计总平面图、现场施工平面布置图布设。

（4）选点应在通视条件良好、安全、易保护的地方。

（5）桩位必须用线保护，需要时用钢管进行围护，并用红油漆作好标记。

2. 建筑平面控制网的布设

（1）依据平面布置与定位原则，共设置二横四纵六条主控轴，分别为 C 轴 0.5 m，H 轴 1.0 m，①轴 1.0 m，⑨轴 0.9 m，⑩轴 1.8 m，27 轴 0.9 m，1/35 轴 0.5 m。

（2）主控轴线定位时，均布置引线，横轴东侧以及纵轴北侧投测到围墙上，横轴西侧、纵轴南侧设置定位桩。墙上、地面引线均用红三角标出，清晰明了。施测完成后报监理、建设单位确认后，加以妥善保护。按照《工程测量规范》要求，定位桩的精度要符合表 7–19 要求：

表 7–19　定位桩的精度

等级	测角中误差 /″	边长丈量相对中误差
一级	±7	1/30 000

（3）桩位必须用砼保护，砌砖维护，并用红油漆作好测量标记。

（4）控制线随结构逐层弹在外墙上，用以检查复核楼层放线。

（三）高程控制网的布设

1. 高程控制网的布设原则

（1）为保证建筑物竖向施工的精度要求，在场区内建立高程控制网，以此作为保证施工竖向精度的首要条件。

（2）根据场区内规划局给定的路边高程点 BM4=45.03 m 布设场区高程控制网。

（3）为保证建筑物竖向施工的精度要求，根据规划局给定的路边高程点 BM4=45.03 m，在场区内（包含 1#、2# 楼）建立高程控制网。先用水准仪进行复测检查，校测合格后，测设一条闭合水准路线，联测场区高程竖向控制点，即场区半永久性水准点 M1=46.00 m，以此作为保证竖向施工精度控制的首要条件，该点也作为以后沉降观测的基准点。

2. 高程控制网的等级及技术要求

（1）高程控制网的精度，不低于三等水准的精度。

（2）半永久性水准点位处于永久建筑物以外，一律按测量规程规定的半永久桩的方式埋设，并妥善加以保护。

（3）引测的水准控制点，需经复测合格后方可使用。

（4）高程控制网技术要求。

高程控制网的等级拟布设三等附合水准，水准测量技术要求见表 7–20。

表 7-20　水准测量技术要求

等级	高差全中误差 /（mm/km）	路线长度 / km	与已知点联测次数	附合或环线次数	平地闭合差 / mm
三等	6	50	往返各一次	往返各一次	12

3. 水准点的埋设及观测技术要求

（1）水准点的埋设

水准点选取在土质坚硬，便于长期保存和使用方便的地方。墙水准点应选设在稳定的建筑物上，点位应位于便于寻找、保存和引测的地方。

（2）水准观测的技术要求见表 7–21。

表 7-21　水准观测的技术要求

等级	水准仪型号	前后长度 /m	前后视距较差 /m	前后视距累积差 /m	视线离地面最低高度 /m	基辅分划读数差 /mm	基辅分划所测高差之差 /mm
三级	DS_3	≤ 75	≤ 2	≤ 5	0.3	2.0	3.0

六、基础测量

（一）基础平面轴线投测方法

（1）将 DJ_2 经纬仪架设在基坑边上的轴线控制桩位上，经对中、整平后、后视同一方向桩（轴线标志），将所需的轴线投测到施工的平面层上、在同一层上投测的纵、横线各不得少于两条，以此作角度、距离的校核。一经校核无误后，方可在该平面上放出其他相应的设计轴线及细部线。在各楼层的轴线投测过程中，上下层的轴线竖向垂直偏移不得超过 3 mm。

（2）在垫层上进行基础定位放线前，以建筑物平面控制线为准，校测轴线控制桩无误后，再用经纬仪以正倒镜挑直法投测各主控线，投测允许误差为 ±2 mm。

（3）垫层上建筑物轮廓轴线投测闭合，经校测合格后，用墨线详细弹出各细部轴线，暗柱、暗梁、洞口必须在相应边角，用红油漆以三角形式标注清楚。

（4）轴线允许偏差如下：

$L<30$ m，允许偏差 ±5 mm 。

30 m$<L\leqslant 60$ m，允许偏差 ±10 mm。

60 m$<L\leqslant 90$ m，允许偏差 ±15 mm。

90 m$<L$，允许偏差 ±20 mm。

轴线的对角线尺寸，允许误差为边长误差的 $\sqrt{2}$ 倍，外廓轴线夹角的允许误差为 1'。

（二）±0.000 以下部分标高控制

1．高程控制点的联测

在向基坑内引测标高时，首先联测高程控制网点，以判断场区内水准点是否被碰动，经联测确认无误后，方可向基坑内引测所需的标高。

2．±0.000 以下标高的传递

施工时用钢尺配合水准仪将标高传递到基坑内，以此标高为依据，进行槽底抄平。并作相互校核，校核后三点的较差不得超过 3 mm，取平均值作为该平面施工中标高的基准点，基准点应标在便于使用和保存的位置，根据基坑情况，在基坑内将其引测至基槽外围砖胎模内侧壁，并标明绝对高程和相对标高，便于施工中使用。墙、柱拆模后，应在墙柱立面抄测出建筑一米线（一米线相对于每层设计标高而定）。

3．标高校测与精度要求

每次引测标高需要作自身闭合外，对于同一层分几次引测的标高，应该联测校核，测量偏差不应超过 ±3 mm。

4．土方开挖测量方法

（1）基坑开挖由 1 轴向 37 轴推进，高程分两次传递，在距槽底设计标高 1.5 m 的边坡上钉钢筋头，架设水准仪，随时校核槽底标高。

（2）开挖到槽底标高 30 cm 处，在基坑边 H 轴 1.0 m 控制线处架设经纬仪，向基坑投测主控线，在木桩上钉铁钉，确定控制点，并用小白线拉通。然后，在基坑边②轴 1.0 m 控制线处架设经纬仪，以同样方法确定主控线。当纵横主控线投测交叉后，检查距槽边尺寸，确定槽宽，修整槽边。随挖土进度依次放出各主控线，并放出细部集水坑、消防水池等开挖边线。

七、主体结构施工测量

（一）平面控制网的测设

（1）–1.5 m 至 –0.07 m 墙体混凝土浇筑完毕后，根据场地平面控制网，校测建筑物轴线控制桩后，使用经纬仪将轴控线引弹到结构外立面上。一层墙拆模后，再引弹至墙顶。并弹出外墙大角 10 cm 控制线。

（2）楼层上部结构轴线垂直控制，采用内控点传递法。根据流水段的划分，第一施工段内设置 4 个内控点，组成自成体系的矩形控制方格，其余 3 段各设置 2 个内控点（纵横主控轴交叉点），控制点编号见内控点平面图。

（3）浇筑一层顶板混凝土过程中，按照控制点预埋 100 mm×100 mm×3 mm 铁板。二层楼面放线，依据外墙及东、北侧围墙上可以通视的主轴控制线进行施测，铁板上用钢针划出纵、横轴交叉线，并将交叉点处钻出直径为 2 mm 小孔作为标志。

（4）上部楼层结构相同的部位留 200 mm×200 mm 的放线洞口以便进行竖向轴线投测。

预留洞不得偏位，且不能被掩盖，保证上下通视。

（5）二层楼面的轴网须认真校核，经复核验收方可向上投测。

（6）二层楼面基点铁件上不得堆放料具，顶板排架避开铁件，确保可以架设仪器。

（7）平面控制网根据结构平面确定，尽量避开墙肢，保证通视。

（8）平面控制网布设原则：先定主控轴，再进行轴网加密。控制轴线满足下列条件：建筑物外轮廓线、施工段分界轴线、楼梯间电梯间两侧轴线等。

（二）激光经纬仪选型

选用某某光学仪器厂生产的 DJ_2 激光经纬仪。

技术指标如下：竖向扫描精度 20″。

竖向激光束射出距离：白天 500 m、夜间 3 000 m。

要保证激光经纬仪的竖向扫描的精度，激光器射出的光束与仪器的视准轴同轴，激光束光斑须与望远镜同心，激光束出射至工作面的距离与望远镜调焦系统同焦（光斑最小），简称“三同”。

（三）基准线竖向投测方法及技术要求

1．基本要求

（1）竖向投测精度取决于测量人员的技术素质和设备的技术的状态。从这两方面着手控制投测精度。

（2）测量人员经技术培训，持证上岗。

（3）测量人员施测前认真理解方案。

（4）仪器需有检定合格证。

2．竖向投测程序

（1）将激光经纬仪架设在二层楼面基准点，调平后，接通电源射出激光束。

（2）通过调焦，使激光束打在作业层激光靶上的激光点最小、最清晰。

（3）通过顺时针转动望远镜 360°，检查激光束的误差轨迹。如轨迹在允许限差内，则轨迹圆心为所投轴线点。

（4）通过移动激光靶，使激光靶的圆心与轨迹圆心同心，后固定激光靶。在进行控制点传递时，用对讲机通信联络。

（5）轴线点投测到楼层后，用光学经纬仪进行放线。

（6）施工层放线时，应先在结构平面上校核投测轴线，闭合后再细部放线。室内应把建筑物轮廓轴线和电梯井轴线的投测作为关键部位。为了有效控制各层轴线误差在允许范围内，并达到在装修阶段仍能以结构控制线为依据测定，要求在施工层的放线中弹放下列控制线，所有细部轴线，墙体边线、门窗洞口边线。

3．测量精度要求

（1）距离测量精度：1/5 000。

（2）测角允许偏差：20″。

4. 垂直度控制。

结构施工中每层施工完毕，应检测外墙偏差并记录，并检查每层门窗洞口净空尺寸偏差，同一外立面同层窗洞口高低偏差及各层同一部位窗洞口水平位移，弹外墙窗口边线竖直通线。

5. 竖向测量允许误差

层间：2.5 mm。

全高：3H/10 000，且不应大于 ±10 mm。

（四）标高竖向传递

1. 标高传递法

依据现场内两个永久标高控制点，每段在外墙设置 3 个标高控制点，一层控制点相对标高为 +0.50 m，以上各层均以此标高线直接用 50 m 钢尺向上传递，每层误差小于 3 mm 时，以其平均点向室内引测 +50 cm 水平控制线，抄平时，尽量将水准仪安置在测设范围内中心位置，并进行精密安平。

2. 标高传递技术要求

（1）标高引至楼层后，进行闭合复测。

（2）钢尺需有检定合格证。

（3）钢尺读数进行温差修正。

3. 标高允许误差

层高：±2 mm。

全高：3H/10 000，且不应大于 ±10 mm。

4. 标高传递注意事项

（1）标高基准点的确定非常重要，标高传递前，必须进行复核。

（2）标高基准点需要妥善保护。

八、工程重点部位的测量控制方法

（一）建筑物大角铅直度的控制

首层墙体施工完成后，分别在距大角两侧 30 cm 处外墙上，各弹出一条竖直线，并涂上两个红色三角标记，作为上层墙支模板的控制线。上层墙体支模板时，以此 30 cm 线校准模板边缘位置，以保证墙角与下一层墙角在同一铅直线上。以此层层传递，从而保证建筑物大角的垂直度。

（二）墙、柱施工精度测量控制方法

为了保证剪力墙、隔墙和柱子的位置正确，以及后续装饰施工的及时插入，放线时首

先根据轴线放测出墙、柱位置，弹出墙柱边线，然后放测出墙柱 30 cm 的控制线，并和轴线一样标记红三角，每个房间内每条轴线红三角的个数不少于两个。在该层墙、柱施工完后要及时将控制线投测到墙、柱面上，以便用于检查钢筋和墙体偏差情况，以及满足装饰施工测量的需要。

（三）门、窗洞口测量控制方法

两边线横向控制线用钢尺传递，并弹在墙体上。室内门窗洞口的竖直控制线由轴线关系弹出，门窗洞口水平控制根据标高控制线由钢尺传递弹出。以此检查门、窗洞口的施工精度。

（四）电梯井施工测量控制方法

在结构施工中,在电梯井底以控制轴线为准弹测出井筒 300 cm 控制线和电梯井中心线，并用红三角标记。在后续的施工中，每层都要根据控制轴线放出电梯井中心线，并投测到侧面上用红三角标记。

九、质量保证措施

（1）测量作业的各项技术按《建筑工程施工测量规程》进行。

（2）测量人员全部持证上岗。

（3）进场的测量仪器设备，必须检定合格且在有效期内，标识保存完好。

（4）施工图、测量桩点，必须经过校算校测合格才能作为测量依据。

（5）所有测量作业完后，测量作业人员必须进行自检，自检合格后，让质量总监和责任工程师核验，最后向监理报验。

（6）自检时，对作业成果进行全数检查。

（7）核验时，要重点检查轴线间距、纵横轴线交角，以及工程重点部位，保证几何关系正确。

（8）滞后施工单位的测量成果应与超前施工单位的测量成果进行联测，并对联测结果进行记录。

（9）加强现场内的测量桩点的保护，所有桩点均明确标记，防止用错和破坏。

十、施测安全及仪器管理

（1）施测人员进入施工现场必须戴好安全帽。

（2）在基坑边投放基础轴线时，确保架设的经纬仪稳定性。

（3）二层楼面架设激光经纬仪时，有人监视不得有东西从轴线洞中掉落打坏仪器。

（4）操作人员不得从轴线洞口上仰视，以免掉物伤人。

（5）轴线投测完毕，须将洞上防护盖板复位。

（6）操作仪器时，同一垂直面上其他工作要注意尽量避开。

（7）施测人员在施测中应坚守岗位，雨天或强烈阳光下应打伞。仪器架设好，须有专人看护，不得只顾弹线或其他事情，忘记仪器不管。

（8）施测过程中，要注意旁边的模板或钢管堆，以免仪器碰撞或倾倒。

（9）所用线坠不能置于不稳定处，以防受碰晃动掉落伤人。

（10）仪器使用完毕后须立即入箱上锁，由专人负责保管，存放在通风干燥的室内。

（11）测量人员持证上岗，严格遵守仪器测量操作规程。

（12）使用钢尺测距须使尺带平坦，不能扭转折压，测量后应立即卷起。

（13）钢尺使用后表面有污垢应及时擦净，长期贮存时尺带涂防锈漆。

参考文献

[1] 潘松庆，魏福生 . 测量技术基础 [M]. 2 版 . 郑州：黄河水利出版社，2020.
[2] 姜树辉，巨辉，宗琴，等 . 建筑工程测量实训 [M]. 重庆：重庆大学出版社，2020.
[3] 赵雪云，胡海斌 . 建筑工程测量实训 [M]. 重庆：重庆大学出版社，2016.
[4] 王志远，董克齐 . 建筑工程测量实训教程 [M]. 北京：中国书籍出版社，2017.
[5] 方意，杨阿兰，邓袆文 . 建筑工程测量 [M]. 成都：电子科技大学出版社，2016.
[6] 王小荣，陈伟 . 建筑工程测量综合实训 [M]. 重庆：重庆大学出版社，2016.
[7] 唐春平，周跃孝 . 建筑工程测量 [M]. 2 版 . 北京：北京理工大学出版社，2016.
[8] 曹志勇 . 建筑工程测量实训 [M]. 武汉：华中科技大学出版社，2014.
[9] 周海波 . 建筑工程测量实训指导 [M]. 武汉：华中科技大学出版社，2013.
[10] 韩玉文 . 建筑施工实训指南 [M]. 北京：冶金工业出版社，2010.

版权所有 侵权必究

图书在版编目（CIP）数据

建筑工程测量实训手册 / 贾政勇，蔡林茂，罗尚书主编. -- 湘潭：湘潭大学出版社，2022.2
ISBN 978-7-5687-0766-4

Ⅰ. ①建… Ⅱ. ①贾… ②蔡… ③罗… Ⅲ. ①建筑测量－中等专业学校－教学参考资料 Ⅳ. ①TU198

中国版本图书馆 CIP 数据核字（2022）第 074910 号

建筑工程测量实训手册

JIANZHU GONGCHENG CELIANG SHIXUN SHOUCE

贾政勇 蔡林茂 罗尚书 主编

责任编辑： 丁立松
封面设计： 中 航
出版发行： 湘潭大学出版社
社　　址： 湖南省湘潭大学工程训练大楼
电　　话： 0731-58298960 0731-58298966（传真）
邮　　编： 411105
网　　址： http://press.xtu.edu.cn/
印　　刷： 长沙印通印刷有限公司
经　　销： 湖南省新华书店
开　　本： 787 mm×1092 mm 1/16
印　　张： 15.5
字　　数： 372 千字
版　　次： 2022 年 2 月第 1 版
印　　次： 2022 年 2 月第 1 次印刷
书　　号： ISBN 978-7-5687-0766-4
定　　价： 56.00 元